FUNÇÃO E DINÂMICA DAS LÍNGUAS

André Martinet

FUNÇÃO E DINÂMICA DAS LÍNGUAS

Tradução portuguesa de

Jorge de Morais Barbosa
Professor da Faculdade de Letras da Universidade de Coimbra

e

Maria Joana Vieira Santos
Assistente da Faculdade de Letras da Universidade de Coimbra

LIVRARIA ALMEDINA
COIMBRA • 1995

TÍTULO ORIGINAL:
Fonction et dynamique des langues
© Armand Colin Editeur — 1989

TÍTULO:	FUNÇÃO E DINÂMICA DAS LÍNGUAS
AUTOR:	ANDRÉ MARTINET
TRADUTORES:	JORGE DE MORAIS BARBOSA e MARIA JOANA VIEIRA SANTOS
EDITOR:	LIVRARIA ALMEDINA – COIMBRA
DISTRIBUIDORES:	LIVRARIA ALMEDINA ARCO DE ALMEDINA, 15 TELEF. (039) 26980 FAX (039) 22507 3000 COIMBRA – PORTUGAL LIVRARIA ALMEDINA – PORTO R. DE CEUTA, 79 TELEF. (02) 319783 4050 PORTO – PORTUGAL EDIÇÕES GLOBO, LDA. R. S. FILIPE NERY, 37-A (AO RATO) TELEF. (01) 3857619 1250 LISBOA – PORTUGAL
EXECUÇÃO GRÁFICA:	G.C. – GRÁFICA DE COIMBRA, LDA.
TIRAGEM:	3 000 EX.
DEPÓSITO LEGAL:	86 810/95

APRESENTAÇÃO

Como explica o Autor no início do seu prefácio, Função e Dinâmica das Linguas *reúne em livro, além de dois inéditos, um conjunto de textos inicialmente publicados em diversas revistas de circulação restrita e por isso pouco acessíveis, por maioria de razão em Portugal. O seu interesse não resulta, no entanto, apenas do facto de colocar tais textos à disposição de um público vasto, mas também de os organizar, coerentemente, em sucessivos capítulos que constituem uma excelente apresentação e interpretação de alguns problemas da linguística contemporânea, examinados do ponto de vista do funcionalismo.*

Mais desenvolvido, sem com isso se querer dizer que os parafraseia, do que os Elementos de Linguística Geral, *cuja tradução portuguesa vai já na 11ª. edição, e menos complexo que outras obras do Autor, como a* Economie des changements phonétiques, *de 1955, ou a* Syntaxe générale, *de 1985, o livro que se apresenta agora em tradução portuguesa, cinco anos depois de editado em Paris, partindo do conceito operatório de língua há muito proposto por André Martinet, afirma-se sobretudo pela atenção prestada aos usos linguísticos reais, isto é, à permanente presença do locutor nos enunciados, e pelo realismo com que examina tais usos, ultrapassando a rígida distinção entre língua e fala e o estruturalismo que ignora o funcionamento dos sistemas.*

Dizia Georges Mounin haver entre os leitores de Martinet os que só conheciam os Elementos *e os que só conheciam a* Economie. *Apesar de se tratar de duas das suas obras funda-*

mentais, não podem os que se encontram nessas condições dar-se conta da enorme riqueza do pensamento linguístico de Martinet, sem dúvida um dos mais rigorosos e frutíferos do nosso século: para tanto, torna-se necessário reflectir, pelo menos, na maioria dos seus mais de trezentos artigos, onde desde 1933 se foi construindo e esclarecendo uma doutrina que consistentemente vai da fonologia à axiologia.

São alguns desses artigos que se recolhem em Função e Dinâmica das Línguas. *Dado que uma pequena parte do capítulo "Aprender a falar, aprender a ler", conservando todo o seu sentido e utilidade na versão original, os perderia em tradução e deixaria por isso de se justificar aqui, foi ela substituída, com a concordância do Autor, por um texto publicado na revista* La Linguistique, *que não consta do volume francês e que, assinalado e perfeitamente integrado na devida oportunidade, veio enriquecer a edição portuguesa.*

Ocupou-se da maior parte da tradução a Dr.ª Maria Joana Vieira dos Santos, assistente da Faculdade de Letras da Universidade de Coimbra, e fê-lo com a probidade que se reconhecerá. Aparentemente fácil, acaba o estilo de André Martinet por se revelar denso e complexo, na sua precisão, a quem há-de vertê-lo para outra língua. Às dificuldades que levanta não se eximiu a Dr.ª Joana Santos, que com mestria soube reconstituir em português o pensamento do Autor sem para tanto se julgar livre de iludir a forma, no que ela tem de mais específico.

Graças principalmente à sua competência e esforço, fica assim à disposição do público português — dos especialistas aos estudantes de linguística, passando por quantos no mundo culto se interessam por esta área do saber — uma versão fidedigna e cuidada de uma obra fundamental da reflexão linguística contemporânea, que tantos frutos tem dado no enquadramento teórico da descrição das mais variadas línguas do mundo.

Jorge Morais Barbosa

PRÓLOGO

A maioria dos textos aqui reunidos foi primeiramente publicada fora de França, em francês, em inglês ou em espanhol. Os textos que começaram por aparecer em França saíram, com excepção de um, em boletins ou colectâneas de escassa difusão. O conjunto parece-nos constituir uma apresentação bastante completa de uma teoria e prática linguísticas que se desenvolveram ao longo dos últimos sessenta anos, primeiro em Praga, depois em Paris e Nova Iorque, mas merecedores também de atenção pelo mundo fora, como prova a variedade dos locais de onde provêm. É um conjunto que poderá servir de introdução a apresentações mais pormenorizadas como a *Economie des changements phonétiques* (Berna, A. Francke, 1955), a *Syntaxe générale* (Paris, Armand Colin, 1985) e os trabalhos de outros autores citados nas páginas seguintes.

Os textos foram agrupados em seis capítulos, cada um deles precedido de uma introdução na matéria. Começamos por expor os princípios gerais que fundamentam o abordar funcional e dinâmico da linguagem humana: o realismo de raiz que implica, a primazia de uma observação dos factos norteada pela escolha da pertinência comunicativa, a ultrapassagem de um formalismo estreito pelo reconhecimento de que a satisfação das necessidades sujeita qualquer estrutura a tensões que constantemente a põem em causa. Passamos depois à aprendizagem da língua pela criança — a língua falada e escrita da comunidade em que vive — e aos problemas levantados pela coexistência das diversas comunidades. Seguem-se o exame da articulação dos enunciados em unidades distintivas e significativas e uma súmula das dificuldades levantadas pela identificação do sentido das segundas.

Convirá avisar o leitor menos familiarizado com a linguística funcional de que esta parece contrariar muitas vezes o que é correntemente aceite. No domínio das línguas, enraizou-se o hábito de prescrever: "Não diga...; diga...". Muitos professores e autores de crónicas, considerados durante muito tempo como as únicas pessoas habilitadas para se pronunciarem na matéria, habituaram-se essencialmente a criticar, em nome da correcção, formas que o utente médio da língua emprega com toda a naturalidade. O funcionalista, por seu lado, não critica ninguém: limita-se a registar o que de facto se ouve quando se quer ouvir bem, quer seja "correcto" ou não. Apresentadas fora da situação e do contexto, muitas formas são impressionantes e as conclusões que delas se tiram são por vezes tão surpreendentes que o leitor julga ter lido mal. O autor destas linhas ia sendo vítima desse choque: o tradutor de um artigo seu publicado em checo tinha colocado quase sistematicamente uma negação antes de cada afirmação do texto, tão escandalosas estas lhe pareceram, e só nas provas tipográficas se restabeleceu o sentido do original.

Esperamos pois que muitos dos que abrirem este livro se sintam perturbados por várias afirmações nele contidas. Desejamos que não se indignem perante o que lhes possa parecer paradoxal — pôr em causa a existência da palavra, por exemplo —, e que prossigam a leitura até terem encontrado todas as implicações do que começou por parecer inverídico. Não é certo que consigamos convencê-los, mas terão, pelo menos, aprendido a mitigar a confiança que reverentemente depositavam nos guardiões da tradição.

1
A LINGUÍSTICA FUNCIONAL

Para apresentar aqui as grandes linhas da linguística funcional, optámos por reproduzir duas conferências proferidas em Outubro de 1980 na Escola Superior de Línguas Estrangeiras da Universidade de Istambul, sob a presidência do professor Bercke Vardar. Foram publicadas numa brochura intitulada *Linguistique et sémiologie fonctionnelles*[1], acompanhadas por um prefácio e por duas conferências onde Jeanne Martinet se ocupava da semiologia nas suas relações com a linguística e as artes. Os dois textos aqui recolhidos foram reconstituídos a partir de gravações e considerou-se apropriado conservar-lhes o tom oral, a que os auditórios puderam reagir. Muito atentos e bem informados, pediram estes alguns esclarecimentos nas discussões que se seguiram, e assim foi o conferencista levado a desenvolver alguns pontos, pelo que nos pareceu útil registar alguns passos dos debates.

Um dos pontos em que a presente exposição da teoria e da prática funcionalistas difere das anteriores consiste na insistência numa visão dinâmica dos factos. Quando se examina, do ponto de vista da função e do funcionamento, uma instituição como uma língua, não se deve esquecer que ela procura satisfazer necessidades e que, se estas variam com o tempo, a instituição terá de se adaptar para continuar a corresponder-lhes. Como as necessidades de uma comunidade se renovam constantemente, embora o ritmo da renovação possa variar com as épocas, dar-se-á uma visão inexacta dos factos se não as levarmos em conta.

Se os estruturalistas "em voga" dos anos 1960 e 1970 conceberam, em geral, a estrutura em termos absolutamente estáticos, é porque leram mal os linguistas em quem pensavam inspirar-se. Compreende-se pois que alguns linguistas tenham reagido insistindo na necessidade de nunca esquecer, mesmo nas apresentações estritamente sincrónicas, que a realidade está sempre em movimento. A imagem que se dá de uma língua não deve nunca trair esta dinâmica permanente. Se os utentes da língua não têm disso consciência é porque se torna necessário abstrair constantemente da comunicação para que ela possa realizar-se. Assim, todos aceitamos sem reflectir da boca de outrem palavras e formas que nós próprios já não utilizamos. Todas as línguas se encontram, pois, sujeitas a evolução permanente, mas isso não significa que se deva confundir a descrição da língua em acção com a dos sucessivos processos que conduziram à transformação de uma língua como o latim, falado em parte na Península Ibérica, em línguas novas como o francês ou o português. Uma visão dinâmica dos funcionamentos permitirá compreender melhor a razão das mudanças que conduziram a esse resultado. Todavia, convirá manter a distinção entre sincronia dinâmica, em que se isolam os traços divergentes, dos quais finalmente nos abstrairemos para encontrar um sistema médio, e o panorama diacrónico, que acompanha a evolução da língua ao longo dos séculos. É o que desenvolvemos nas secções 3 e 4.

A secção 5, dedicada à apresentação dos factos gramaticais, poderia figurar no capítulo 5, consagrado às unidades significativas, mas entendeu-se que o seu nível de generalidade justificava que fosse inserida antes das partes da obra consagradas a aspectos particulares do estudo da linguagem. Esta exposição foi apresentada em Julho de 1982 no Colóquio Internacional de Linguística Funcional, em Friburg-en-Bisnau, e figura nas *Actas* correspondentes, bem como a discussão que se lhe seguiu. Os assuntos aqui levantados encontram-se tratados com mais pormenores na *Syntaxe générale* de André Martinet (Paris, Armand Colin, 1985).

1.1. Para uma avaliação empírico-dedutiva em linguística*

O que parece travar os progressos da investigação linguística contemporânea é a convicção, muito espalhada, de que nada pode ser feito neste domínio sem se voltarem sempre a discutir os pressupostos etimológicos. À força de se questionarem os princípios segundo os quais se deve trabalhar, acaba-se muitas vezes por produzir pouco trabalho real. Insistiu-se tanto, junto dos linguistas, em como só num quadro teórico pré-determinado poderá haver observação válida dos factos que todos os investigadores que se prezam julgam dever criar antes de mais o seu próprio quadro teórico. Como consequência, todos os seus esforços são mobilizados nesse sentido, o que lhes deixa pouco tempo para a observação em si.

Impressionados por certas conquistas da física contemporânea, onde se partia de uma hipótese confirmada depois pela observação, muitos linguistas pensaram que o mesmo se deveria passar na sua ciência. Talvez até sem procurarem saber suficientemente se na linguística as condições eram as de uma física einsteiniana ou, pelo contrário, as de uma física clássica, mais simples, mais directa, mais elementar, uma física que classificasse os factos de acordo com uma pertinência. Na realidade, o problema põe-se nestes termos: "Podemos fundamentar a linguística na observação dos factos observáveis da fala e dos comportamentos humanos concomitantes ou devemos desde o início — e de forma imperativa — apresentar uma hipótese de natureza necessariamente psicológica em relação ao que se

---

* Publicado em *Linguistique et sémiologie fonctionnelles* , Istanbul, pp. 13 - 30.

chama *a* língua?" Insisto no artigo definido *a* língua. Verão que utilizo mais o artigo indefinido *uma* língua. Quando se apresenta uma hipótese como tal, é de supor que a observação conseguirá um dia confirmá-la ou infirmá-la. Porém, uma vez apresentada, não irá essa hipótese actuar como quadro de observação? Assim, o que poderia infirmá-la deixará de ser apreendido ou, se o for, será interpretado em termos que a possam integrar na teoria. É o que se tem verificado com frequência nos últimos decénios. Num quadro hipotético-dedutivo assim estabelecido, todas as oportunidades são necessariamente oferecidas ao que se encontra pressuposto na hipótese, sacrificando tudo o que se lhe possa opor. Quando, partindo de uma hipótese, se chega à construção de máquinas, pode a hipótese ver-se infirmada pelo disfuncionamento — se me permitem o termo — das máquinas. Por outras palavras, se as máquinas não funcionarem, pode rejeitar-se a hipótese. No domínio linguístico, não se trata de fabricar máquinas. Utilizam-se talvez máquinas em linguística, mas elas não existem para provar ou negar as hipóteses. Na nossa ciência, as implicações só poderiam infirmar a hipótese linguística a longo prazo, num momento em que a hipótese já tivesse, provavelmente, passado de moda. Infelizmente, a moda desempenha nestes assuntos um papel considerável e alguns, como eu, gostariam muito de limitar o seu alcance.

Foram estas considerações gerais que, em linguística funcional, nos levaram a relegar as hipóteses para onde elas são indispensáveis. Não nos deixemos iludir por este termo geral de *linguística*, que se reporta a domínios bastante diferentes. Em linguística descritiva, deparamo-nos com um objecto que é *uma* língua. Notem que insisto de novo no emprego do artigo indefinido. Deparamo-nos pois com *uma* língua que podemos observar de forma directa. Dispomos actualmente da ferramenta necessária para proceder a uma observação correcta e, nestas condições, não se vê muito bem a necessidade da hipótese. Mas há outros domínios da linguística em que a hipótese continua a ser indispensável. É o que sucede, por exemplo, na chamada linguística histórica. Na linguística histórica, ocupamo-nos de factos que, conforme verificamos, terão proporcionado certos resultados. Quando pretendemos compreender o que proporcionou os resultados, sentimo-nos por vezes incapazes de determinar pela observação os antecedentes que ocasionaram a evolução. Nestas condições, somos levados a construir hipóteses, tal como quando, num plano mais geral — o de uma teoria da evolução linguística — admitimos a existência de certos factores, de certos condicionalismos da evolução. Por exemplo, a teoria do rendimento funcional. É a teoria de acordo com a qual a evolução de um sistema linguístico é determinada pela importância de certas oposições na língua, importância essa que se pode avaliar estatisticamente: frequência de utilização de determinada oposição fonológica. Quanto a isso, temos uma hipótese segundo a qual é o rendimento funcional — ou seja, a importância de uma dada oposição num dado estado da língua — que regula a sua pertinência ou eliminação. Sem dúvida — e é o que muitas pessoas esquecem — esse é apenas um dos elementos do funcionamento; há muitos outros que é preciso levar em conta, e não é porque a hipótese do rendimento funcional não se confirma num determinado caso que deve ser rejeitada. Há vários condicionalismos, e os factores que podem ser atribuídos ao rendimento funcional não prevaleceram sobre outros mais fortes. Nesta matéria, é indispensável apresentar hipóteses e, na medida em que dispusermos de meios para isso, fazer um esforço para as verificar e fixar os limites dentro dos quais uma hipótese conduz à explicação dos factos. Pela minha parte, estou convencido que a hipótese do rendimento funcional é válida, porque se confirma sempre que não existam obstáculos a que ela se imponha. A evolução da fonologia do francês contemporâneo constitui precisamente um domínio onde o rendimento funcional desempenha papel importante e, se foram sobretudo os franceses que desenvolveram esta teoria do rendimento funcional, foi porque se apoiaram na experiência directa que tinham da sua língua, onde verificaram que distinções sem importância para o funcionamento da língua desaparecem, enquanto se mantêm outras do mesmo tipo que, pelo contrário, têm grande importância. Como sabem, em francês, a oposição de $\tilde{\epsilon}$ / $\tilde{œ}$ (ou, se preferirem, *in/un*), se não desapareceu (ainda se ouvem alguns $\tilde{œ}$), já não tem qualquer validade em Paris. Eu ainda distingo $\tilde{\epsilon}$ / $\tilde{œ}$ porque sou da província. Se tivesse nascido parisiense, já não o faria. Por oposição a $\tilde{\epsilon}$ / $\tilde{œ}$, conserva-se a oposição $\tilde{\alpha}$ / $\tilde{\mathrm{o}}$, fisicamente do mesmo tipo. Conserva-se não sem dificuldade, mas conserva-se, ainda assim, perfeitamente, porque serve para distinguir uns dos outros grande número de elementos lexicais ou gramaticais.

Mas deixemos o campo da evolução linguística e regressemos ao que, durante anos, foi o domínio preferido dos linguistas: a descrição sincrónica. Recordemos de passagem que, outrora, a linguística excluía as apresentações sincrónicas: deixava-as para os fabricantes de gramáticas. A grande revolução da linguística estrutural residiu precisamente no ênfase que pôs na descrição das línguas. Para a descrição, dispomos actualmente do critério da comutação, que é a grande descoberta do movimento fonológico. O termo *comutação*, em si, foi proposto por Louis Hjelmslev, mas o processo tinha sido encontrado antes. Foi a Escola de Praga que teve a responsabilidade do estabelecimento da operação comutativa como fundamento da observação linguística. A operação comutativa consiste em aproximar enunciados linguísticos que não o são na realidade da vida e em verificar, com base neles, a importância de certas distinções e a não pertinência de outras diferenças. Para lá da oposição um pouco simplista entre pertinência e não pertinência, é possível estabelecer, com fundamento na comutação, uma hierarquia dos factos linguísticos que fez imensa falta aos nossos predecessores. É a operação comutativa que nos permite tratar os factos linguísticos sem recurso à hipótese e à introspecção. Não é preciso dizer que a introspecção serve sempre na prática, mas já não é considerada uma prova. A prova que a comutação traz — quer dizer, o facto de uma modificação manifestada pelo confronto de dois enunciados conduzir a uma diferença de mensagem — não apela à intuição do linguista, mas sim à observação do comportamento dos locutores.

Temos, pois, ao nosso dispor, esse instrumento precioso, indispensável, que é a comutação, para efectuar a triagem na realidade física que a fala nos apresenta. Não se trata de proceder à recolha dos factos sem directrizes, quer dizer, indutivamente. Podemos sentir-nos tentados a dizer "Somos linguistas, temos meios para observar a língua, vamos pois observar as línguas e recolher factos". No entanto, com estes princípios demasiado empíricos, corremos o risco de concluir pela generalidade de certos factos simplesmente por os termos encontrado em duas ou três línguas, o que é um grande risco. Todos os linguistas se sentem tentados, num dado momento, a tirar conclusões precipitadas, a passar muito depressa, por indução, das suas observações à generalidade. É esse um dos dramas da linguística contemporânea, onde já não se está limitado às grandes línguas.

Antes do estabelecimento de uma linguística científica, apenas existia interesse pelas grandes línguas. E, mesmo quando se tratava da dialectologia, era para explicar o que se passava nas grandes línguas. Quando Jules Gilliéron e mais alguns começaram a ocupar-se de dialectologia e atlas linguísticos, não era porque se interessassem especialmente pelos falares da França, mas sim porque julgavam encontrar, através do seu estudo, explicações dos fenómenos evolutivos das grandes línguas românicas — francês, italiano, espanhol —, até então não explicados. O aparecimento da linguística contemporânea e estrutural coincidiu com uma visão algo diferente do problema. Passa a haver interesse pelas línguas, por todas as línguas, consideradas em si e por si mesmas. A fórmula encontra-se no fim do *Curso* de Ferdinand de Saussure. Suscita-se o interesse por uma língua considerada em si e por si mesma, e não por ser portadora de uma cultura particular. O estudo de um dialecto torna-se, pois, do ponto de vista estritamente linguístico, tão apaixonante como o estudo de uma grande língua. A partir do momento em que nos interessamos pelas línguas em geral, somos tentados a proceder por indução — ou seja, tendo verificado a existência de certos factos nas línguas estudadas, somos tentados a concluir pela sua generalidade. A teoria dos universais da linguagem, que floresceu como é sabido, assenta precisamente nestes princípios indutivos, embora seja praticada por pessoas que por outro lado denunciam a indução. São tão evidentes os seus princípios indutivos que deveriam rejeitar essa teoria quando consideram que só pela dedução se pode fazer bom trabalho.

Concluindo que temos de proceder por dedução, não podemos confiar plenamente nas nossas observações, por serem necessariamente limitadas: línguas, não sei quantas há no mundo de hoje. Se quisermos considerar à-parte as subvariedades dessas línguas, há milhares e milhares. Além disso, há línguas que desaparecem sem deixar vestígios e é preciso pensar nas línguas que ainda não apareceram. Portanto, se quisermos considerar os factos linguísticos no seu conjunto, não podemos proceder por indução: temos, em dado momento, de proceder por dedução, partindo de certos princípios. Para determinar estes princípios, deveremos criar hipóteses, como alguns pretendem que façamos? De modo algum. Fundamentaremos a nossa dedução no empirismo, na observação. O que queremos é chegar a um acordo àcerca do que deve um objecto conter para podermos chamar-lhe *língua* . Penso que a maioria dos linguistas pode chegar a um acordo quanto ao que é necessário e suficiente para se ter uma língua. É essa a definição de *uma* língua. Insisto muito em que digo *uma* língua e não *a* língua. Não há nada que possa designar-se como *a* língua. *A língua* é coisa que não existe. Há a linguagem humana e a linguagem humana é representada por *línguas*, no plural. O objecto que devemos estudar é *uma* língua.

As línguas diferem umas das outras e essa diferença é precisamente um dos elementos que devemos incluir na nossa definição de uma língua. Na nossa definição de uma língua, é obrigatório considerar a existência de Babel, quer dizer, de línguas diferentes. É fundamental. Quando se entra no estudo linguístico, percebe-se bem que uma língua não pode manter-se imóvel pelo tempo fora. Uma língua evolui, necessariamente. É certo que as línguas podem convergir, mas as divergências são inelutáveis. Devem pois implicar-se as divergências na nossa definição. Dada essa definição, podemos proceder dedutivamente, sem nos preocuparmos em saber se as características deduzíveis da nossa definição se encontram realmente atestadas algures. Julgo que isto é indispensável. E insisto muito porque parece chocante aos olhos de alguns. Apresentamo-nos como empíricos e no entanto, a dado momento, decretamos que, por empirismo. as nossas deduções vão levar-nos a admitir a existência de traços linguísticos a respeito dos quais não temos de saber se existem ou não algures. Diante de uma língua, quem não tiver sempre presentes todas as possibilidades oferecidas pela definição de língua corre o risco de, partindo das analogias que se manifestam ao espírito, identificar coisas profundamente diferentes. Todos trabalhamos com termos tradicionais como substantivo, adjectivo, verbo, palavras estas que, nas línguas que conhecemos bem, correspondem a realidades existentes, reais, manifestas e verificáveis. E sentimo--nos tentados a julgá-las universais. Pelas próprias traduções feitas dos enunciados da língua estudada para a língua de que nos servimos ao estudá-la, vamos tranquilamente supor que essas categorias existem naquela. Ora é isso que a todo o custo se deve evitar. O nosso modelo dedutivo tem a vantagem de nos preparar para as mais diversas estruturas.

Assentes estes pontos, chego à definição que proponho para língua. Não é nova, é a que podem encontrar nos *Elementos de Linguística Geral* : apresentei-a, pois, há perto de vinte anos. Alterei-a numa palavra, que indicarei adiante. *Uma língua é um instrumento de comunicação segundo o qual, de modo variável de língua para língua, de comunidade para comunidade, se analisa a experiência humana em unidades de conteúdo semântico e expressão vocal* ... (É neste ponto que a minha versão actual difere da versão de 1960. Nessa altura tinha dito *fónica* , hoje prefiro *vocal*. Dir-me-ão que é a mesma coisa. É verdade que é a mesma coisa, mas *vocal* tem implicações imediatas que é importante fixar)... *os monemas. Esta expressão vocal articula-se por sua vez em unidades distintas e sucessivas — os fonemas — de número fixo em cada língua e cuja natureza e relações mútuas também diferem de língua para língua* . É longa, mas creio nada poder suprimir. Talvez tenham notado como é pouco isomórfica esta definição. Quero com isto dizer que não procuro de modo algum estabelecer paralelismo entre as duas partes do enunciado — a primeira, que trata das unidades significativas, os monemas, e a segunda, que trata das unidades distintivas, os fonemas. É no isomorfismo que, como sabem, assenta a glossemática de Louis Hjelmslev, com os seus dois planos, em cada um dos quais devem encontrar-se os mesmos fenómenos. Isto leva pura e simplesmente à identificação de coisas que não devem colocar-se no mesmo plano, por serem profundamente diferentes. Se insistirmos no isomorfismo, seremos levados a atribuir a mesma importância a características que são, por um lado, acidentes, e, por outro, constitutivas da realidade.

Vamos retomar, um por um, os termos da definição.

"*Instrumento de comunicação* ". Criticaram-me o termo "*experiência de comunicação*" , dizendo que se tratava da utilização metafórica do termo *instrumento* : ora para toda a gente um instrumento é um martelo, ou é uma serra, e uma língua não pode designar-se como um instrumento: é complexa demais para isso. Reconheço que de facto há extensão metafórica no emprego de *instrumento*. *Comunicação* também é um termo um pouco ambíguo. Há meios de comunicação que são carros eléctricos, autocarros e comboios. Naturalmente, será necessário precisar que *comunicação* implica aqui a comunicação da informação.

"... *segundo o qual se analisa a experiência humana*... ". *Experiência* também exige aqui uma explicação. Não foi sem hesitar que empreguei aqui o termo de *experiência*. Sentia-o e ainda o sinto como um anglicismo. Ensinei dez anos na América e em 1960 ainda estava muito influenciado pelo meu ensino americano. Muito embora *expérience* ou *experiência* não excluam totalmente o valor que lhes é atribuído aqui, é o termo inglês *experience* que corresponde exactamente ao que quero dizer. A experiência humana é tudo o que o homem pode sentir ou apreender. Enquanto linguistas, essa experiência só nos interessa na medida em que queremos comunicá-la. Pode interessar e interessará outros investigadores como os psicólogos e os etnólogos. Deverá interessar também os físicos: estamos todos de acordo em que os capítulos da física — ciência da natureza, como se diz em alemão —, são impostos pela natureza. Mas trata-se da natureza vista pelo homem. A óptica é a natureza vista pelos olhos do homem. É uma natureza onde se impõem as pertinências humanas. A experiência humana é, pois, o mundo, aquilo a que chamamos o mundo, ou seja, o mundo tal qual o vivemos. Não estamos certos de que a nossa experiência do mundo seja o mundo em si próprio, mas o mundo em si próprio é uma noção filosófica com a qual não devemos preocupar-nos. O gosto pela filosofia não deve levar-nos a supor que estamos a tratar de filosofia quando trabalhamos em linguística. A filosofia reserva-se para o mundo em si. A ciência não trata do mundo em si, trata do mundo tal como é apreendido, do mundo da nossa experiência. A linguística não constitui excepção. O que nos interessa, o nosso ponto de partida, é a experiência humana, mas a experiência humana enquanto alguns dos seus aspectos forem passível de ser comunicados a outrem. "Comunicar uma experiência por meio da língua" não deve ser entendido de forma literal: nunca se comunica a experiência. Comunicar a experiência quando se tem dores de cabeça implicaria comunicar as dores aos outros. Graças a Deus, não é possível fazê-lo... ainda! A comunicação da experiência é, pois, necessariamente parcial. Há sem dúvida pessoas que desejariam comunicar todas as suas experiências. Essas pessoas chamam-se poetas. Os poetas são aqueles que desejam comunicar, senão tudo, pelo menos a vivência da experiência. Se sofreu, o poeta desejaria fazer-nos sofrer; o seu ideal seria que nos compadecêssemos dele. Compadecer quer dizer "sofrer com os outros". No uso normal da língua, contentamo-nos com aproximações na comunicação. Isso não quer dizer que o estudo da poesia seja do domínio da linguística. Deixamos de bom grado a poesia aos semiólogos, mas só através da linguística se entenderão os factos poéticos.

Esta experiência humana, para ser comunicada por meio da língua, tem de ser analisada. Essa análise vai fazer-se segundo certas articulações próprias de cada língua. Cada língua vai ter o seu modo de analisar a experiência. Um exemplo muito simples: onde se diz em português *atravessou o rio a nado*, dir-se-á em inglês *he swam across the river*. A organização do enunciado é totalmente diferente. Não se analisa a experiência da mesma maneira. A experiência é a mesma, mas, se o meu auditório for anglófono, comunico-a em inglês; se o meu auditório for francófono, comunico-a em francês, articulando de modo muito diferente. O que para uns é verbo torna-se advérbio para outros, etc. Comparando o turco com o francês, poder-se-iam sem dúvida encontrar muitos exemplos análogos.

"... *de modo variável* de língua para língua, *de comunidade para comunidade*... ". Comunidade é termo voluntariamente ambíguo: é difícil circunscrever uma comunidade. Há uma altura no estudo linguístico em que se tornará necessário perguntar: "Que é uma comunidade?" Onde começa e onde acaba? Não é raro que não se saiba ou não se possa responder. A comunidade, dir-me-ão, são as pessoas que se compreendem. Sem dúvida, mas há pessoas que, à primeira vista, não se compreendem. Ponham um camponês da Dinamarca na Noruega e, a princípio, não compreenderá o que lhe dizem, mas, passados dois dias, compreenderá e far-se-á compreender. Estaremos então perante a mesma comunidade? Sim e não. Não porque, no mapa, a Noruega apresenta-se com uma cor e a Dinamarca com uma outra. Devíamos pois decidir que se trata de duas comunidades distintas. Mas, mesmo na própria França, onde começa o bilinguismo dialectal? É um problema que não se pôs a pessoas como Gilliéron. Gilliéron faz um atlas linguístico da França. Envia o bom do Edmont de bicicleta para um certo número de pontos previamente escolhidos. Edmont esteve, segundo creio, em Verrières-le-Buisson, que se encontra a dez quilómetros de Paris. Encontrou um informador e perguntou-lhe: "Como é que você diz *table* ?" O outro disse-lhe *table*. Talvez em Verrières-le-Buisson o informador não falasse como em Paris, mas julgava falar francês. Não existe qualquer razão para negar à língua falada pelo informador de Edmont em Verrières-le-Buisson o valor de francês. Mas, quando Edmont chega à Gasconha, fala em francês com o interlocutor, que lhe responde, em francês. "Bom dia, como está? Bem, obrigado. Quer ser meu informador?" — "Com certeza." (em francês). E depois, a certa altura, Edmont pergunta-lhe: "Como é que você diz *table* ?" e o outro dá-lhe a forma em gascão. Era o que Edmont queria. Mas onde situar a fronteira entre a situação de Verrières-le-Buisson e a da Gasconha? Abre-se o atlas linguístico de Gilliéron e procura-

-se a fronteira entre as pessoas unilingues e bilingues: não existe. Então onde começa e onde acaba a comunidade francesa?

"... *em unidades providas de conteúdo semântico e de expressão vocal...* ". Insisto neste ponto, trata-se de unidades de duas faces. Na terminologia saussuriana, chamam-se signos e o monema é o signo mínimo. Notem que não digo que estes signos mínimos são sucessivos. Aos que apreciam as apresentações equilibradas pode desagradar a minha decisão, conscientemente tomada, de apresentar de modos diferentes a articulação em monemas e a articulação em fonemas. Eu não disse que os monemas são sucessivos porque, de facto, nem sempre o são. Quando digo *para que faça*, onde se encontra em *faça* o verbo *fazer* e o conjuntivo? Dava um doce a quem pudesse responder. Quando digo em inglês *he sang* ou em português *soube*, onde se encontra o elemento que no primeiro quer dizer "cantar" e no segundo "saber" e onde se encontra, num e noutro, o elemento que implica o pretérito? É verdade que se pode manipular a segmentação, mas então onde fica a sucessividade? Ao dizer em árabe /maktub/, "(está) escrito", onde estão os monemas? Onde está o particípio passado e onde está a raiz? Esta última é conhecida, mas tudo se encontra misturado. Não há necessidade dos monemas.

"... *conteúdo semântico e expressão vocal...* ". Semântico quer dizer que se reporta à realidade apreendida. É portanto o que Saussure chama significado. Temos depois *expressão vocal*. Porquê *vocal* em lugar de *fónica*? *Fónica* é mais vasto. *Fónica* quer dizer som em geral, regra geral, som da linguagem, mas nem sempre de forma explicitada, ao passo que *vocal* é algo muito preciso — refere-se ao barulho produzido pelas vibrações glóticas.

"... *esta articula-se por sua vez...* ". *Por sua vez* recorda que há uma articulação precedente, mas uma articulação sobre cujo carácter sucessivo não quis insistir.

"*... em unidades distintivas e sucessivas...* ". *Distintivos* são os elementos que precisamente permitem distinguir os nomes uns dos outros, as unidades significativas. Mas temos de ver as implicações: isto implica que, no sentido aqui usado, fonema não é de modo algum o "fonema" dos autores americanos, para os quais existem "suprasegmental phonemes" que são a entoação, os tons, etc. — isto é, traços que fogem à segmentação em fonemas. Ao dizer sucessivas, excluo os "suprasegmental phonemes". Para mim, fonemas significa "segmental phonemes".

"*... de número fixo em cada língua...* ". Também neste ponto dependemos do que consideramos *língua*. Porque, se me perguntarem à queima-roupa "quantos fonemas há em francês?", eu reponderei: "Em qual francês? No meu ou no da minha mulher?" Eu tenho trinta e seis, ela contenta-se com trinta e dois. Eu distingo /a/ e /ɑ/, ela não. E, de facto, não vale a pena distinguir: se isso os incomoda, não distingam.

Neste ponto, há alguns linguistas que me interrompem. "Tem a certeza que sabemos sempre ao certo de quantos fonemas dispomos?" É certo que há momentos em que não se tem a certeza. Entre os 24 e o 30 anos, perdi algumas distinções fonológicas em francês. Se, quando tinha 30 anos, me tivessem perguntado a minha situação fonológica, talvez eu tivesse hesitado. No entanto, isso não impede a afirmação do carácter discreto dos fonemas, embora reconhecendo por vezes a existência de certas imprecisões, de casos limite.

"*... cuja natureza e relações mútuas também diferem de língua para língua.* " Ao passar de uma língua para outra, os fonemas que se encontram não são os mesmos. Não temos o direito de dizer que o fonema /p/ existe em francês, português e turco. Há um fonema /p/ em turco, um fonema /p/ em português, um outro fonema /p/ em francês. Isto porque cada fonema se define relativamente aos outros fonemas em função de oposições estabelecidas no interior do sistema, e porque, se as oposições não forem as mesmas, nos encontramos perante fonemas diferentes. A natureza e as relações mútuas diferem portanto de língua para língua.

Esta definição implica a apresentação do que chamei a dupla articulação linguística: uma primeira articulação da experiência em monemas e uma articulação da forma perceptível dos monemas em fonemas sucessivos. Porque é que as línguas humanas apresentam uma dupla articulação? Simplesmente porque são línguas para dizerem tudo. A maneira como a humanidade está organizada implica que tenha um instrumento que, em princípio, permite dizer tudo. Dizer tudo! Com todas as limitações que há pouco indiquei. A transmissão da experiência nunca é completa, com certeza, mas deve permitir que se transmita absolutamente qualquer experiência. E as experiências humanas são, claro, infinitas. Daí resulta que essa dupla articulação é uma necessidade estatística. Precisamos, em princípio, de poder produzir uma infinidade de mensagens diversas. Com os nossos órgãos (tal como são) e a nossa capacidade de perceber as distinções (tal qual é) ser-nos-ia muito difícil produzir uma infinidade de gritos ou grunhidos característicos para cada tipo de experiência. Comparemos o caso dos homens e dos corvos. Na linguagem dos corvos, há um certo número de gritos bem característicos que querem dizer "Cuidado! Há perigo", "Cuidado! O perigo está lá em cima", "Cuidado! O perigo está lá em baixo", "Cuidado! Isto", "Cuidado! Aquilo". Trata-se, pois, de um repertório de gritos. Diga-se de passagem que nem todos os corvos têm o mesmo repertório. É de supor que na América, onde foi estudado o problema, haja corvos importados da Europa e corvos locais e daí as diferenças. Os corvos têm um instrumento de comunicação, a que não vamos chamar língua, porque, para nós, uma língua é duplamente articulada e não encontramos nos corvos qualquer articulação. Dito isto, suponhamos que um corvo enfrenta um perigo de natureza inesperada. Que poderá ele fazer? Nada. Pode emitir um grito que implique um perigo, que ele terá identificado — por não poder fazer outra coisa — com um perigo já conhecido.

O que faz a superioridade do homem relativamente ao corvo reside no facto de o homem ser capaz de combinar dois gritos, de modificar um primeiro grito por meio de um segundo (ou o segundo pelo primeiro, pouco importa, depende das línguas).

É o que se chama analisar a experiência. Não há dúvida de que, por ser original, talvez essa análise da experiência torne ambígua a comunicação. Suponhamos que o nosso corvo emite dois gritos seguidos para com o segundo modificar o primeiro: poderá pensar-se que outro corvo o compreenderá? Para compreender, seria necessário encontrar, de algum modo, o denominador comum dos dois gritos. É o poeta quem tenta associar dois gritos. Junta palavras que ainda não tinham sido juntas e corre o risco de não ser compreendido. Ao lermos um poema, temos de fazer um esforço para encontrar o que implicam as associações inesperadas.

Perante uma experiência nova, pode o homem tentar comunicá-la: é isso que a primeira articulação permite. É isso que, na verdade, cria a linguagem humana. A linguagem humana é uma linguagem que pode adaptar-se. A chave do progresso da humanidade está na possibilidade que temos de criar um grito novo combinando dois gritos precedentes. Qualquer descoberta consiste na associação de duas coisas que não tinham ainda sido associadas uma à outra — de duas palavras, ou, para ser mais preciso, de dois monemas que não tinham ainda sido associados um ao outro.

A segunda articulação parece menos sensacional, menos característica da humanidade, embora o seja em absoluto, talvez até de forma mais absoluta que a primeira. Quem nos garante, no fim de contas, que os corvos não possam combinar dois gritos? A segunda articulação, a articulação da forma perceptível do monema em unidades sucessivas, em fonemas, é igualmente muito importante. Constitui a garantia da estabilidade dos significantes. Constitui a garantia de que o valor do monema não influencia a forma perceptível que se lhe dá. Quando dizemos *vaca, vir, vulto*, encontramos no início um hábito articulatório que é /v/. Não afirmamos que ele se pronuncie absolutamente da mesma maneira em todos os casos, porque o contexto tem influência. O produto perceptível de tal hábito articulatório modifica-se, sem dúvida, nalguns casos. Ao dizer "Vim esta manhã", talvez se deforme um pouco o /v/, mas essa deformação não será permanente. Volta-se da próxima vez ao /v/ habitual, quer dizer, ao fonema /v/. Por outras palavras, o valor do signo não modificará definitivamente este significante. Se a forma do significante pudesse mudar em função do valor que de cada vez o indivíduo dá ao significado, cairíamos numa nebulosa. Expor-nos-íamos a muito mais incompreensões do que as que encontramos no dia a dia. Apesar da excelência desse instrumento que é a linguagem humana, sabemos bem que por vezes não nos compreendemos.

A definição que dou de linguagem é, pois, necessária e suficiente. *Necessária* significa que, a partir do momento em que um determinado traço nela figurar ou for implicado por ela, a ausência desse traço quer dizer que não se trata de uma língua. Exemplifiquemos. Dizem-me muitas vezes que faço mal em insistir no carácter vocal, pois há línguas que já não se falam. Está bem, mas essas línguas, as formas escritas que delas se conhecem, trazem a marca do carácter vocal. O carácter vocal da linguagem determina a linearidade da fala. E a linearidade da fala implica que todos os elementos da experiência que forma um todo global sejam segmentados em elementos sucessivos. Mas, para compreendermos o todo que estes elementos sucessivos formam, é preciso ligá-los uns aos outros. É aí que reside propriamente a sintaxe. A sintaxe não é, em si, a sucessividade dos elementos na cadeia, é o estudo dos meios de ligar um elemento ao outro para explicar a relação entre eles e que se encontram em cada língua.

A nossa definição implica também que um objecto que não apresentasse segunda articulação não seria uma língua. É necessário encontrar a primeira e a segunda. É necessário ainda que a segunda seja de carácter vocal, precisamente porque este carácter vocal, mesmo que a língua tenha deixado de se falar, vai implicar a linearidade do texto, uma sucessão de monemas que se opõe à percepção global da experiência. É preciso entender que a experiência, como tal, não se corta aos pedaços: é global. Corta-se em pedaços no momento em que é necessário dar-lhe forma linguística, e em pedaços diferentes consoante a forma linguística for turca, francesa, inglesa, portuguesa ou chinesa.

Dissemos que esta definição é suficiente. Quer isso dizer que, caso encontremos um traço que não figura na definição, nada impede que se trate de uma língua. Se, por exemplo, encontrarmos uma língua em que não se estabeleça diferença entre verbos e substantivos, não temos o direito de dizer que não se trata de uma língua. É que, na nossa definição, não há nada que obrigue uma língua a distinguir verbos e substantivos. Encontrámos línguas sem distinção de verbo e substantivo, mas não ousaríamos reconhecer o facto se não operássemos da maneira dedutiva que aqui explicitamos. Se esse facto pode escapar ao observador, é porque este traduz para a sua língua os enunciados do falar que estuda. Acontece nesse tipo de línguas que um segmento, traduzido num dado contexto, por "a mão", se traduza noutro por "agarra". Em francês e em inglês, é habitual encontrar verbos e nomes com a mesma forma: *la table* "a mesa" e *je table* "sento-me à mesa", *je mesure* "eu meço" e *la mesure* "a medida". Mas, na realidade, a passagem de uma classe para outra resulta de um antigo processo de derivação que continua na forma de um sufixo zero: ingl. ant. *fisc* ~ *fiscian* que conduziu a ingl. mod. *(a) fish* "(um) peixe" ~ *(to) fish* "pescar". Chegamos assim a homónimos de classe para classe, que também se verificam em português, por exemplo, com *comer*, verbo, e *(o) comer*, substantivo, ou *doce*, adjectivo, e *(o) doce*, substantivo.

Nas línguas que não distinguem os verbos e os substantivos, não se trata de homonímias, trata-se da mesma forma com valores semânticos diferentes determinados pelo contexto. Uma das nossas colegas, Claude Tchékhoff, apresentou na sua tese uma língua da Melanésia onde não há efectivamente distinção entre substantivos e verbos. O estudo de certas línguas americanas mostra bem como pode funcionar uma língua assim. Há, por exemplo, línguas americanas onde, entre o que deveríamos chamar verbos devido à flexão verbal, encontramos "caminho", "floresta", "lago", "árvore", que se combinam com aspectos exactamente como "comer" ou "correr". Pelo contrário, "homem", "cesto", "casa" têm flexões nominais. Por tudo isso, a importância que alguns atribuem hoje à posição respectiva do verbo, do sujeito e do objecto é, do ponto de vista da linguística geral, perfeitamente ridícula. Que é que nos diz que uma língua tem necessariamente sujeitos, objectos e verbos? Há uma enorme quantidade de línguas que os não têm, línguas até muito conhecidas como o basco. Quem vive em Paris mete-se no comboio e poucas horas depois está num sítio onde as pessoas não têm sujeitos nem objectos. O que aí se encontra é um determinante sem característica formal, que pode corresponder quer ao nosso sujeito quer ao nosso objecto, e às vezes outro determinante, que é um complemento de agente. As estruturas sintácticas não são previsíveis além do que a nossa definição implica. É claro que quem estiver convencido de que em todas as línguas há obrigatoriamente verbo, sujeito e objecto sentirá a tentação, perante o basco, de decidir que é sujeito o que se traduz para francês, espanhol ou português como sujeito, que é objecto o que se traduz como objecto. Cada um tem o direito de proceder como muito bem entender, inclusive se quiser fazer sintaxe românica a propósito do basco.

Criticaram-me o facto de não ter recordado, na minha definição, que a língua é instrumento do pensamento. Respondo que isso fica implicado pela própria definição quando menciona uma articulação da experiência. O pensamento é uma organização da experiência. Outra reacção vem daqueles para quem a linearidade da fala não é um facto da língua. A esses pergunto que necessidade haveria da sintaxe se não tivéssemos precisamente de reconstruir a experiência a partir de uma linearidade? Suponhamos que, em vez de uma língua, dispúnhamos para comunicar de um quadro preto. Escaparíamos facilmente à linearidade. Para comunicar "o homem mata o leão", desenharíamos uma seta ou uma espingarda e, depois, em frente, o leão. O leão poderia ficar à direita, à esquerda, em cima ou em baixo. Quem olhasse para o quadro talvez visse o leão antes de ver a seta ou a seta antes do leão, ou talvez tudo ao mesmo tempo, homem, seta e leão. Não seria obrigatória qualquer submissão à linearidade. A linearidade depende da natureza vocal da mensagem. Não se podem produzir ao mesmo tempo, por meio do aparelho vocal, todas as unidades de que necessitamos.

No entanto, a crítica mais frequente que me fizeram foi a de não ter incluído a entoação na minha definição de linguagem. Respondo que a própria definição a implica: não se pode utilizar a voz sem fazer vibrar as cordas vocais e, como as cordas vocais, quando vibram, vibram com uma frequência variável, obtém-se necessariamente uma curva melódica. Aí está. Mas é preciso saber deduzir. Implícita ou explícita, a entoação é muito marginal do ponto de vista linguístico. A entoação pertence a um sistema semiológico paralelo à fala. É assim que a compreendemos melhor. É um gesto vocal. Mas, como este gesto se produz em qualquer língua por meio da glote, atribui--se inocentemente à língua. Trata-se, na realidade, de uma destas concomitâncias constantes que encontramos na linguagem e que é nosso dever identificar por análise.

Na nossa definição, não se menciona nem se implica a existência da palavra. Não aparece o termo palavra. E todos se põem a procurar se a noção de palavra não está lá implicada. O nosso silêncio a este respeito quer dizer que não precisamos de admitir a existência de um grupo de monemas que coincidissem com o que as tradições identificam como "palavras". Se quisermos conservar o termo para designar certos segmentos de discurso, em certas línguas, poderemos fazê-lo. Mas isso já não pertence à linguística geral. É linguística particular de cada língua. Note-se, por outro lado, que a definição não menciona a existência de classes diferentes de monemas — a existência de monemas gramaticais opostos a monemas lexicais. A experiência que temos das necessidades comunicativas da humanidade leva-nos a crer que vamos encontrar especializações de certos monemas com valor gramatical. Certos monemas vão ganhar valor muito geral — um elemento vai implicar "movimento de afastamento", outro "movimento de aproximação". Foram esses, em tempos, em francês os valores de *de* e de *à*. Mas a distinção entre gramatical e lexical não faz parte nem da definição nem do que dela pode deduzir-se. Compreende-se perfeitamente que, em muitas línguas, haja termos que indicam acções ou estados e termos que, com outro comportamento e outras compatibilidades, designam objectos ou noções, mas não é possível dar definição semântica de verbos e substantivos em turco, francês ou português. "A corrida do cavalo" e "o cavalo corre" são a mesma coisa. São a mesma experiência. Ao dizermos *o cavalo corre*, não ligamos esta experiência a outra experiência. Ao dizermos *a corrida do cavalo*, a experiência é a mesma, mas preparamo-nos para ligar a corrida a outros elementos. É tudo. Onde reside então a diferença semântica? Em linguística funcional, não falamos de diferença semântica, dizemos que substantivos e verbos têm diferentes compatibilidades.

Há os verbos e os substantivos porque queremos ter a possibilidade de exprimir as mesmas coisas em certos contextos de modo diferente do que se usa noutros.

Da discussão

Resposta a um ouvinte, o Sr. Yücel, que entendia que "...de modo variável de língua para língua... se analisa" implicava que se falasse *da* língua e não de *uma* língua.

Se digo "de língua para língua", é precisamente por distinguir uma língua de outra língua, das outras línguas. Não vejo a que é que *a* língua corresponde. Como é isso de *a* língua? Não sei. *A* língua, não conheço. *Uma* língua, sim. Peço desculpa de ser tão realista. Acusam-me de ser realista ou louvam-me por isso, mas na verdade eu sou realista. Preciso de saber onde se encontra isso, *a* língua. *Uma* língua sei, *a* língua não sei.

Pessoalmente, rejeito a oposição saussuriana entre *langue/parole*, "língua" e "fala". Deparamo-nos com um fenómeno perceptível que é a fala e o comportamento dos seres humanos que permutam falas. É um elemento perceptível do qual devemos partir. A introspecção não é processo recomendável na investigação científica. Temos a sorte de possuir o instrumento da comutação, que nos permite fazer a análise dos enunciados que recolhemos na fala. Não há a língua e a fala. Há a fala, e há também os elementos da fala que têm pertinência na língua em causa. Esses elementos que têm pertinência não têm pertinência no conjunto da língua humana, têm pertinência numa língua específica. A distinção que se pode fazer entre /u/ e /y/ em francês e turco é uma distinção válida em francês e turco. Não quer isso dizer que tais sons não existam em outras línguas: em russo, por exemplo, há sons /y/ e sons /u/, mas correspondem ao mesmo fonema. A partir do momento em que aplicamos o processo de comutação ao nosso objecto, que é a fala e as reacções dos seres humanos à fala, imediatamente entramos já não em factos gerais, mas sim em factos que caracterizam uma língua específica.

*
**

A uma ouvinte, a Srª Bayrav, que sugeriu que, se em fr. *fasse* "faça" há duas unidades, uma lexical e outra gramatical, se poderiam encontrar identicamente duas unidades semânticas em fr. *poussin* "pinto":

Pode-se de facto interpretar fr. *poussin* como correspondendo, no plano do sentido, a "galinha" + " jovem". Mas, enquanto fr. *fasse* "faça" corresponde a duas escolhas distintas, *faire* "fazer" e conjuntivo, *poussin* "pinto" corresponde a uma escolha única. Seria igualmente o caso de *poulet* "frango", que no entanto convidaria em francês a uma análise formal em *poul(e)* "galinha" + -*et*, com dois signos distintos. Só pode falar-se de amálgama dos significantes de dois monemas no caso de um sintagma, como fr. *fasse* ou ptg. *faça*, e não de um monema como fr. *poussin* ou ptg. *pinto*, ou de um sintema como fr. *poulet* ou ptg. *casota* (de *casa* + -*ota*), cujos elementos estão cristalizados.

*
**

À mesma ouvinte, que lembrou que, no francês *il faut qu'il fasse* (como em ptg. "é preciso que faça"), por exemplo, o conjuntivo é exigido pelo contexto.

É esse o problema do conjuntivo em francês. O conjuntivo é ou não um monema? Resposta: é, é um monema porque eu posso dizer *je cherche une maison qui a des volets verts* "procuro uma casa que tem janelas verdes" e *je cherche une maison qui ait des volets verts* "procuro uma casa que tenha janelas verdes". Posso, pois, fazer a comutação. Há algumas situações deste género onde, em rigor, se pode fazer a comutação. Não se emprega muito o conjuntivo em francês porque, como a maioria dos verbos não distingue o conjuntivo do indicativo, seria complicado termos de contar com ele para nos fazermos compreender. A maioria das pessoas dirá *je cherche une maison qui aurait des volets verts* . Emprega-se o condicional porque ele nos tranquiliza, uma vez que é sempre distinto do indicativo. Ler-se-á num anúncio *Cherche un homme qui travaillerait dans mon jardin* "procuro um homem para trabalhar no meu jardim". Não se pode empregar aqui *travaille* "trabalhe" porque, sendo a forma do conjuntivo igual à do indicativo, poderia implicar que há efectivamente um homem no jardim. Se ele trabalha no jardim posso ir procurá-lo porque sei onde está. A Senhora tem razão: de facto, o conjuntivo em francês tende a desaparecer como monema, tende a ser um elemento meramente formal. O problema não se põe em português porque em português as formas de indicativo e conjuntivo são distintas: "um homem que trabalha" — "um homem que trabalhe".

*
**

A um ouvinte, o Sr. Isik, que levantou o problema do valor dos estudos contrastivos:

Quem critica os métodos contrastivos está na realidade a criticar as más aplicações que deles se fazem. Esses métodos são, creio eu, absolutamente indispensáveis. Quando se tem de ensinar uma língua, não se trata de fazer unicamente a análise da língua que se ensina, mas também de considerar a língua das pessoas a quem se ensina. Tomemos um exemplo fonológico: ensinar inglês a um francês. Em inglês há acento. Quer isso dizer que, ao pronunciarmos um enunciado inglês, automaticamente daremos relevo a certas sílabas e, se isso não acontecer, o que dizemos não é inglês: os outros não compreenderão. Em francês, pode-se dizer *impossible* "impossível"

33

acentuando *im-*, *-pos-* ou *-sible* , que será sempre francês, mas não se pode dizer /impəssible/ porque não o é. Não se pode dizer /travəiller/, é preciso dizer /travailler/. Por outras palavras, os franceses não sabem o que é o acento. Se dermos uma transcrição fonológica do inglês a franceses, assinalando o acento por meio de um ponto, os franceses não repararão nele. Para ter a certeza de que os franceses o levarão em conta será preciso, por exemplo, escrever *satisfaction* com um *-FAC-* enorme, um *sat-* médio, um *-is-* e um *-tion* em caracteres pequenos. Poderemos então esperar que um inglês compreenda o que dissemos. É preciso que os franceses pensem: "Cuidado! Há aqui qualquer coisa a que tenho de prestar atenção!". Apresentemos agora o inglês a um alemão. O alemão está nas mesmas condições que um inglês: não se pode pronunciar uma palavra sem um acento. Se dermos uma palavra a um alemão, este procurará onde colocar o acento: um simples ponto bastará para o orientar. Não se pode definitivamente ensinar uma língua seja a quem for sem ter em conta os seus antecedentes linguísticos.

A este respeito, é interessante procurar saber em que medida quem aprender uma língua dá erros por estar habituado a falar outra língua ou porque a língua que aprende suscita esses erros. Uma criança francesa que aprenda francês vai dar erros a partir dos quatro anos. Porquê a partir dos quatro anos? Porque nessa idade se tornou mais inteligente e tenta construir frases próprias em vez de repetir frases que já ouviu. Quando fabrica as suas frases — e quando se trata de um valor significado bem definido —, não pensa sequer que possa ter de empregar formas diferentes segundo os contextos. Conhece uma forma com um certo sentido e empregá-la-à sempre que for esse e não outro o sentido que quiser exprimir. Mas atenção! Nem sempre as coisas funcionam assim. Talvez menos em turco que noutras línguas, mas há línguas mais complicadas. O francês, entre outras, é uma língua cheia de armadilhas neste campo. Também o é o inglês, com os seus verbos irregulares e um verbo como *bring*, que a criança já alertada vai conjugar segundo o modelo de alguns irregulares frequentes como *sing*, mas que, com o seu particípio *brought*, é mais irregular que os vulgares irregulares. Neste domínio, é perigoso para uma criança o ser demasiado precoce. Se for francesa, pode ser que não se habitue às formas irregulares dos verbos *être* "ser" e *avoir* "ter" antes de começar a falar de forma autónoma, isto é, procedendo por analogia. Conheci uma criança, hoje professor de física nuclear, que até aos 12 anos dizia *j'es grand* em vez de *je suis grand* "sou alto", *j'as faim* em vez de *j'ai faim* "tenho fome". A razão residia no facto de, em francês falado, — com excepção do verbo *aller* "ir", do verbo *être* "ser", do verbo *avoir* "ter" e do futuro — as três primeiras pessoas serem idênticas. Essa criança, que, inconscientemente, é claro, disso se dera conta muito cedo, submetia as formas irregulares à analogia. Existe um período em que todas as crianças francesas menos especialmente dotadas dizem *je vas, j'ira, je mangera*, isto porque, para as formas estandardizadas *je vais* "vou", *j'irai* "irei", *je mangerai* "comerei" — menos frequentes que *je suis* "sou", *j'ai* "tenho" — ainda não houve tempo suficiente para que se tornassem habituais.

*
**

Ao presidente, o professor Vardar, que levantou o problema de uma base empírica da teoria:

Ela parece-me tão evidente que durante muito tempo não senti necessidade de o dizer. Um dia, porém, apercebi-me de que há pessoas para quem isso não é assim tão claro. Parece-me natural o facto de nós, que temos a pretensão de ser investigadores, tentarmos identificar a realidade, quer dizer, a experiência que os homens têm do mundo. Parece-me isto tão evidente que se me afigura completamente aberrante a ideia de impor a tal realidade enquadramentos pré-estabelecidos. Pode construir-se uma hipótese, mas terá de ser sempre considerada como hipótese e não como guia infalível. O que eu denunciei foi a hipótese concebida como enquadramento necessário da investigação. Neste caso, nada poderá alguma vez infirmá-la, mesmo que não corresponda a nada. Quem se convence de que as coisas devem ser de um certo modo vê-las-á sempre desse modo. Encontramos sempre aquilo que procuramos, mesmo se o que procuramos não existe.

*
**

A uma ouvinte, a senhora Güzelsen, que perguntou qual era a atitude do funcionalismo perante a norma da língua ensinada:

Seja qual for a língua, não há uma norma, mas sim normas. Uma menina de doze anos que, no recreio, falando com os condiscípulos, designa o mestre por *Monsieur le professeur* "o senhor professor" não está dentro da norma. A norma no recreio é dizer *le prof*. Não dizer *le prof* é aberrante. Normas, há tantas quantos os ambientes. Se, no dia-a-dia, dissermos, em francês, [il ija (de ʒɑ̃ ki...)], "há (pessoas que)", não estaremos dentro da norma. A norma da língua francesa é [ja...]. Mas há outra norma, que é a norma escrita, que exige *il-y-a* . Há ainda outra norma, a da conferência formal, que não é a minha de hoje, uma vez que a minha maneira de falar tem estado a ser familiar. Há decerto circunstâncias onde seria aberrante dizer *le prof* ou dizer [ja] em vez de [il i a]. Uma das dificuldades do ensino das línguas está no facto de existirem normas diferentes e de não podermos deixar o auditório na ignorância de algumas delas. Quem ensinar francês terá de, num dado momento, indicar às pessoas que ensina que hão-de ouvir frequentemente [jaka] (*il n'y a qu'à...* "basta"), equivalente ao formal *on peut se dispenser de toute autre chose que...* "podemos prescindir de tudo o que não for...".

Não é raro pessoas que aprenderam bem francês — mas só a norma, digamos, escolar — ficarem muito desorientadas ao chegarem a França e ao ouvirem franceses dizer [jaka]. Não se trata de ensinar calão e só calão. Trata-se, sim, de preparar as pessoas para o que vão ouvir e que é muito diferente daquilo que vão empregar. Numa maneira relativamente lenta de falar francês, seria um erro dizer [jaka] em vez de [il ni jaka]. Mas, quando se fala correntemente francês, como a Senhora, já não se pode dizer *il y a* : é preciso dizer *y a* . Por conseguinte, não há uma norma, há normas, e isso complica o trabalho. Seria bom, por exemplo, ao ensinar inglês, fazer ouvir pelo menos alguns discos de pessoas que falem cockney. Quando cheguei pela primeira vez a Londres, não compreendi absolutamente nada do que o porteiro do hotel dizia. E, no entanto, eu falava inglês bastante bem. Com os meus amigos estudantes não tinha quaisquer problemas. Mas o que é que querem que eu faça quando percebo *to die* e me dizem *today* ?

Na nossa *Grammaire fonctionnelle du français*, esforçámo-nos por apresentar os diferentes usos. Creio que o fizemos sem demagogia, isto é, sem abusar das formas excessivamente familiares. E, apesar disso, muitos franceses se sentirão chocados ao lê-la. Os senhores conhecem de nome Paul Passy, linguista francês que disse coisas excelentes, mas pouco apreciadas enquanto ainda era vivo. Passy estava no caminho dos fundamentos da linguística funcional. O pai dele, Frédéric Passy, não era nem pouco nem mais ou menos linguista, era político. Tem uma rua em Neuilly, a rua Frédéric Passy. Paul Passy não tem rua porque os linguistas não têm ruas. Frédéric Passy recebia muito amavelmente na sua casa de Neuilly os amigos do filho, entre os quais havia linguistas como Otto Jespersen e Henry Sweet, que estavam a criar nome na nossa ciência. Um dia chega Otto Jespersen a casa de Frédéric Passy

37

e pergunta-lhe: "Que pensa o Senhor das pessoas que dizem que em francês não se pronuncia o /l/ do pronome *il* ?" *Ces gens-là i savent pas ce qu'i disent* ("essas pessoas não sabem o que dizem"), exclamou Passy, pronunciando duas vezes o pronome *ils* como toda a gente, isto é, [i] sem *l* .

*
**

À pergunta de um ouvinte sobre as relações entre hipótese e realidade observada:

Começo por lembrar que a minha definição não é uma hipótese. É um axioma assente na experiência. Creio que os meus pares estarão geralmente de acordo comigo se eu disser que uma língua se apresenta naquela forma. Seria possível, sem dúvida, mudar alguns termos dessa apresentação axiomática. Se eu encontrar quem me disser "Acha, na realidade, indispensável meter isto ou aquilo na definição de uma língua?", reflectirei e chegarei talvez à conclusão de que certo traço se encontra efectivamente implicado no termo da minha definição. Simplesmente, essa definição assenta na minha experiência de linguista, que já nos anos sessenta era bastante ampla. Sem falar muitas línguas, tenho conhecimento da estrutura de muitas delas e, por consequência, tal apresentação axiomática assenta na convicção de que os limites das possibilidades linguísticas são muito largos.

Muito diferente é o caso da hipótese. Tomemos, por exemplo, a da importância do rendimento funcional na evolução fonológica. É possível que a contribuição de novos dados venha a convencer-me de que o rendimento funcional, como factor de evolução linguística, é muito menos importante do que eu tinha postulado. Nesse momento, inflectirei a minha hipótese.

Vejamos o caso de uma hipótese largamente infirmada. Por exemplo, o caso de uma pessoa cuja língua primeira é o árabe, que fale francês correntemente, mas ainda bastante longe da norma: eu seria levado a pensar que os erros por ela praticados, os seus desvios relativamente à norma, seriam em grande parte determinados pela estrutura do árabe. Ora o exame pormenorizado e cuidadoso de um caso desses mostrou que 90% dos desvios eram dos que se podem encontrar na fala das crianças francesas, quer dizer, de pessoas não influenciadas pelo conhecimento anterior da outra língua. Esses resultados levaram-me então a modificar uma hipótese que eu poderia ter posto, segundo a qual os desvios, num estrangeiro, se deveriam essencialmente à influência da outra língua. Insisto, porém, em que a minha definição de uma língua não é hipotética: é axiomática, o que é muito diferente.

*
**

Ao senhor Güzelsen, que, além do sistema próprio de cada língua, desejaria encontrar um universal que seria o sentido:

Que é o sentido? Tem a certeza que o sentido seja universal? Para mim, o sentido seria a maneira como, para cada um de nós, se ordena a experiência do mundo. Vivemos todos, sem dúvida, no mesmo mundo, mas é claro que a nossa experiência do mundo é determinada pelos nossos contactos, pela parte do mundo em que vivemos. As nossas experiências do mundo são, portanto, automaticamente diferentes, fundamentalmente diferentes. É evidente que a minha experiência se situa muito perto da de muitos franceses com o mesmo grau de cultura que eu, simplesmente porque essas pessoas encontraram o mesmo ensino, as mesmas leituras, isto é, em linhas gerais, as mesmas experiências. Mas tal experiência é completamente diferente da experiência de outros franceses que falam a mesma língua que eu, ainda que eles sejam guiados, na sua análise da experiência e na sua concepção da experiência, pelas mesmas estruturas elementares do francês que eu. Alguém que não tenha tido a mesma formação, por exemplo, alguém que tenha recebido uma formação técnica, que eu desconheço de todo, terá necessariamente uma visão diferente do mundo. Não vejo, assim, o que é que poderia ser um sentido que fosse universal. Certamente, o Senhor e eu tivemos experiências diferentes, determinadas, no seu caso, pela aprendizagem do turco em criança, no meu pela aprendizagem do francês — o Senhor sabe turco, eu não; o Senhor viveu num meio que não foi o meu; o Senhor recebeu um ensino que eu não recebi. Temos pois, à partida, diferenças. No entanto, a convergência começa desde que se estabelecem contactos entre os seres humanos — convergência essa que conduz à identificação, sempre parcial, da natureza da experiência, do enquadramento onde se aprende a experiência. Por outras palavras, o meu conceito do que o Senhor chama sentido é dinâmico. É uma dinâmica que se modifica a cada passo. A minha dinâmica modificou-se esta manhã pelas perguntas que me fizeram. Foi a primeira vez que me fizeram exactamente essas perguntas. Por isso, modificou-se o meu modo de me dar conta das coisas. É o que eu espero que aconteça numa conferência ou seminário. Vem-se aqui justamente enriquecer o pensamento, ver as coisas de maneira algo diferente.

1.2. Função e pertinência comunicativa*

Mais de um século depois de uma linguística comparada que se quis historicista, a linguística descritiva apresentou-se como sincrónica. De inspiração saussuriana na Europa, entendeu a sincronia em termos estáticos. Identificou o estado de língua com o corte saussuriano da árvore. Saussure identifica a

---

* Publicado em *Linguistique et sémiologie fonctionnelles*, Istanbul, pp. 45 - 60.

sincronia linguística com a face horizontal que aparece quando se corta uma árvore. Vêem-se os veios na superfície — o estudo sincrónico seria então o estudo desta superfície. Naturalmente, tal estudo só pode ser rigorosamente estático. Não se pode ver a seiva a subir. Verifica-se apenas a existência de veios, por onde subia a seiva quando a árvore funcionava. Quando, por exemplo, se quis estabelecer sistemas de fonemas, recorreu-se, muito naturalmente, ao estudo das relações mútuas dos fonemas: é aí que reside o próprio fundamento da linguística estrutural. Mas colocaram-se todos esses fonemas no mesmo plano, sem se considerar a sua frequência ou a extensão que têm na comunidade. Sem dúvida que se encontram, em vários estudos fonológicos, interessantes considerações estatísticas, mas estabelece-se essencialmente o sistema de acordo com o seguinte princípio: um fonema que se manifesta uma só vez na língua tem o mesmo estatuto que todos os outros fonemas, ainda que a realidade possa sugerir a sua instabilidade. Não creio que se possam censurar os primeiros fonólogos por terem trabalhado desta forma, uma vez que se tratava de reagir, de levar a sincronia mais além, de a consolidar. Antes de Saussure e dos estruturalistas de Praga, considerava-se a descrição sincrónica das línguas um exercício menor, indigno da atenção dos especialistas. Na realidade — e apesar dos avisos de Wilhelm von Humboldt — procedia-se como se a língua fosse um estado, um produto, e não um processo. Humboldt disse que a língua não é um *ergon* — isto é, um produto — mas sim uma *energeia* — isto é, uma energia, algo que tem de ser entendido em desenvolvimento.

Eu direi, com mais simplicidade e talvez mais clareza, que ela não é um produto acabado, mas sim uma actividade, um processo. A mensagem de Humboldt não foi entendida, em parte porque nem sempre foi clara. De qualquer modo, a esse respeito, quando no século XX as pessoas se interessaram na língua por si mesma e em si mesma, de acordo com a fórmula do *Curso* de Saussure, esse aspecto foi pouco considerado. É preciso reconhecer que, apesar do que representava o movimento fonológico, a influência da grafia se mantinha considerável. Porque é que temos todos a impressão de que a língua é um produto e não um processo? Essencialmente porque, em geral, a representamos sob a forma de textos escritos. Para a podermos estudar, fixamo-la, tornamo-la rígida, não só ao recorrermos à grafia tradicional, à ortografia, mas também ao usarmos a transcrição fonológica, que conduz precisamente ao corte transversal de Saussure. Ficamos com uma forma seca, o que deixa a impressão de que estamos a trabalhar com um produto acabado. Sem dúvida que não é preciso insistir muito para os ouvintes reconhecerem que uma língua se apresenta em funcionamento. O próprio Saussure, a quem se deve a ilustração do corte transversal, apresentou o funcionamento da linguagem. Lembram-se, sem dúvida, das duas cabeças que no *Curso* de Saussure trocam mensagens linguísticas. A língua funciona e é o seu funcionamento que a nós, funcionalistas, nos parece necessário mostrar.

Insisto em que se dê profundidade à sincronia. A sincronia não é uma superfície plana. Temos essa impressão porque a língua com que trabalhamos aparece escrita em plano. É preciso compreender, no entanto, que o funcionamento linguístico, como qualquer funcionamento, é uma sucessão de causas e efeitos. Porém, não é assim que a maioria das pessoas antevê o problema quando dele toma consciência: é imediatamente tentada por uma formulação finalista, teleológica, dos factos. Toda a gente reconhece que, pelo menos em certos casos, os locutores falam para serem compreendidos, embora haja quem fale para não dizer nada. Mas sejamos optimistas: pelo menos algumas vezes, acontece-nos falar para sermos compreendidos. Conclui-se, então, haver no uso linguístico uma finalidade: a compreensão mútua. Aí se enxertam considerações filosóficas que, quanto a mim, não têm absolutamente nada a ver com o que nos interessa. Assisti à *Phonologietagung* de Viena, no princípio do Verão passado. Um número bastante apreciável de comunicações aí apresentadas consistiu em discussões estritamente filosóficas sobre a finalidade da linguagem. Pareceram-me bastante fúteis. De facto, se os locutores querem ser compreendidos, é porque cedem a uma necessidade. Não se trata de formular, à partida, um desejo de ser compreendido. Porque é que desejamos ser compreendidos? Porque temos necessidade de ser compreendidos. Umas vezes, essa necessidade é evidente, outra menos, mas, sempre que alguém deseja ser compreendido, é porque tem necessidade de ser compreendido, e, ao falar em necessidade, situamo-nos no determinismo puro e simples — há causas e efeitos. Por outras palavras, essas grandes discussões filosóficas que invocam o livre arbítrio perdem-se na metafísica e não têm para nós interesse absolutamente nenhum. É tudo, de facto, um problema de formulação. Partindo-se do desejo, a formulação é teleológica: partindo-se da necessidade que se quer satisfazer, obtemos uma formulação determinista. Como, no entanto, a ciência funciona em termos de determinismo, por mim prefiro uma formulação determinista.

Só que temos de ser prudentes e não ceder à tentação de simplificar demasiado as coisas: quando se fala em causa e efeito, não se trata de *uma* causa e de *um* efeito. Na realidade, há sempre um complexo de causas e um complexo de efeitos. É geralmente fácil isolar o efeito, porque é nele que concentramos as atenções. Qualquer efeito resulta de um número considerável de causas diversas, umas que talvez pudéssemos isolar e chamar móveis, e outras, por assim dizer imóveis, que seriam circunstâncias. Haverá um móbil que, no caso da linguagem, é a satisfação das necessidades de quem fala. É essa a causa determinante de um efeito que vai ser a produção do enunciado linguístico. Mas há também outra coisa: o ter em conta já não apenas as necessidades de quem fala, mas também dos conhecimentos de quem ouve, porque, se quem fala quer atingir os seus fins — por outras palavras, quer satisfazer as suas necessidades —, o outro tem de cooperar, de compreender o que vai ser dito: trata-se de o convencer.

Em toda a permuta linguística, existe, a partir de qualquer enunciado, um motivo. Ou até talvez mais do que um, porque, ao falarmos, ainda que não tencionemos comunicar, podemos frequentemente ter necessidade de nos satisfazermos a nós próprios pela utilização da linguagem. Neste momento, perante o simpático auditório que tenho diante de mim, sinto-me feliz por falar. Sinto satisfação em exprimir o que tenho em mim, e isto independentemente do meu desejo de lhes comunicar informação. Julgo que um bom professor deve gostar de falar, de utilizar a linguagem em si mesma, para satisfação própria, independentemente da mensagem que quiser transmitir. Estão, pois, a ver que os motivos não são simples. Ao apresentar-lhes apenas os dois principais, estou a simplificar imenso as coisas. Há muitas outras e muito diversas. Há assim um motivo ou motivos concomitantes, e também uma quantidade de condições pré-existentes, independentes dos motivos, e que entram em linha de conta.

Suponham que assistimos a um acidente na rua. Encontramos um conhecido e decidimos comunicar-lhe a nossa experiência. Conforme o nosso grau de intimidade com a pessoa, conforme o que sabemos dos conhecimentos e interesses dessa pessoa, não contamos a história da mesma maneira. Primeiro, é preciso saber se a pessoa fala turco, francês, inglês, alemão, português. Depois, saber se ela se interessa por mecânica ou se a mecânica a aborrece, se é uma alma sensível que se perturbe muito com acidentes, que tenha muita pena das vítimas deles, que fique eventualmente transtornada, etc., etc. De qualquer modo, no caso da linguagem, é evidente que o motivo mais constante é a necessidade de comunicar.

Quando dizemos *comunicar*, não nos referimos necessariamente a enunciados afirmativos. A necessidade de comunicar pode assumir a forma de ordens. São mesmo, muitas vezes, as necessidades mais urgentes de comunicar que se transmitem por meio de ordens. Pode ser também uma pergunta, a necessidade de se informar. Comunicar uma experiência é dar a conhecer a outrem algo que vai em nós. Por isso, afirmações, ordens, perguntas, podem todas ser comunicações da experiência.

Entre as condições anexas, há as que determinam a escolha do instrumento de comunicação. Para muitas pessoas, não há escolha porque só conhecem uma língua. Contudo, quem só conhece uma língua utiliza por vezes níveis de língua diferentes. Por conseguinte, será preciso decidir qual o nível a escolher, em função, naturalmente, do público visado. Fazem parte das condições a personalidade daquele ou daqueles a quem nos dirigimos e o conhecimento que têm da língua utilizada. Para dar conta da mesma experiência, não se fala do mesmo modo a quem frequentou a universidade e a quem nunca foi à escola.

Ao voltar a França após dez anos na América, apercebi-me de casos que podem ter algum interesse. Hoje, perante franceses com menos de 25 anos, tenho a impressão de poder, frequentemente, abstrair-me de diferenças relacionadas com o nível cultural. Por outras palavras, há uma espécie de uniformização da cultura, o que me leva, quando me dirijo a jovens franceses, a não ver qualquer utilidade em diferenciar a minha fala conforme as classes sociais. Tenho sem dúvida de ter em conta que eles não saberão, não identificarão o que para mim, em criança, era moeda corrente. Todavia, por outro lado, muitas coisas há que eles sabem e que eu não sabia na idade deles. Constato uma situação que por vezes se descreve como sendo a generalização da incultura, mas que eu descreveria antes como sendo a democratização da sociedade. Tudo ilustra bem as condições de utilização da língua — é a determinada pessoa que eu quero comunicar a minha experiência: que quero eu dizer-lhe? Como vou dizer-lho, tendo em conta a sua cultura, o vocabulário de que dispõe, etc.? Além disso, há toda a situação, no mais amplo sentido do termo — o enunciado não será o mesmo consoante se fala na rua, com autocarros que passam a todo o momento, ou tranquilamente numa sala, a sós, sem ruídos, sem interferências, sem nada que possa perturbar a troca da comunicação. Vou resumir assim o que acabo de dizer: o conjunto dos motivos e das condições especiais, pessoais ou situacionais, têm obrigatoriamente de influir na maneira como vai ser utilizado o instrumento de comunicação — escolha do vocabulário, escolha das formas gramaticais, clareza da articulação em geral, valorização especial. Tudo isto pode parecer muito corriqueiro, mas penso que tem de ser recordado, porque sem isso não compreenderemos o que é o funcionamento de uma língua. Uma língua não é um produto acabado, é uma actividade.

Todas as condições que acabo de enumerar podem, pois, mudar de momento para momento, modificar o comportamento linguístico de um mesmo locutor. Mas, em geral, tais modificações não afectam de forma duradoira a língua empregue. É verdade que, indo mais além, e recordando a formulação da teoria da comunicação, de acordo com a qual o valor de um termo, a informação de um termo, dependem da sua frequência, é possível dizer que se modifica a língua quando se emprega uma vez uma palavra, já que, com tal emprego, se modifica, ainda que de maneira infinitesimal, a frequência dessa palavra. Pode parecer uma brincadeira, mas não é. Sabemos muito bem que deixamos de prestar atenção a uma palavra repetida muitas vezes, e que, para despertar a atenção de alguém, é preciso encontrar outra palavra. A quantidade da informação modifica-se, portanto. Mas essa mudança é reversível: noutra situação, poder-se-á empregar essa palavra com a sua informação inicial. Torna-se claro, no entanto, que uma modificação das necessidades gerais da sociedade, uma modificação do nível de cultura, o que lhes disse a propósito dos franceses com menos de 25 anos, tudo isso pode generalizar as inflexões de informação que acabo de assinalar.

Deixará de haver um facto isolado, particular, reversível, que vale para uma situação e não valerá para a seguinte. Essas inflexões são particularmente frequentes em certa direcção quando a sociedade mudou, porque as suas necessidades mudaram, porque mudaram as condições gerais da vida. A partir daí, vamos encontrar o que podemos chamar mutações irreversíveis. Já não se pode voltar atrás. Podemos então dizer que a língua mudou. Nesse momento, deixamos o campo da sincronia e entramos no da diacronia.

O facto de, quando estamos em sincronia, desejarmos operar com uma dinâmica, não significa que rejeitemos a oposição entre diacronia e sincronia. A diacronia aparece a partir do momento em que há uma mutação irreversível. As mutações levam tempo a tornar-se de todo irreversíveis. Vejamos um exemplo: seja o /j/ francês, em *paille* "palha". Resulta sobretudo de uma evolução a partir de um /l̬/ palatal (*-ill-*), como o *gli* do italiano, o *ll* do espanhol, o *lh* do português. Pode dizer-se ser hoje irreversível a mudança que fez passar o /l̬/ a /j/. Não se imagina, de facto, modo de fazer reviver esse fonema, que não é pronunciável para os franceses de hoje. Um linguista como eu pode realizá-lo, mas um francês normal será completamente incapaz de o fazer. Poderia dizer-se que, procurando bem, talvez se encontrassem, em províncias distantes, franceses que soubessem articulá-lo. Mas podemos esquecê-lo, porque se trata evidentemente de relíquias insusceptíveis de alguma vez serem imitadas.

Pelo contrário, em espanhol, onde /l̬/ (=*ll*) passou, na boca de muitos locutores, a /j/, há ainda muita gente que conserva a pronúncia tradicional, e não é de excluir a possibilidade de vir e reverter-se a tendência para fazer passar /l̬/ a /j/. Não está pois consumada a não-reversibilidade.

Podemos considerar outro caso: o da passagem, em sueco, de /ki/ a /çi/. É hoje uma passagem irreversível. Prova-o o facto de os suecos conservarem /ki/ nas palavras que importam e que têm /ki/. Houve ruptura, aparecimento de uma nova possibilidade articulatória, que faz da passagem do artigo /ki/ a /çi/ um facto histórico. A par do abandono, houve recuperação: tinha-se esboçado o mesmo fenómeno em dinamarquês, onde existia a palatalização de /k/ diante de todas as vogais anteriores. Durante muito tempo, escreveu-se *Kjobenavn* em lugar do actual *Kobenhavn*, nome da cidade de Copenhaga. Hoje diz-se /kø.../, mas tempos houve em que se pronunciava /tø.../. No entanto, essa mudança manteve-se reversível e finalmente eliminou-se. Hoje, já não há dinamarquês que diga outra coisa que não /kø.../, excepto quem fale dialectos identificados como algo diferente do dinamarquês estandardizado.

A maioria das palavras provindas do latim palatalizou o /k/ seguido de vogais anteriores. Em francês, o resultado é /s/, como em *cité* "cidade", ou *cent* "cem". Mais tarde, porém, ocorreu em francês nova palatalização, cujo resultado é hoje /š/, como em *cheval* "cavalo" (*caballum*, cujo primeiro *a* se pronunciava /æ/), ou *échine* "espinha" (<skina). Observando os mapas dos atlas linguísticos, verifica-se que uma zona importante do norte da França não parece ter sido afectada por esta nova palatalização. Acontece isso em parte da Normandia e na Picardia. Sabemos, contudo, que a palatalização afectou a Picardia, mas recuou. Tenho uma teoria de acordo com a qual essa palatalização tem origem no frísio: as primeiras infiltrações francas devem ter-se realizado com exércitos cujos chefes eram francos e que, por sua vez, haviam recrutado soldados frísios no que são hoje os Países-Baixos. Ulteriormente, esses exércitos frísios franquizaram-se: por outras palavras, o número de soldados de origem franca e de falar franco, sem palatalização, aumentou. Isso provocou um recuo da palatalização nas regiões onde era mais forte a densidade dos Francos, especialmente o picardo, que estava em contacto com os falares germânicos da Flandres e de Brabante. Peço-lhes que me relevem este excurso diacrónico.

Num campo muito diferente, encontramos em francês uma mudança irreversível na impossibilidade de utilizar os verbos em modos pessoais sem acrescentar pronomes pessoais. É evidente a razão desta irreversibilidade: como as três pessoas do singular são, na oralidade, geralmente idênticas, se não se colocasse o pronome não haveria compreensão.

Tudo isto significa, no fim de contas, que as mudanças linguísticas resultam do funcionamento da língua envolvida. Isto pode ser formulado dizendo que *uma língua muda porque funciona* . Da primeira vez que usei esta fórmula, tive a impressão de estar a criar um paradoxo, mas hoje estou convencido de que é válida a cem por cento. É absolutamente o contrário do que imaginavam e afirmavam os nossos antecessores: para eles, uma língua era admiravelmente monolítica. Depois, de repente, por motivos ignorados, essa língua começa a estragar-se e daí as transformações, as mutações. Vem a seguir um período em que se faz um esforço para restaurar o seu monolitismo. Nada disso é sustentável: a língua modifica-se sem interrupção, modifica-se talvez mais depressa em certos momentos por a sociedade evoluir mais depressa. Hoje em dia, por exemplo, as mudanças são rápidas, muito rápidas, por serem rápidas as mudanças sociais. O ritmo destas mudanças não se compara com o de há trinta, cinquenta anos. Uma língua modifica-se porque se adapta constantemente às necessidades dos utentes, uma língua modifica-se sem deixar de funcionar e porque precisa de funcionar bem. Quer isto dizer que uma descrição sincrónica, e puramente sincrónica, para ser de facto satisfatória, deverá ter em conta a dinâmica da língua.

Como conseguir levar a cabo esta descrição? Recordei há pouco que, se vemos na língua um produto, é essencialmente porque, para trabalhar uma língua, a gravamos e transcrevemos fonologicamente. Como desfazer-nos deste preconceito e tratar da dinâmica? Não é fácil tratar dela directamente: em si mesmo, o enunciado não dá indicações sobre a dinâmica e as mudanças em curso. Também neste ponto é preciso recorrer ao confronto de enunciados diferentes. Há várias maneiras de o fazer. Podem-se estudar os usos de um mesmo indivíduo em diferentes períodos: grava-se este ano, no ano que vem, daqui a dez anos, e registam-se as diferenças. Talvez me objectem que isso é agir de forma diacrónica, ao que eu respondo que não será diacronia enquanto as mudanças verificadas forem reversíveis, enquanto se encontrarem evoluções que em nada impeçam o voltar atrás. Vejamos um exemplo: seja a palavra fr. *médecin* "médico". Sabem que a palavra se pronunciava em tempos /med=sɛ̃/, com um /ə/; depois, o "*e* mudo" reduziu-se, passou-se a dizer /mdsɛ̃/, e finalmente /metsɛ̃/. Quer isto dizer que houve antecipação gradual da surdez do /s/, que afectou primeiro a vogal /ə/, a seguir o /d/, o qual passou a [d̪] (é essa a minha pronúncia), e depois, reforçando-se, a /t/.

Quando eu ensinava regularmente na Faculdade de Letras de Paris, entretinha-me todos os anos a fazer um pequeno inquérito aos meus alunos: perguntava-lhes se achavam que pronunciavam *médecin* com /d/ ou com /t/. Uma curva estabelecida ao longo de dez anos revelou uma diminuição constante do número dos que pensavam pronunciar um /d/. Com mais de 200 respostas por ano, a amostragem era suficiente para garantir algum valor ao inquérito. Mas tudo isso é reversível. É possível uma reacção nos dias que correm, neste período "retro" em que se põem em causa as novidades. É possível que se esteja a regressar a pronúncias apoiadas na grafia. Se se voltasse hoje a fazer aquela sondagem, não se verificaria, senão um recuo, pelo menos um abrandamento? Não tenho opinião formada. Digo-o apenas para ilustrar o que se chama possibilidade de reversibilidade. Enquanto houver pessoas que pronunciem *médecin* como eu e pessoas que levem em conta a ortografia, será possível um recuo. O que assim se pode fazer é tentar determinar se há evolução em curso. Pode-se tentar ver isso num indivíduo. Verifiquei que, aos 24 anos, eu fazia diferenças que aos 34 já não fazia. Aos 24 anos, distinguia, pela quantidade, *sûr* "certo" de *sûre* "certa", *filleul* "afilhado" de *filleule* "afilhada". Aos 34 anos, já não tinha vestígios dessa diferença. A outra forma mais simples e mais directa de verificar a dinâmica da língua consiste em recolher informação junto de um público homogéneo quanto à língua empregue, quanto ao nível social e cultural, mas de idade variável. Com a minha colega e amiga Henriette Walter e a ajuda de muitos colegas mais novos, estudantes adiantados e informadores dedicados, procedemos a um inquérito sobre a pronúncia do francês. Havia dicionários da pronúncia do francês, mas esses dicionários indicavam pronúncias sem dizerem de onde provinha a informação. Ora acontece que, pegando num desses dicionários e ouvindo falar os franceses, logo se verifica que, por cada cinco vezes, há uma em que as pessoas não estão de acordo com a pronúncia do dicionário.

Em 1934, encontrava-me eu em Copenhaga, pediram-me que fizesse uma conferência na Sociedade de Estudos de Francês da Universidade. Como andava então a ler *Les hommes de bonne volonté* de Jules Romains, fiz-lhes sobre a arte de Jules Romains uma conferência cuja substância deve ter deixado indiferente parte do auditório. Seja como for, encontrei mais tarde dois ouvintes que provavelmente não se deixaram arrebatar pelo que eu disse de Jules Romains, mas que tinham encontrado 85 erros de pronúncia na minha palestra. Quem me ouve agora poderá fazer o mesmo. Aqueles "erros de pronúncia" eram, evidentemente, pronúncias que não correspondiam às que lhes tinham sido ensinadas na escola, as quais, sem dúvida, reproduziam as de certos dicionários. Dei, portanto, 85 erros em 45 minutos.

Para ver os "erros" dados pelas pessoas, recolhemos informações de 17 informadores. Tínhamos previsto 26, tantos quantas as letras do alfabeto, mas houve falhas e daí o número de 17. As idades iam dos 21 aos 80 e tal anos: ou seja, tínhamos um leque de idades bastante bom. No dicionário, apresentámos estatisticamente os factos: por meio de uma letra, indicámos "quem" pronunciava "o quê". Não tirámos, todavia, qualquer conclusão acerca da dinâmica da língua. Retomando os mesmos materiais, Henriette Walter encontrou a dinâmica. É muito simples: consideram-se os mais novos, depois os mais velhos, e vê-se o que faz a massa dos mais novos e depois a dos mais velhos. Em certos casos, as mudanças são relativamente fracas e não significativas. Noutros são manifestas, límpidas e precisas. Há presença de um fenómeno num lado e ausência no outro.

Uma das nossas jovens colegas, Caroline Peretz, procedeu a outro estudo sobre as pronúncias parisienses, recorrendo a um número bastante considerável de informadores de diferentes classes sociais. Tivemos a partir daí uma combinação dos dois factores, dos dois parâmetros, como agora se diz, e chegámos a resultados muito interessantes. Quando se trata de confusões fonológicas — insisto em fonológicas —, os iniciadores da mudança são jovens dos subúrbios e os que se deixam ficar para trás os burgueses de idade. É claro e manifesto. Insisto em que se trata do abandono de distinções fonológicas — nada tem que ver com as realizações fonéticas, as quais, pelo contrário, parecem impostas pelos usos burgueses. As pronúncias suburbanas desapareceram, ou então estão em vias de extinção. Assim, há uma oposição muito acentuada entre, por um lado, as realizações fonéticas das classes favorecidas, que temos tendência a imitar porque "parece bem", e, por outro lado, a aceitação inconsciente de uma confusão lentamente preparada pela aproximação de duas articulações, que na realidade ninguém nota porque só se dá quando não há perigo de confusões. Os jovens dos subúrbios, menos acompanhados pelos pais, menos escolarizados, adquirem cada vez mais tarde as distinções de pouca utilidade, acabando mesmo por não as adquirir.

O mesmo se poderia ilustrar noutros planos. A minha experiência, que é relativamente longa dada a minha idade, leva-me a pensar haver hoje no léxico francês resíduos irrecuperáveis, que o não eram na minha infância. Há, evidentemente, palavras que deixaram de se ouvir e que não voltarão a aparecer. É sempre menos fácil ser categórico em matéria de vocabulário, porque há os dicionários e a literatura, e também porque, uma vez lida uma obra literária um pouco antiga, se pode sempre naturalmente repor em circulação um termo que tinha desaparecido de uso. São as complicações resultantes da existência de uma continuidade cultural. Vejam um termo como *elmo* para designar uma espécie de capacete: não pertence à língua quotidiana, quase se poderia dizer que desapareceu do português, mas ainda é recuperável.

Julgo que estão a ver como funciona a informação quanto à dinâmica da língua: um termo com muita informação é raro e um termo com pouca informação é frequente. Essas relações são automáticas. Menos automáticas são as implicações dessa informação na forma da palavra. Quando uma palavra, no sentido mais simples do termo, se torna frequente, a própria forma da palavra tem tendência para se reduzir. Não pode reduzir-se esquecendo o que outrora se designou por "leis fonéticas", mas pode abreviar-se de uma maneira ou outra. É evidente que os alunos franceses, que vivem constantemente na presença de professores, não vão usar todas as sílabas para os designar — dirão necessariamente *le prof* e isso será quase automático. Mas, pelo contrário, uma palavra que se torne mais rara, não se expõe por isso ao alongamento — vai morrer de velhice. Não conheço nenhum exemplo de palavra que, tendo-se tornado rara, se haja verdadeiramente reforçado. Na época da Revolução Francesa, foi levada perante o tribunal revolucionário uma parisiense acusada de ter dito que era preciso um [rwɛ]. Defendeu-se explicando que considerava indispensável

53

não um [rwɛ] como Capet, mas sim um *rouet*, ou seja, uma roca, para fiar a lã. Como sabem, na época, *roi* "rei" dizia-se [rwɛ], e só os parisienses do vulgo pronunciavam [rwa].

Gostava de voltar ao modo como, numa óptica dinâmica, organizamos os nossos materiais. O assunto é algo diferente do que tenho estado a tratar até aqui, mas penso não dever deixar de dizer algumas palavras sobre a hierarquia dos factos em linguística funcional. Essa hierarquização dos factos assenta naturalmente na função, e começou pelo estabelecimento da distinção entre fonética e fonologia, onde é simples e clara. Há uma pertinência distintiva que permite dizer que certo facto pertence à fonologia, e o que não se conforma com tal pertinência distintiva, o que não possui tal pertinência distintiva, fica no domínio da fonética. Alargamos o conceito a outros domínios, por exemplo, ao das unidades significativas. Neste, o que é decisivo e pertinente é o contributo da unidade para a compreensão da montagem, isto é, o seu significado. Encontram-se também, por outro lado, elementos que não são pertinentes para a mensagem: são as variantes da forma das unidades. Por outras palavras, no que respeita às unidades significativas — os monemas -, uma vez identificadas, o que importa é o seu valor significado. Há, claro, vários passos na operação que se efectua a partir do corpus. Num primeiro passo, é indispensável levar em conta a forma, porque é a forma o garante da existência do monema: não há monema sem forma distinta. Mas, uma vez estabelecido o monema, as suas variantes formais deixam de ter qualquer interesse para a comunicação — constituem, pelo contrário, uma complicação inútil.

Vejamos o caso extremo do conjuntivo francês. Por que motivo não serve praticamente para nada em francês? É evidente: só muito episodicamente é que é diferente do indicativo, pelo que não se pode contar com ele. Isto deve-se ao facto de as crianças, ao longo dos tempos, terem tido grandes dificuldades em distinguir o conjuntivo do indicativo, por as formas daquele serem muitas vezes estranhas e irregulares. As crianças mais pequenas pouco mais fazem do que repetir imperfeitamente enunciados que já ouviram. Mais tarde, são levadas a formar enunciados próprios porque, através de comutações inconscientes, acabam por identificar os monemas. Mas, nessa altura, ainda não sabem quando devem empregar uma forma ou outra do mesmo monema: porque dizer *vais* "vou" depois de *je* "eu", se, para o mesmo sentido, se diz *va* "vai" depois de *il* ? Normal seria cada signo ter um significante invariável,. Só que não há praticamente língua onde isso aconteça totalmente, embora o chinês se aproxime muito desse ideal. O turco, que tem fama na matéria, ainda assim apresenta variantes de significante, quanto mais não seja devido à harmonização vocálica. O facto pareceu tão natural a quem falava línguas indo-europeias que da necessidade se fez virtude. Quando se estabeleceu a conhecida divisão tripartida das línguas em flexionais, aglutinantes e isolantes, com hierarquização descendente por esta ordem, foi simplesmente porque quem falava línguas chamadas flexionais adorava, por puro etnocentrismo, essa horrível barafunda que são as flexões indo-europeias.

Pensem no que se passou com as línguas românicas. A flexão nominal do latim era formalmente tão incoerente que acabou por ruir. O verbo conservou-se melhor porque as formas verbais eram relativamente simples. Nos casos em que os diferentes verbos não estavam de acordo, encontrou-se muitas vezes maneira de unificar o paradigma, por exemplo, no futuro, com a nova forma em *-r-* . As línguas individuais continuaram pelo mesmo caminho. Em francês, por exemplo, depressa se simplificou a flexão do imperfeito. Mas ficou o perfeito simples, com as suas formas variáveis em *-a, -ai, -i, -u-, -in* . Já não sabem conjugá-lo. Em todas as teses de doutoramento de Estado que tive de ler, sempre que o infeliz candidato julga dever empregar um passado simples, corre o risco de se desviar da norma. Até aos meus 25 anos, eu não conhecia o perfeito simples do verbo *coudre* "coser". Se tivesse tido de o usar, teria dito *cousus*, partindo do particípio. Mas a minha mãe, que cosia muito, deu-me a forma padrão *cousis*. Não há muitas oportunidades de usar o perfeito simples de um verbo que designa um trabalho tão pouco prestigiado como a costura doméstica.

Designo por "morfologia" o estudo das aberrância formais. É esse, aliás, o verdadeiro valor da palavra "morfologia". Se, falando do latim, por exemplo, a morfologia parece ser o estudo das conjugações e declinações, é apenas porque, em latim e em grego, nada se encontrou de melhor para apresentar essas aberrâncias do que integrá-las nas chamadas declinações e conjugações. Pensando bem, não vejo o que se pudesse ter feito de melhor. Notem que isso não implica que a morfologia seja apenas o estudo de factos gramaticais: uma gramática latina apresenta na morfologia, com razão, formas radicais supletivas como *fero, tuli, latum* . A morfologia consiste, pois, nos resíduos, ou melhor, no exame dos resíduos deixados na língua pela satisfação imperfeita de necessidades contraditórias, e que as pressões da tradição impediram que fossem eliminadas pelas sucessivas gerações de jovens falantes.

O que é fundamental para as unidades significativas é a sintaxe, na qual encontramos verdadeiramente a língua em acção. A sintaxe é como se passa da linearidade do texto para a globalidade do sentido. Compreendem, penso eu, como é deplorável misturar tudo e empregar descuidadamente o termo *morfossintaxe* . Nada é mais diferente que a morfologia e a sintaxe — de um lado estão os resíduos, do outro a vida.

Chegamos agora ao problema do sentido. E, a este respeito, penso ser necessário distinguir duas disciplinas. Assim como distinguimos a fonética da fonologia, também teremos de distinguir a "semântica" de outra coisa. A fonologia é o estudo das unidades distintivas que se opõem. No plano da significação, precisamos de uma disciplina que trate dos valores resultantes das oposições. Partindo do grego *axia* , "valor", fiz *axiologia*. A axiologia é, pois, o estudo dos valores significados que se opõem.

Ao contrário do que alguns julgam à primeira vista, a axiologia não liquida a semântica. Um exemplo do francês ilustra a diferença: o tempo a que a gramática escolar chama *passé composé* "perfeito composto" corresponde a dois tipos de situação. Quando digo *j'ai fini* "acabei", é um presente concluso, mas em *j'ai fini hier à cinq heures* "acabei ontem às cinco horas", tenho um passado. *Il est mort* "morreu" é um presente, enquanto *il est mort le 12 avril* "morreu a 12 de Abril" é um passado. Muito interessante é que os locutores franceses não têm a mínima ideia desta dualidade do perfeito composto francês. Para eles, é a mesma forma. Quando lhes mostramos a diferença, dizem: "Ah! pois, é curioso, é estranho, de facto é assim!". Notem que o francês não está sozinho. O que acabo de dizer do perfeito composto era válido para o perfeito latino — este era um presente concluso e era um passado. E é-o igualmente para o português: *o comboio chegou* (isto é, "acaba de chegar", "chega neste momento") é presente, *o comboio chegou há uma hora* é passado. Se tudo isto é possível, é porque, na prática, presente concluso e passado próximo são uma e a mesma coisa. Exemplo: uma manhã, abro a porta da rua para sair. "Achas que leve um agasalho?", pergunta a minha mulher. Respondo-lhe apenas: "O mistral parou." (como sabem, o mistral é um vento frio). Pergunto a mim próprio: que queria eu dizer ao certo quando respondi? Era um presente concluso ou um passado? Quis eu dizer que o mistral tinha parado de soprar a uma hora qualquer da noite, ou a minha ideia era que naquele momento havia ausência de mistral? Impossível dizê-lo, porque não tinha qualquer importância, porque desde pequeno me habituei a não fazer distinções em casos desses.

Todas as considerações precedentes são semânticas e não

axiológicas. O pretérito composto francês é uma só unidade axiológica. Há um monema — que designo por "perfeito" — que tem uma forma não identificável: o monema verbal e o monema aspectual dividem entre si, não sabemos ao certo como, o complexo *est tombé* "caiu". A concordância do particípio passado é uma brincadeira já gasta. A concordância do particípio passado com *avoir* "ter" talvez correspondesse à realidade do latim no século III da nossa era. Se dizemos *la lettre que j'ai écrite* "a carta que escrevi", é que fomos forçados a dizer assim. Normalmente, em francês, quando não se presta atenção, o que se diz é *la lettre que j'ai écrit*. É uma questão de bom senso. Quando Cícero dizia *habeo litteras scriptas*, queria dizer "a minha carta está ali, terminada, na mesa". Corresponderia isso em francês a *j'ai la lettre écrite*, ou seja, "tenho escrita a minha carta", o que é muito diferente de *j'ai écrit ma lettre (hier soir)* "escrevi a minha carta (ontem à noite)". Não há motivo para fazer a concordância, neste último caso, porque o pretérito composto *j'ai écrit* forma um todo composto do radical verbal e de um monema "perfeito". O sentido varia entre o presente concluso e o passado. Dá-se algo de paralelo, em português, com outro tempo, o mais-que-perfeito composto: *tinha escrito* vale exactamente o mesmo que *escrevera* , e *tinha escrito a carta* é muito diferente de *tinha escrita a carta* (= *tinha a carta escrita*).

Como se pode ver pelos exemplos dados, é possível operar no campo do sentido com a axiologia, onde se opõem unidades bem estabelecidas, e com a semântica, domínio onde efectivamente se estudam os diferentes efeitos de sentido que se podem encontrar numa mesma unidade. O princípio fundamental de todas essas hierarquias é o princípio da pertinência, formulado por Karl Bühler, em Viena, na década de 1920, e é nesse princípio de pertinência que se fundamenta toda a linguística funcional. Mas foi também ele que inconscientemente presidiu ao estabelecimento de todas as ciências da natureza e humanas. Toda a ciência se caracteriza menos pela escolha dos objectos que pela escolha de certas características destes objectos. Toda a ciência assenta numa pertinência. Em linguística funcional, consideramos que a pertinência é a pertinência comunicativa. Não quer isto dizer que não pudéssemos encarar os factos de língua do ponto de vista de outra pertinência. Sirvo-me sempre de um caso extremo, um pouco cómico, apenas para mostrar em que poderia consistir. Poderiam muito bem considerar-se as línguas não do ponto de vista da comunicação, mas do ponto de vista da sua utilização pelos cantores de ópera.. Far-se-ia então um estudo onde se classificariam as línguas de acordo com o valor que têm para os cantores de ópera. O italiano ficaria provavelmente colocado muito alto. Ao que parece, o italiano tem qualidades fónicas particularmente indicadas para os cantores de ópera — um vocalismo abundante e um número de características que teríamos precisamente de determinar. Poder-se-ia, portanto, escolher outra pertinência que não a da comunicação, não seria uma estupidez. Mas claro que não é esse o género de coisas que nos parece mais importante do ponto de vista da linguagem. Decidimos arbitrariamente que o que nos interessaria seria a pertinência comunicativa apenas porque, por experiência, sabemos ser ela que determina o funcionamento da língua e a sua evolução.

Da discussão

Resposta ao presidente, Prof. Vardar, que recordou o facto de a axiologia ter sido apresentada como o estudo de oposições em determinada língua, enquanto a semântica tratava do sentido em geral — como a fonologia trata das unidades distintivas de uma língua específica, enquanto a fonética se ocupa dos sons da linguagem em geral —, e perguntou se é possível considerar uma axiologia geral.

Naturalmente, poder-se-ia muito bem falar de uma axiologia geral, como de uma fonologia geral, dos princípios gerais da axiologia como dos princípios gerais da fonologia. Por outro lado, há incontestavelmente uma semântica geral, onde se encontram os princípios explicitados pelos criadores da semântica. Desde o início, a semântica tem procurado, em larga medida, encontrar processos gerais de evolução do sentido. Nada impede, com certeza, que se façam entrar nesta semântica considerações axiológicas, quer dizer, que se levem em conta, na evolução, o jogo das oposições entre os monemas e a noção de sistema. É, de algum modo, a situação da fonética. A noção de uma fonética geral torna-se mais compreensível na medida em que nela se encontra o estudo das articulações possíveis, independentemente de qualquer língua específica. Ao passo que, quanto à significação, poder-se-ia dizer que a semântica é o mundo inteiro, o conjunto da nossa experiência do mundo. Penso que haverá lugar para um estudo geral dos processos evolutivos se, por exemplo, se quiser determinar a maneira como se produz a designação dos objectos. Quando se dispõe de etimologias bastante recuadas no tempo, constatamos que o objecto é muitas vezes designado em razão de uma das suas funções: a pedra, por exemplo, é o que pára a roda da carroça. O mesmo acontece quando se observam os gestos inventados pelos surdos-mudos para designarem os objectos: a vaca é o animal que é mungido — o gesto é o de duas mãos espremendo alternadamente duas tetas imaginárias. Ao falar de axiologia, dei a impressão de esgotar a semântica. Quando se lança uma ideia nova, insiste-se naturalmente no que se quer sublinhar, não no que fica de lado. Mas acho que, assim como falei de uma fonética distintiva — a fonética inaugurada por Pike no seu livro *Phonetics* , onde são examinadas todas as possibilidades articulatórias e onde se assinalam as possibilidades do mesmo orgão que são suficientemente distintas para poderem ter utilidade linguística — também poderiam existir estudos de semântica axiológica. É possível considerar alguns traços independentemente de qualquer língua: primeiro a pessoa que fala, a pessoa a quem se fala e outra pessoa qualquer, portanto três pessoas. Depois o singular e o plural (não cito o dual para não complicar as coisas). Querem perguntar quantos pronomes haverá se se fizerem todas as combinações possíveis? Já os contei: dezassete. Porquê dezassete? Em especial porque *nós* não é o plural de *eu* : *nós* não é *eu + eu* , mas sim *eu + tu* , *eu + ele* , *eu + tu + tu* , *eu + ele + ele* , *eu + ele + tu* , *eu + ele + ele + tu* , *eu + ele + tu + tu* , *eu + tu + tu + ele + ele* . Compreende-se que, aqui, a repetição de um mesmo traço corresponde a "plural". Não se trata, propriamente, de axiologia, já que não estamos a tratar de uma língua determinada. Mas estamos, ainda assim, a operar com grandezas que podem opor-se.

*
**

Ao presidente, Professor Vardar, que pôs em relevo o carácter dedutivo da operação e lembrou que a criação da noção de axiologia permitia preencher as casas vazias do esquema das ciências linguísticas, apresentado em *La Linguistique synchronique* (Paris, PUF, 1965, p. 25).

Encontramos assim, de facto, um ponto de partida, e podemos fazer um exercício de dedução que mais facilmente nos permitirá aceitar estruturas que não esperaríamos à primeira vista, como seja a oposição entre um inclusivo *eu + tu* e um exclusivo *eu + ele* . Foi, de facto, partindo da oposição *fonética / fonologia* que imaginei a oposição *semântica / axiologia* . Houve quem objectasse: "Porquê axiologia, ciência dos valores? Os fonemas também são valores." É verdade, mas reconheçamos que, ao falar de valor, é, em geral, nos valores significativos que se pensa. Uma das críticas feitas à *axiologia* é que o termo se usa na filosofia. Há uma escola filosófica do estudo dos valores morais, etc., que na verdade nada tem que ver com a nossa *axiologia* . Não existe perigo de confusão. Eu estaria pronto a modificar o termo se, em contrapartida, me oferecessem outro que fosse tão apropriado. Mas agora já há quem o tenha utilizado, e uma pessoa fica presa ao uso feito pelos outros dos termos que criou. Ao regressar da América em 1955, considerei necessário criar o termo *monema* para designar a unidade significativa mínima, a fim de me demarcar do *morfema* bloomfieldiano. Mas eu dirigia-me a franceses, sem pensar muito em eventuais traduções, e receava que esses franceses tivessem sido influenciados pela terminologia tradicional, que fazia a distinção entre *morfemas* — unidades gramaticais mínimas -, e *semantemas* — unidades lexicais. Como esta terminologia parece implicar que os morfemas gramaticais não têm sentido, o que é estúpido, não podia conservar *semantema* . Assim, propus *lexema* para a unidade lexical e conservei *morfema* para a unidade gramatical. Os linguistas, sobretudo africanistas, que fizeram descrições orientadas por mim, mantiveram essas oposições entre morfema e lexema e, por assim dizer, basearam nela as suas descrições. Isso aborreceu-me bastante porque, do meu ponto de vista, fui-me convencendo, à medida que os anos passavam, de que não se deve distinguir o léxico da gramática prematuramente, e não utilizo nunca o termo "morfema". Mas é claro que me ficaria mal criticar os meus africanistas, que tinham excelentes razões para fazerem o que fizeram: o especialista de uma língua tem necessidades terminológicas próprias, decorrentes da própria estrutura das línguas estudadas. Partindo de certa terminologia, somos assim tentados a fazer escolhas próprias, a dar preferências, a pôr em relevo certos traços. A partir daí, deixa de existir concordância com os outros, que tiveram de fazer outras escolhas por tratarem de línguas diferentes.

Ao Sr. Gösku, que perguntou se, na definição de uma língua, não convinha acrescentar, depois de "monemas", "cujos valores dependem das suas relações mútuas", e ainda se se poderá falar de uma axiologia ou de uma semântica funcionais.

Efectivamente. A noção de valor completaria utilmente o que aí se diz de um "conteúdo semântico". Mas seria então também preciso lembrar que os fonemas são valores, o que sobrecarregaria a definição e a tornaria menos acessível aos principiantes. É, sem dúvida, de uma axiologia funcional que se trata. A partir do momento em que marcamos como orientação das nossas escolhas e das nossas classificações a pertinência funcional comunicativa, estamos no domínio funcional. Sabem que o termo funcional começou por ser usado pelos linguistas de Praga, que apresentaram a fonologia como estudo funcional e estrutural. Estrutural, sabe-se porquê — apenas porque as unidades valem umas em função das outras, portanto por causa de relações paradigmáticas. Funcional, precisamente porque eles operavam com a pertinência. Porém, sucedeu que, na história da fonologia, as pessoas foram tentadas a insistir em *estrutural* e, quando Hjelmslev criou a glossemática — que foi uma tomada de posição em relação a Praga -, foi *estrutural* que definitivamente se pôs em relevo.

*
**

À Sr.ª Bayrav, que perguntou se a oposição entre *il est mort naturellement* "morreu de morte natural" e *naturellement, il est mort* "naturalmente, morreu" era um problema de axiologia.

Parece-me tratar-se sobretudo de um problema de sintaxe. Discutimos o problema na nossa *Grammaire fonctionnelle du français* (Paris, Didier, 1979, § 3 - 44) Põe-se o problema de saber se se devem estabelecer duas classes diferentes em razão das compatibilidades, quer dizer, da sintaxe, do advérbio *soudain* e do advérbio *soudainement* — ambos "de repente". Porque o que distingue um do outro não se manifesta formalmente nos outros advérbios, como *naturellement*. Preferi não criar duas classes diferentes baseadas na distinção *soudain ~ soudainement*. Assinalei simplesmente que havia variantes formais. É verdade que se podia escolher uma de duas apresentações: "Há um advérbio que, conforme o texto onde aparece, toma a forma *soudain* ou *soudainement* ", ou então "Há uma classe de advérbios que determinam a proposição e outra classe de advérbios que determinam o predicado". Preferi, pois, a primeira. O que está em causa não é o valor próprio de *soudain* ou de *naturellement* , é o seu ponto de incidência. Há situações semelhantes em português: por exemplo, em *Manifestamente ficou satisfeito*, *manifestamente* incide em *ficou satisfeito* . Em *Ficou manifestamente satisfeito* , incide em *satisfeito*.

1.3. O locutor perante a evolução *

Quem tiver reflectido muito sobre a linguagem e sobre as línguas terá notado o facto aparentemente contraditório de que uma língua muda a todo o momento sem nunca deixar de funcionar para a comunicação. É óbvio, com efeito, que mudanças somadas a mudanças podem levar a língua a tornar-se irreconhecível e incompreensível: quem se lembraria de identificar o latim de Cícero com o francês de hoje e que francês seria capaz de compreender latim sem primeiro o ter aprendido? Por outro lado, salvaguardar a comunicação linguística parece exigir que os locutores permaneçam de acordo quanto às regras de pronúncia e de gramática, o sentido das palavras e o valor das respectivas combinações.

Julgou-se possível ultrapassar a contradição dizendo que a língua muda tão lentamente, tão gradualmente, que a evolução

---

* Publicado em *Special Issue of IRAL, on the Occasion of Bertil Malmberg's 60th Birthday* , 1973, pp. 103 - 111.

não chegaria a afectar a compreensão. O que, sem ser errado, não vai ao fundo do problema. Na verdade, se os locutores não se confrontam muito com o que poderia parecer-lhes mudança da língua que falam, é que a mudança não lhes é imposta do exterior: são eles próprios os seus agentes inconscientes. A evolução das estruturas linguísticas limita-se a reflectir a evolução das necessidades dos utentes. Entre o funcionamento e a evolução da língua não há contradição, mas sim coincidência. Não é paradoxal dizer que uma língua muda porque funciona.

Quando os utentes de uma língua nacional — como o francês ou o português —, falada por pessoas de localizações diversas, sociais ou geográficas, e cujas necessidades não coincidem necessariamente, se vêm perante o resultado de uma mudança na sua língua pela qual não são responsáveis e que por isso mesmo é para eles inesperada, esses utentes não reagem como perante uma inovação. Essa seria a reacção de um observador cientista, habituado a dominar os primeiros impulsos. O utente médio condenará a forma como sendo provinciana ou ordinária, ou considerá-la-à digna de imitação consoante se julgue ou não detentor da norma linguística. A sequência no tempo será, pois, automaticamente entendida no âmbito de uma escala de valores sociais.

Implica isto que a repressão das inovações — pela escola, pelos puristas ou pelos adultos — prejudica a satisfação das necessidades de quem inovou. Se a inovação provier de crianças, a repressão poderá parecer justificada não apenas aos olhos dos adultos mas também aos da maioria das suas vítimas, já que as crianças também hão-de um dia ser adultos e que, por sua vez senhores da situação, hão-de organizar o mundo em função das suas próprias necessidades.

No que respeita à língua, as necessidades dos adultos conformam-se perfeitamente a hábitos adquiridos e bem enraizados. Numa língua como o francês, onde as pessoas verbais se exprimem regularmente por pronomes independentes, e o verbo se pronuncia normalmente da mesma maneira nas três pessoas do singular, não é lógico conjugar *je suis* "sou", *tu es* "és", *il est* "é". Mas o hábito de dizer *je suis* está tão enraizado nos adultos que seriam incapazes de dizer em seu lugar *j'es*, forma esta perfeitamente apta a servir as necessidades de certas crianças que, tendo sabido reagir desde cedo à identidade generalizada das formas do singular, não deixaram que lhes fosse imposto *je suis* por imitação do que ouvem.

Quando as necessidades dos inovadores chocam de frente com as dos conservadores, são em geral os últimos que levam a melhor, pelo menos nas sociedades de contornos bem definidos: a forma fr. *je vas* por *je vais* "vou", análoga a *tu vas* "vais", *il va* "vai", instalada no falar de certos adultos e recriada por sucessivas gerações de jovens franceses, não terá hoje grande oportunidade de se impôr no uso geral. Numa sociedade conservadora como a sociedade francesa contemporânea, só insidiosamente podem propagar-se as inovações.

Quanto ao vocabulário, a novidade das coisas tem por efeito a ausência de reacção à novidade do termo, excepto se for difícil a sua integração fónica. As combinações inesperadas de termos tradicionais que, muitas vezes, são realizadas por imitação de modelos estrangeiros, não parecem chocar por muito tempo, como mostra a generalização de enunciados do tipo fr. *la décision interviendra...* " a decisão intervirá", ou *il a pris des risques...* "arriscou-se" (literalmente "tomou riscos"), ptg. *a criança faz os encantos dos pais, a festa resultou excelente* . Como se identificam bem os componentes e são correctas as ligações gramaticais, depressa se adquirem novos hábitos.

É no plano das formas e dos fonemas que mais interessante se torna o jogo. Tempos houve, sem dúvida, em que, para satisfazerem as suas necessidades comunicativas, as crianças francesas procuravam empregar as formas do verbo *mouvoir* "mover", como fazem hoje as inglesas e as portuguesas com as formas dos verbos equivalentes e etimologicamente idênticos *move* e *mover* , respectivamente. Mas, enquanto estas podem fazê-lo sem receio de incorrerem em censuras — já que não se enganarão respeitando a analogia dos verbos regulares — as francesas, ao conjugarem o verbo *mouvoir* , tinham todas as probabilidades de se desviar da tradição e de ser por isso repreendidas. Habituaram-se, portanto, ao longo dos séculos, a substituir *mouvoir* por *remuer, bouger, déménager* , verbos regulares que não levantam problemas flexionais nem suscitarão nunca, no processo comunicativo, a ruptura representada pela correcção ou pela troça, acrescida da humilhação da criança repreendida.

Com *émouvoir* "comover" foi um pouco diferente a evolução. Não havia equivalente tradicional da conjugação regular. Do substantivo *émotion* "comoção" fez-se então derivar um verbo de tema único, *émotionner* (que o ptg. *emocionar* veio a decalcar). Mas os puristas não gostaram. Daí que para resolver a dificuldade se recorra a formas compostas de auxiliares — por exemplo, conjugando o verbo na passiva ou utilizando o complexo *être émouvant* "ser comovente", ou seja, na realidade, utilizando as três formas *émouvoir* "comover", *ému* "comovido" e *émouvant* "comovente", suficientemente frequentes ou regulares para serem bem conhecidas.

Foi um conjunto de escapatórias idêntico a esse que provocou o desaparecimento do *passé simple* "passado simples" do francês falado corrente e a redução do imperfeito do conjuntivo a empregos rebuscados e talvez mesmo afectados. Na evolução do francês, atingiu-se um momento decisivo quando, em finais do século XV, desapareceram da pronúncia parisiense algumas consoantes finais e *-e* final não acentuado. Foi então que *je dore* "douro", *tu dores* "douras", *il dore* "doura" do verbo *dorer* "dourar", se confundiram na fala com *je dors* "durmo", *tu dors* "dormes", *il dort* "dorme", do verbo *dormir*

"dormir". Quer dizer que, nestas três pessoas do presente do indicativo — que, só elas, devem ser no falar geral tão frequentes como todas as outras formas verbais dos modos pessoais —, tinha desaparecido a distinção entre as duas conjugações. Acrescia isso à identidade, já mais antiga, das desinências do futuro, condicional, imperfeito e presente do conjuntivo e à generalização das formas em -*ez* à segunda pessoa do plural do presente do indicativo, com três excepções apenas: *êtes* "sois", *dites* "dizeis", *faites* "fazeis". Este processo de unificação das flexões acabou por sugerir aos utentes, em especial aos mais jovens, que as irregularidades da flexão verbal se concentravam no radical e que as desinências eram as mesmas para todos os verbos. O que, no entanto, obstava a tal simplificação dos paradigmas era a existência do passado simples e do imperfeito do conjuntivo, que apresentavam finais variáveis de verbo para verbo: *-a, -ât, -it, -ît, -ut, -ût, -int, -înt* (exs. : *il aima* "amou, *qu'il aimât* "amasse", *il finit* "acabou, *qu'il finît* "acabasse", *il reçut* "recebeu", *qu'il reçût* "recebesse", *il rendit* "entregou", *qu'il rendît* "entregasse", de *aimer, finir, recevoir* e *rendre* , respectivamente). Muitas vezes coincidiam, sem dúvida, a vogal característica destes tempos e a do particípio passado, forma frequente e desde cedo aprendida. Mas confiar nesta analogia era arriscar-se a dizer *je cousus, je battus* , por *je cousis* "cosi", *je battis* "bati" e, por isso, arriscar-se à censura e à troça.

Para sair da dificuldade, no caso do imperfeito do conjuntivo, bastava não respeitar a concordância dos tempos e substituí-lo pelo presente do mesmo modo, o que podia e ainda pode ferir alguns puristas, mas não afecta a comunicação, já que as indicações temporais necessárias à correcta identificação da mensagem se encontram na proposição principal, onde em francês contemporâneo não se usa praticamente o conjuntivo.

Para evitar o passado simples e a escolha, por vezes arriscada, da sua vogal característica, podia-se recorrer à forma com auxiliar, chamada hoje *passé composé* "passado composto". Este antigo perfeito — que até hoje permanece um presente em *j'ai fini* "acabei" — havia muito que se empregava na referência a acontecimentos que eram vistos como desenvolvendo-se num passado alargado até ao momento presente. Bastava haver casos em que se pudesse hesitar entre *je fis* ... e *j'ai fait* ... (ou seja, entre os tempos do passado simples e composto, na ocorrência do verbo *faire* "fazer") para surgir a possibilidade de se usar o tempo composto desde que se tivessem dúvidas sobre a forma aceitável do correspondente passado simples. Hoje, o uso do passado simples na fala denuncia o provincianismo ou o estrangeiro. No uso escrito dos linguistas, contribuiu para a sua eliminação o exemplo de Antoine Meillet, e os passados simples erróneos, que, até em teses de doutoramento de Estado se encontram, testemunham a crescente dificuldade dos franceses cultos em o utilizar.

Note-se que as condições de emprego e os valores semânticos dos dois tempos são totalmente diferentes e que os vestígios que deles restam nos usos contemporâneos não aparecem obrigatoriamente nos mesmos interlocutores ou em circunstâncias análogas. Por mim, teria a impressão de desrespeitar as regras do francês se, ao falar, empregasse uma forma de passado simples: seria um erro que nunca tenho vontade de cometer. Pode, pelo contrário, acontecer-me empregar no discurso um imperfeito do conjuntivo, quer por brincadeira em conversa familiar, quer em estilo mais cuidado por ceder à preguiça mental que está na origem da chamada concordância dos tempos. Foram pois razões puramente formais que levaram ao desinteresse concomitante por um e por outro: quem hesitava na forma do passado simples *il vint* "veio" hesitava também na do imperfeito do conjuntivo homónima, *il vînt* "viesse". No plano formal, os dois tempos apoiavam-se mutuamente e, como não era impossível evitar um ou outro, desapareceram ambos do uso activo de milhões de francófonos. Reconhecêmo-los, sem dúvida, quando os lemos e os ouvimos. Mas as primeiras pessoas do tipo de *je donnai* "dei" — que na pronúncia da maioria se confunde com *je donnais* "dava" —, contribuíram para criar na mente certa confusão entre o passado simples e o imperfeito, e a isso se ficou a dever o emprego frequente, nos relatos radiofónicos de acontecimentos desportivos, de um estranho imperfeito de narração (*il marquait un but à quelques secondes de la fin du match* " apenas alguns segundos antes do fim do jogo, marcava um golo..."), para marcar não uma qualquer concomitância, mas sim a pura e simples incidência do facto.

Outra solução para o problema criado pela multiplicidade de desinências destes dois tempos poderia ter consistido naturalmente em as unificar, aumentando o uso de um só tipo à custa dos outros. O melhor candidato era, sem dúvida, o tipo -*i*- de *dormit* "dormiu", mais frequente que o tipo -*u*- de *résolut* "resolveu", e menos fantasista, no vocalismo, que o dos verbos de infinito em -*er*, onde alternavam -*ai, -a, -è-* (*donnai* "dei", *donna* "deu", *donnèrent* "deram"). Esta evolução, documentada em certas províncias[2], teria provavelmente podido conservar o passado simples no uso geral. Mas é compreensível que as pessoas cultas, depositárias da tradição, não tolerassem os violentos desvios do uso que constituiriam *je donnis* "dei", *je mangis* "comi". O purismo morfológico provoca constantemente o empobrecimento da língua: *il donnit* em vez de *il donna* contrariaria os hábitos de várias gerações de locutores, mas em nada teria afectado o bom funcionamento da língua. Pelo contrário: a eliminação do passado simples, que a adopção de tais formas teria evitado, representava sério prejuízo para o potencial comunicativo do francês.

É claro que os utentes encontram, em geral, meios de remediar as carência resultantes da eliminação de formas demasiado irregulares; para ser mais exacto, à medida que tais formas perdem terreno, aparecem maneiras de dizer que as substituem.

Da eliminação gradual do passado deve ter resultado que o campo do presente narrativo viesse a ultrapassar os empregos estilísticos tradicionais. O presente é hoje o tempo da ficção falada, o tempo que se usa, por exemplo, para contar um filme ou uma peça de teatro: *le jour de l'assaut* arrive ... *on* donne *à chaque soldat une pièce d'or* ... *ils* défilent *et chacun* jette *sa pièce dans un plateau*[3] "chega o dia do assalto... dão a cada soldado uma moeda de ouro... desfilam e cada um atira a sua moeda para uma bandeja". Nas mesmas condições, o passado vivido fica na esfera do passado composto e o presente narrativo mantém, neste caso, o valor estilístico tradicional: *Nous nous* sommes trouvés *place de la République. On* a fait *le tour de la place... On* cherche. *Pas de musée!* "Encontrámo-nos na Praça da República. Demos a volta à praça ... Procuramos. Nada de museu!". Uma outra consequência da eliminação do passado simples residiu no alargamento das formas duplamente compostas, devidas à substituição de *eut* por *a eu* — *quand il eut fini* passou naturalmente a *quand il a eu fini* e confundiu-se assim com a forma resultante da necessidade de opor um passado à forma *quand il a fini* , entendida como presente.

É evidente que nem sempre todos os processos relativos à eliminação do passado simples e do imperfeito do conjuntivo terão surgido como inovações aos olhos dos utentes. Quando muito, ter-se-ão alguns observadores sentido vagamente incomodados ao ouvirem certos passados compostos e presentes do conjuntivo onde esperavam um imperfeito. Mas, no caso do conjuntivo, poderá ser essa a reacção de um purista contemporâneo que, fingindo ter sempre ouvido à sua volta tais formas, as trata como vulgarismos e não como neologismos.

No domínio fonológico, para porem em relevo o carácter discreto das unidades distintivas, certos linguistas insistiram na existência de uma solução de continuidade na passagem de uma distinção de geração para geração: os pais utilizam uma distinção que os filhos nunca adquirem. Verificou-se ser de facto assim que as coisas se passam na maior parte das vezes[4]. Mas, se é certo que a eliminação total se dá de uma vez por todas, precede-a normalmente o gradual enfraquecimento da diferença entre os fonemas em causa: os jovens parisienses que nunca chegam a adquirir a distinção entre *a* anterior e *a* posterior (de *patte* e *pâte*, respectivamente) aprenderam a língua no contacto com pessoas que ou não conheciam elas próprias essa distinção ou a realizavam por meio de dois timbres tão próximos que quem os ouvia não se dava conta dela. Outro exemplo: por idênticas razões, hoje em dia, em sílaba inicial não acentuada, grande número de portugueses, sobretudo das gerações menos idosas, não distingue entre o *a* aberto tradicional de *actuar, armário* e o *a* fechado de *abrir* e pronuncia [ɐtuˈar], [ɐrˈmariu] como [ɐˈbrir][5]. A perda de uma oposição fonológica é, muitas vezes, precedida de um período durante o qual varia de pessoa para pessoa a forma como uma distinção se reparte no vocabulário. Compreende-se que uma criança francesa que ora ouve pronunciar [až] ora [αž] (*âge* "idade"), ora [sabl] ora [sαbl] (*sable* "areia"), sinta alguma dificuldade em entender [a] e [α] como realidades linguísticas distintas[6]. O mesmo se passa com a criança portuguesa que ouve pronunciar *actuar, armário* ora com [a] ora com [ɐ] inicial.

Embora não invalidando a concepção do fonema como unidade discreta, a observação que se vem fazendo há alguns decénios mostra também que uma oposição não se elimina antes de a sua percepção ter sido afectada pela evolução. Quando duas unidades distintivas apenas se diferenciam por um traço que só existe aí ou em condições especiais, e quando da falta ocasional de distinção entre elas não advier perigo sério para a comunicação, podem as suas realizações aproximar-se tanto uma da outra que um ouvinte — criança ou estrangeiro — que em princípio não faça a distinção seja incapaz de a perceber.

Nesse campo, mais ainda que no dos fonemas gramaticais, é fácil a inovação — enquanto inovação — passar despercebida. Praticamente, só linguistas profissionais notaram as vicissitudes que desde o início do século têm afectado a oposição dos dois *aa* do francês: avanço do [a] até à primeira guerra mundial, recuo do [α] entre as duas guerras, tendência para a confusão no último quarto do século. O homem da rua reage imediatamente, de acordo com critérios que a evolução do meio pode modificar, mas dos quais quase sempre provirão juízos de valor incapazes de levar em conta o relativismo que uma visão evolutiva do mundo muitas vezes implica.

Sem que os seus utentes o imaginem, o francês está a liquidar a sua última oposição de quantidade — a que permitia distinguir *maître* "mestre" de *mettre* "pôr" —, a sacrificar aos meridionais a distinção entre os dois *aa*, a contentar-se com uma só vogal nasal anterior, a confundir a vogal central com as vogais anteriores arredondadas, a identificar a consoante nasal palatal com a combinação *n* + *i* não silábico. Há ainda pontos quentes por resolver: será que a vogal de *poche* "bolso", o *o* de *joli* "bonito", se confundirão com o *eu* de *seul* "só", ou será que o *a* aberto tradicional vai recuperar o seu lugar na série das vogais posteriores, com todos os seus efectivos, ou então abandonando alguns mais atrasados no campo de *eu* ? A necessidade de distinguir *blanc* "branco" e *blond* "loiro", *lent* "lento" e *long* "longo" e muitos outros pares tem permitido que a oposição [ɑ̃] – [ɔ̃] se mantivesse até hoje no francês de Paris. Mas não são raras as confusões de variedade para variedade dos usos; será que essa oposição entre nasal não arredondada e nasal arredondada não virá a ficar ainda mais ameaçada quando se fixar definitivamente o destino do outro par do mesmo tipo, [æ̃] ~ [œ̃]?

Após ter desaparecido do falar normal o "*e* mudo" de *médecin* "médico", conservaram ainda os locutores durante muito tempo [d] como oclusiva fraca, embora o [s] seguinte

73

lhe fizesse perder a voz. Esse [d] mantinha-se assim distinto da surda forte [t] de *jette ça!* "atira isso fora!". Não é de excluir que a dicção clássica — que, na leitura ou recitação dos versos, exigia a conservação dos "*ee* mudos" ou, pelo menos, de um vestígio da vogal caduca —, tenha contribuído para que se conservasse a distinção entre fracas e fortes. Mas o desejo dos professores de ver instituída uma dicção mais "natural", isto é, mais próxima da pronúncia corrente, não pode ter deixado de favorecer a assimilação completa da sonora fraca pela surda forte seguinte, e, para muitos jovens franceses de hoje, a palavra *médecin* contém um fonema [t]. Será, aliás, difícil encontrar enunciados que se tornem ambíguos pelo facto de se generalizar essa evolução [7].

Não parece estar em curso, no francês de hoje, qualquer evolução donde venham a resultar unidades distintivas novas como a que, na Idade Média, levou à criação de um tipo de fonemas vocálicos nasais. O único candidato à naturalização é o [ŋ] do sufixo de origem inglesa *-ing* . Parece ser objecto de um lento processo de aclimatação, provavelmente favorecido pela crescente importância atribuída à aprendizagem das línguas estrangeiras.

*
**

Nesta época em que quem tem de ensinar a língua francesa aos jovens franceses e aos estrangeiros de França ou do exterior pede aos linguistas uma orientação, ou, pelo menos, conselhos para o seu trabalho, o conjunto de casos acima evocados levanta um problema geral para o qual os especialistas não têm uma solução pronta e única. Deveremos, no ensino da língua, ceder à pressão da evolução, ou, pelo contrário, tentar reagir a essa pressão para manter o que muitos consideram ser valores tradicionais? Não se pode, sem dúvida, deixar de dizer que a resposta dependerá sobretudo do temperamento e preferências pessoais de cada um. Mas é certo que se encontrarão muitos professores imparciais, desejosos de só adoptarem um procedimento depois de terem ponderado todas as implicações de qualquer solução. Seja o problema da confusão de [æ̃] e [œ̃] em *brin* "haste" — *brun* "moreno", por exemplo. Deveremos inculcá-la nas crianças que não a fazem? Entenderão alguns que sim, porque as que conhecem a distinção não irão escrever *brin* por *brun* e vice-versa. Pensarão outros — e talvez se deva dar-lhes razão — que se consumirá muito mais tempo e esforço a ensinar às crianças uma distinção fonológica que elas ignoram do que a mostrar-lhes, uma a uma, as palavras — que, no fim de contas, até nem são muito numerosas — onde se ortografa *un, um* ou *eun* o que elas pronunciam [æ̃]. Acrescente-se que muitos professores sentiriam enormes dificuldades em ensinar uma distinção que eles próprios não fazem.

A reacção do linguista, porque o é e porque conhece bem os problemas envolvidos, consistirá naturalmente em entender que, se o próprio funcionamento da língua levou a eliminar certos traços ou certas formas, se correria o risco, ao procurar restabelecê-los à força, de provocar distorções na língua, já que os elementos reinstalados teriam de manter-se à custa de outras coisas que a evolução natural não afectara. Por outro lado, tratando-se de processo recente não totalmente concluído — como é o caso da eliminação da oposição [æ̃] ~ [œ̃] —, existe ainda quem, sabendo em que consiste a oposição, possa dela dar testemunho ou ensiná-la. Mas se — como sucede no caso da distinção entre o passado simples e os outros tempos — já não há praticamente ninguém que saiba, *num mesmo nível de língua*, utilizar concorrentemente e com conhecimento de causa o passado simples e o passado composto, não se vê bem que êxito coroaria a tentativa de reintroduzir o passado simples no falar geral. O que a este respeito se pode procurar é manter no conjunto da população escolar o conhecimento passivo deste tempo e deixar aos eruditos que hão-de vir o cuidado de o conservar como tempo de narração da ficção escrita ou de o substituir por formas mais conformes com as futuras necessidades das comunidades francófonas.

1.4. Da sincronia dinâmica à diacronia *

Só há pouco mais de cinquenta anos para cá é que se vem impondo à atenção dos investigadores — enquanto trabalho digno de respeito — a descrição sincrónica das línguas: a linguística tinha-se acantonado durante mais de um século na comparação de línguas geneticamente aparentadas. A própria dialectologia, que chegou tarde, tinha como objectivo, em princípio, apoiar as conclusões dos comparativistas. Para lá das relações e da formulação de correspondências destinadas a confirmar os parentescos genéticos, procuravam os mais audaciosos comparativistas reconstruir a "língua-mãe", o que englobava forçosamente hipóteses àcerca da maneira como as línguas evoluíam no tempo e àcerca das condições em que uma língua podia, no decurso dos séculos, diversificar-se em várias línguas distintas. Não faltaram, decerto, hipóteses dessas, mas parece ter sido pouca a tendência para as verificar pela observação atenta dos factos.

Percebem-se os motivos desta falha: as línguas por onde se começava no comparativismo indo-europeu eram, à partida, línguas "clássicas", isto é, voluntariamente entendidas como sendo definitivas e escapando a qualquer evolução. É claro que não podiam fugir aos investigadores as diferenças entre o grego ático e a língua homérica, entre o sânscrito clássico e a língua do *Rigveda*, mas — não sem alguma razão —, tinham a tendência para ver nessas diferenças mais formas paralelas do

---

* Publicado em *Diachronica*, I, 1, 1984, pp. 53 - 64.

que estados sucessivos. Nos casos em que não havia dúvidas sobre a sucessividade, não podia o especialista deixar de considerar as divergências encontradas mais como variações internas da língua por ele escolhida do que como marcos de um processo que a ela conduzia, a partir de uma outra língua mais antiga, atestada ou reconstruída. Em qualquer dos casos, o acesso à realidade linguística era indirecto e fazia-se através de textos, o que implicava um conjunto de hipóteses iniciais para se chegar à realidade fónica. Mesmo quando o interesse recaía nos dialectos gregos ou nas variedades do latim ao longo dos tempos, a documentação não podia fornecer um *continuum* que permitisse observar fenómenos evolutivos. Daí a necessidade de novas hipóteses para explicar a passagem de uma forma a outra ou justificar uma divergência entre dialectos. Na realidade, ficava-se quase sempre pelo reconhecimento dos factos, sem que interviesse a verosimilhança fonética: notava-se, por exemplo, que na maioria das palavras onde é de admitir a existência de um *[j] inicial, o grego antigo apresentava uma aspiração: admitia-se então a correspondência *[j] → [h], que se tornava a partir daí como uma possibilidade evolutiva, susceptível por isso de servir outros casos. Ora tal correspondência só pode explicar-se por condicionamento do contexto (-*s* precedente em fonética sintáctica) e generalização, concorrentemente com o outro tratamento ([dz-]) também condicionado pelo contexto[8].

Ainda hoje não se utilizam geralmente as correcções que mais tarde vieram a ser introduzidas pelos foneticistas e depois pelo enquadramento funcional e estrutural.

No caso das línguas românicas, em que o ponto de partida — o latim — era bem conhecido e em que os pontos de chegada, muito embora tivessem uma documentação lacunar para um perído de meio milénio, possuíam tanto antes como depois uma documentação bastante satisfatória, era de esperar que, desde o início, tivesse sido envidado um esforço para reconstituir uma continuidade. Na realidade, operou-se preferencialmente — sem dúvida por modéstia — com um latim clássico, supostamente bem conhecido, e os estádios de língua directamente acessíveis à observação, sem que fosse dada muita atenção à partida aos estádios intermédios, mesmo quando estes se encontravam bem documentados. É assim, por exemplo, que se constata que o /u:/ latino, identificado como tal pela comparação com as línguas derivadas, corresponde a [y] em francês contemporâneo. A partir de dados tão simplistas como estes, apenas se pode esboçar uma hipótese como a que é bem conhecida, a da existência de um substrato gaulês. Investigar, no mundo contemporâneo, fenómenos análogos acessíveis à observação é uma ideia que aflorou provavelmente ao espírito de alguns investigadores, mas não parece ter deixado marcas. Até hoje, todos nos contentámos com a hipótese substratista, sem nos preocuparmos muito com tudo o que põe obstáculos à sua verossimilhança, quer se trate da frequência dos tratamentos galo-romanos de *un* como /õ/[9], ou da passagem necessariamente recente, na toponímia normanda, de *ū* escandinavo para /y/, ou ainda da possibilidade de uma relação entre a passagem de [u] para [y] e a anteriorização em *ue* do ditongo romano *uo*.

Só muito recentemente foi feita, nos domínios em que a evolução da língua era frequentemente pontuada por textos, uma tentativa para oferecer, no campo fonético, uma descrição pormenorizada do processo evolutivo. Pensamos sobretudo na obra clássica *From Latin to Modern French*, de Mildred K. Pope[10]. Mesmo com condições tão favoráveis, muitas formas apresentadas para cada evolução particular permanecem hipotéticas. Sentimo-nos tentados a pensar que uma maior propensão para a observação das realidades linguísticas contemporâneas poderia ter permitido análises mais convincentes.

O que falta à maioria dos linguistas é a a convicção de que a evolução das línguas pode ser um objecto de observação.

Cada um procede, conscientemente ou não, em função da forma como reage à sua própria língua. Esta é, para cada linguista, um instrumento de comunicação e de pensamento cuja eficácia depende da sua coerência e da sua permanência no tempo e no espaço, social ou geográfico. O ideal para uma língua nacional e de cultura parece-lhe ser a sua invariabilidade, que assegura uma captação imediata das mensagens. Antes de reflectir, não terá — como, aliás, acontece a qualquer outro mortal — a impressão de que à sua volta não se fala uma língua exactamente igual à que aprendeu na sua infância. Depois de reflectir, terá de optar por uma das seguintes posições: ou a sua língua está empenhada no processo evolutivo constante que é necessário pressupor para explicar as mudanças constatadas em grande escala, ou então é a língua de uma comunidade excepcionalmente estável, sem contactos com o resto do mundo, e onde as pessoas dão provas de um conservadorismo total. Pela minha parte, duvido que um linguista declarado possa pertencer a uma tal comunidade, se é que existe alguma assim no mundo. Acrescentarei ainda que até numa sociedade perfeitamente estática as antinomias internas de qualquer estrutura linguística tornariam decerto impossível o total imobilismo[11].

Todavia, mesmo convencido de que qualquer língua muda a qualquer momento, talvez o linguista não saiba como se pode observar uma mudança em curso. Pensando bem, é de considerar esta possibilidade, desde que acreditemos, evidentemente, que as mudanças que acabarão por afectar a comunidade no seu conjunto possam começar por se manifestar em usos individuais. A observação incidirá nas divergências que podemos constatar entre o uso geral e certos desvios em relação a ele.

Nem todos os desvios são sintomas de uma evolução em curso. Alguns podem pura e simplesmente relacionar-se com usos paralelos — por exemplo, provincianos —, que permitem sem dúvida admitir a existência em tempos recuados de evoluções divergentes, mas que não revelam um processo contemporâneo. O mesmo sucede quando o desvio em relação ao uso geral indicia uma evolução anterior a este, constituindo então o desvio um arcaísmo, encontrado em alguém cuja prática linguística não foi afectada pela evolução. É o que se vê, por exemplo, quando um francófono pronuncia *travailler* "trabalhar" com um "*l* molhado" (*lh* de ptg. *trabalhar*), em vez do [j] hoje usual.

Recorde-se que é preciso distinguir dois tipos de evolução: primeiro, a evolução propriamente fonológica, que levou algumas pessoas a perderem a possibilidade de articular [l̰] distinto de [j]. Depois, a evolução não fonológica (isto é, que não afecta o sistema das unidades distintivas), que consistiu, para quem continuava a distinguir /l̰/ de /j/ em substituir um pelo outro em palavras cada vez mais numerosas.

Só se torna legítimo considerar um desvio como manifestação de um processo evolutivo em curso quando se tem a certeza de que ele não manifesta os restos de um uso antigo, antes constitui uma inovação. Sirva de exemplo, em francês, na final de *peigne* "pente", a pronúncia [-nj] em vez da tradicional nasal palatal, grafada -*gn*- e em princípio diferente da combinação [n] + [j] de *panier* "cesto", ou *donnions* "dávamos"[12]. Também neste caso haverá que distinguir dois tipos evolutivos: um propriamente fonológico, no qual o aparecimento de [nj] em *peigne* resulta da eliminação das nasais palatais em posição final (e verosimilmente também nas outras); o outro, não fonológico, onde persiste a concorrência entre [-nj] e a nasal palatal em *peigne* e, geralmente, em final de palavra, ou porque um mesmo locutor hesita entre [pɛnj] e [pɛñ], ou porque a pronúncia varia de locutor para locutor.

É claro que exames como o que acabamos de apresentar só serão proveitosos quando feitos por quem tiver exacto conhecimento da sincronia linguística contemporânea e seus antecedentes. É o que seria de esperar do especialista que trata de problemas desses.

O conhecimento da situação real das línguas contemporâneas é, no entanto, frequentemente muito imperfeito, e isso porque os preceitos dos gramáticos, que muitas vezes reflectem estados ultrapassados da língua — quando não se inspiram em apriorismos vários —, dificultam a consciência dos verdadeiros comportamentos dos locutores. Por isso é que o estudo da mudança linguística em sincronia só pôde aparecer com inquéritos que incidiram no comportamento de elevado número de falantes e permitiram determinar com exactidão qual é, no caso de existir, o uso geral relativamente ao qual se falará de casos de inovação ou de casos de arcaísmo. De facto, um uso maioritário, que talvez tenhamos a tentação de supor geral, pode perfeitamente considerar-se como manifestação de um processo em curso na medida em que estiver em vias de eliminar os seus concorrentes. Não se poderia dizer que o processo de confusão dos dois fonemas /ḻ/ e /j/, em francês, continuará em curso enquanto em províncias isoladas houver velhos que não tenham perdido a distinção entre eles?

A fim de evitar subjectividades, convém portanto que a investigação forneça todos os dados indispensáveis para se ajuizar da situação respectiva dos usos divergentes em determinado estado da evolução da língua.

Podemos suspeitar de que existe um processo evolutivo quando em algum ponto divergem as reacções de várias pessoas submetidas a inquérito. Neste caso, é de supor que, sendo tanto mais frequente uma reacção quanto mais novas forem as pessoas que a manifestam, essa reacção indica a direcção ou o ponto de chegada do processo. Para identificar este último convirá, pois, conferir o comportamento dos mais novos com o dos mais velhos, e, para lhe descobrir o ritmo com maior rigor, precisar o comportamento dos vários grupos etários necessários. Seja uma população, social e geograficamente assaz homogénea, constituída por pessoas de idades compreendidas entre os 20 e os 60 anos. Dividem-se os informadores em três grupos — o júnior (menos de 30 anos), o intermédio (dos 30 aos 40 anos) e o sénior (mais de 40)[13]. A existência de um processo evolutivo será revelada pelo aumento ou pela diminuição das percentagens, tanto de conservação como de ausência de determinada oposição, ao passar-se do grupo sénior ao intermédio e deste ao júnior. A curva que assim se obtém será mais ou menos acentuada conforme o ritmo do processo. O aparecimento de uma mudança de direcção na curva, digamos, descendente do grupo sénior para o intermédio e ascendente deste para o júnior[14] não implica que o processo não exista, mas apenas que o seu ritmo, inicialmente acelerado, se tornou depois mais lento. Pode mesmo considerar-se o caso de o processo ter parado e, por causa do envelhecimento, passar a manifestar-se cada vez menos.

Em vez de se delimitarem arbitrariamente os grupos etários, também se podem agrupar as pessoas pela conformidade de reacções a cada ponto do inquérito e estabelecer a idade média de cada grupo[15]. Se, por exemplo, a idade média dos que confundem as duas unidades em causa for de 32 anos e a dos que conservam a distinção for de 48, é provável que a confusão esteja a ganhar terreno.

Poderia este último exemplo levar a crer que as inovações ocorrem necessariamente no sentido da confusão de duas unidades pré-existentes. Mas não é assim. Mesmo no plano fonológico, não é raro aparecerem unidades novas, por transferência de traços pertinentes na cadeia da fala (por ex. /an/ → /ã/, /ti/ → /t'/; ptg. /ṉ/, /l̞/, grafados *nh, lh* em *vinha, filho* < /nj lj/ de *vinea, filiu* ; ptg. /ṉ/ < /ĩ/ em *vinho* < <u>vĩo</u> < lat. *vinu*) ou por empréstimo (/ŋ/ inglês em francês)[16]. E, por maioria de razão, no plano das unidades significativas, mais directamente exposto à pressão de novas necessidades comunicativas.

Não vamos insistir agora nas precauções indispensáveis em inquéritos deste género. Lembremos apenas que, em dinâmica da linguagem, para obter resultados dignos de confiança será preciso neutralizar as variáveis não pertinentes, garantindo, por exemplo, que a população inquirida seja homogénea, tanto no que respeita à sua origem como ao grupo social a que pertence.

É inegável que as operações acabadas de descrever proporcionam uma visão dinâmica do que é a maneira de falar de uma comunidade num exacto momento da sua evolução, isto é, o que pode chamar-se uma sincronia. Sairemos da sincronia dinâmica se repetirmos o inquérito, alguns anos depois, ao que podemos considerar a mesma população? Em princípio sim, já que surgirá então uma cronologia. Ao compararmos os resultados do segundo inquérito com os do primeiro, não estaremos a deixar a sincronia e a entrar na diacronia?

Que importa, dir-se-à, desde que o conhecimento progrida? Talvez, mas não deixa de ser útil precisar a diferença que então se estabelece realtivamente às operações comparativas tradicionais, que têm por objecto estados de língua distanciados por séculos ou milénios de evolução directa ou divergente.

Na prática, seria aberrante pretender que a fronteira entre sincronia e diacronia passasse entre os inquéritos que se fazem num momento a pessoas de idades diferentes e os que permitem, à distância de alguns anos, estudar os comportamentos linguísticos de uma população. Seja o caso de um inquérito, realizado em 1940, que permitiu traçar a curva indicativa da evolução de um fenómeno em pessoas nascidas, em média, em 1895, 1905 e 1915. Outro inquérito do mesmo tipo, feito em 1960 a pessoas nascidas, em média, em 1925 e 1935, viria a dar para o mesmo fenómeno uma curva consequente da primeira[17]. Abstraindo de variáveis difíceis de eliminar em todos os casos, foi de facto isso que se verificou.

Mas não será de supor que entre estas variáveis devam figurar os casos em que possam ter-se alterado com o tempo os hábitos linguísticos de determinado indivíduo? É muito provável que assim suceda com o léxico, e não pode dizer-se que não se dê o mesmo noutros planos, inclusive na fonologia.

Há sondagens que provam a plasticidade linguística das pessoas ao longo dos primeiros vinte anos de vida: uma ausência de distinção fonológica revelada por 51% das informadoras de 14 anos de idade média apareceu reduzida a 13% na mesma população nove anos mais tarde[18]. Ou seja, a aprendizagem da língua primeira pode durar mais do que se julgaria, mesmo num núcleo tão central e estruturado como é a fonologia. Poder-se-ia, ainda assim, abstrair do período de aprendizagem que iria, em média, até aos 20 anos. Mas encontraram-se mudanças individuais mais tardias, sobretudo, é verdade, em pessoas que nunca mudaram de residência. Por outras palavras, ainda que com alguns anos de intervalo, pode a diacronia manifestar-se por uma mudança ocorrida ao longo do tempo em determinada pessoa. Não se pode prolongar apenas pelos resultados do inquérito de 1960 a curva resultante do de 1940. São duas curvas distintas, com solução de continuidade entre elas, ainda que, no papel, pareçam ligar-se perfeitamente uma à outra, no sentido que a segunda corresponde exactamente à extrapolação que a partir da primeira se poderia fazer.

De facto, a sincronia dinâmica conduz directamente à diacronia, mas a uma diacronia renovada, uma vez que permite reduzir o papel das hipóteses ao esclarecer-nos com rigor sobre as modalidades do processo evolutivo. É certo que não podemos descobrir todos os elos na causalidade das mudanças, mas, ao apresentar na contemporaneidade estruturas de facto concomitantes, mostra a observação sincrónica que a substituição de uma estrutura por outra só minimamente afecta a comunicação entre as pessoas, o que é um dos condicionamentos centrais da evolução linguística.

A concepção dinâmica do estudo sincrónico é consequência necessária de uma prática da descrição dos estudos linguísticos, na qual a constante preocupação de não deformar a realidade da língua detém a formalização estruturalista: como, de facto, a língua muda a todo o momento, qualquer descrição que não leve em conta a evolução é necessariamente deformadora. Pode ser que uma concepção estática da descrição, eliminando sem remorsos tudo quanto for considerado marginal por uma visão totalitária, se torne indispensável para alcançar uma tipologia utilizável das estruturas linguísticas. Mas, uma vez que está em jogo a compreensão profunda do fenómeno linguístico, deve-se dar lugar na descrição a todas as margens, cuidadosamente caracterizadas como relíquias ou como anúncio de futuras estruturas.

A deliberada adopção dos métodos da sincronia dinâmica tem permitido ver com maior rigor como funciona o francês contemporâneo. É sobretudo para a fonologia deste idioma, mas não só para ela, que até hoje se têm virado as atenções. Seria desejável que tais métodos se aplicassem a todos os planos da língua e a outras línguas também. Esperemos que a sua generalização venha a desenvolver, nos que mais tarde se dedicarem à diacronia em grande escala, um sentido mais exacto do que pode vir a dar uma língua em evolução, atendendo à sua estrutura própria no momento em que se processa tal evolução. Sem considerar ultrapassada a dicotomia saussuriana sincronia e diacronia , a visão funcional — isto é, dinâmica — dos factos da linguagem deve permitir que entre aqueles que se lhes dedicam se restabeleça aquela harmonia que, com prejuízo para todos — comparativistas e descritivistas — se viu afectada por uma perspectiva formal da realidade linguística excessivamente restrita.

1.5. O ponto de vista funcional em gramática*

Os termos *função, funcional, funcionalismo* poderiam prestar serviços aos linguistas para ilustrar o amplo domínio

---

* Publicado nas *Actes du Colloque International de linguistique fonctionnelle* (Fribourg-en-Brisgau, Junho de 1982), Paris, SILF, pp. 19 - 34.

que a polissemia permite a um termo abranger. Isto é válido para o uso geral, já que uma grande distância medeia entre a função do funcionário e as funções da matemática. Mas, na própria prática linguística, inclusive na dos próprios funcionalistas, tem de se distinguir a função — no sentido mais geral —, e a função das unidades significativas em contexto, diferente do que pode chamar-se a sua natureza. Foi a partir deste último valor que Louis Hjelmslev pôde apresentar a glossemática como uma linguística funcional. Mais recentemente, usou-se o termo funcional referido a certas práticas transformacionais-gerativas ou para qualificar uma forma da linguística que se demarcava de tais práticas, sem contudo abstrair decididamente delas.

A linguística funcional aqui apresentada encontra-se na linha da fonologia de Praga e foi assim designada para se distinguir das outras tendências estruturalistas, após a segunda guerra mundial, em 1946 em Londres (*Phonology as Functional Phonetics*, Londres, 1949), em 1961 em Oxford (*A Functional View of Language*, Oxford 1962) e mais recentemente na *Grammaire Fonctionnelle du français* (Paris 1979). *Funcional* é aí tomado no sentido mais corrente do termo, o que implica que os enunciados linguísticos se analisam por referência ao modo como contribuem para o processo de comunicação. A escolha do ponto de vista funcional deriva da convicção de que toda a investigação científica parte do estabelecimento de uma pertinência e que é a pertinência comunicativa que melhor permite compreender a natureza e a dinâmica da linguagem. Todos os traços desta serão pois prioritariamente identificados e classificados por referência ao papel que desempenham na comunicação da informação.

Como uma língua tem constantemente de satisfazer as necessidades da comunicação e estas mudam a todo o momento, o instrumento de comunicação que é a língua tem de se adaptar constantemente a novas condições. Com isto não se contraria a concepção da língua como estrutura, mas implica-se que tal estrutura se encontra constantemente em causa: estabelece-se a todo o momento um equilíbrio entre as necessidades comunicativas e os hábitos herdados, e, como se viu, não constitui paradoxo dizer que uma língua muda porque funciona.

São bastante bem conhecidas — e não nos interessam directamente aqui — as implicações do ponto de vista funcional em fonologia. Convém, no entanto, recordá-las, porque ilustram bem a maneira como cada língua utiliza para os seus próprios fins os dados anatómicos e fisiológicos dos chamados "órgãos da fala", atribuindo arbitrariamente, no sentido saussuriano do termo, um valor a um traço e relegando outro traço para o paralinguístico, isto é, para um capítulo que, num dado momento da investigação, terá a sua importância, mas de que depois se abstrairá consciente e voluntariamente. Voltaremos a este ponto quando falarmos da morfologia. Certos traços fónicos têm valor distintivo ou opositivo, outros têm valores contrastivos. A mesma realidade física, como a melodia do discurso, pode assumir, de língua para língua, e na mesma língua, de ponto para ponto do discurso, funções diversas — distintiva, contrastiva, notificativa, até directamente significativa.

Ao passar do campo das unidades distintivas (fonemas, tons, lugar do acento) para o das unidades significativas, não se pode esquecer que o que aqui interessa é muito menos a maneira como estas unidades se vão manter distintas umas das outras do que a sua individualidade e identidade no plano significativo. Em termos saussurianos, o que conta em última análise não é o significante mas sim o significado. Convém, pois, afastar o conceito de signo de acordo com o qual se colocam no mesmo ponto significante e significado e lembrar o facto evidente de que o significante existe para manifestar o significado, que o significado é um fim e o significante um meio. Não é difícil perceber por que motivo Saussure nunca apresentou assim o signo: Saussure ficou prisioneiro da sua dicotomia língua-fala, "langue-parole". Dizer que o significante *manifesta* o significado é concebê-lo no plano da fala. É renunciar à definição mentalista do signo, segundo a qual o significante é uma imagem acústica. É destruir o conceito de signo, unidade fundamental da língua, como realidade distinta da sua manifestação concreta, que é a fala.

Na óptica funcionalista, concebe-se a linguagem humana como destinada a transmitir a experiência por meio de manifestações perceptíveis, analisáveis em unidades, cada uma das quais corresponde a um elemento da experiência que se pretende transmitir. Decisiva, em última análise, não vai ser a forma perceptível de cada uma dessas unidades, mas sim a sua identidade, quer dizer, a possibilidade de corresponder a determinado aspecto da experiência. A pessoa que mostra às autoridades o seu bilhete de identidade dá testemunho da sua existência, distinta da existência das outras pessoas da comunidade; a forma do seu nariz e do seu rosto, a cor dos olhos e do cabelo ajudam a fazê-lo, mas, manifestando a identidade, não se confundem com ela. Quer isto dizer, no plano linguístico, que afinal não tem importância a forma particular que o significante assume. Por razões de economia, muitas vezes evidenciadas, vai o significante achar-se articulado em unidades sucessivas, os fonemas, ocasionalmente com traços distintivos supra-segmentais. Compete, claro, ao linguista determinar estas unidades, segmentais e supra-segmentais, na língua estudada. Mas, uma vez terminado e inscrito no capítulo da fonologia, não pode esse trabalho vir depois a ser posto em causa. Passa-se então ao exame das unidades significativas, essencialmente as que se designam por "da primeira articulação", ou seja, no fim de contas, os monemas. Pode-se, a partir daí, analisar cada significante de monema nos seus fonemas e eventualmente nos seus tons, o que contribuirá para identificar o monema. Mas tem de ficar claro, primeiro, que o uso deste ou daquele fonema, deste ou daquele tom, é, em princípio, independente do valor significante do monema, e é a isso que substancialmente se reduz a arbitrariedade saussuriana do signo; depois, que o mesmo monema, o mesmo signo, pode assumir formas variáveis, especialmente conforme os contextos em que aparece. Neste caso, reconhecer-se-ão como correspondentes ao mesmo monema as formas que se encontrarem em distribuição complementar, como *i-* em *irei*, *va-* em *vamos* , *f-* em *fui* , ou *-va-* em *andavas*, *-ia* em *bebias*, etc.

Note-se que se hesita aqui em falar de *i-, va-* e *f-* , *-va-* e *-ia-* como significantes distintos, porque neste caso nos sentiríamos tentados a dizer que "ir" e "imperfeito do indicativo" apresentavam significantes variáveis, na tradição saussuriana em que um signo tem o seu significante. Convém, neste momento, lembrar a diferença entre, por um lado, o "morfema" dos bloomfieldianos, unidade em princípio significativa, mas de facto entendida como sucessão de fonemas, o que leva a ver em *i-, va-* e *f-* ou em *-va-* e *-ia-* "morfemas" diferentes e, por outro lado, o monema funcionalista, expressamente entendido como unidade significativa, cuja identidade se mantém, apesar de a sua forma mudar.

A convicção de que, no caso das unidades significativas, o que afinal conta é o significado e o significante apenas contribui para o reconhecer no enunciado tem consequências decisivas na prática funcionalista: no primeiro momento da análise do plano monemático, proceder-se-à ao necessário levantamento de todos os casos, onde se vê que formas diferentes são o significante (ou os significantes) de um mesmo monema. Disso — que faz parte da norma da língua — se dará cuidadoso registo. Mas, assim como não se põe em causa a fonologia da língua a partir do momento em que se entra na monemática, assim também se porá completamente de parte o levantamento das variações formais dos significantes quando se entra no problema fundamental, que é o do modo de passar da sucessão linear dos monemas à interpretação das mensagens. Essa interpretação implica, num primeiro momento, central e decisivo, que se ultrapasse a linearidade do enunciado para se reencontrar a pluridimensionalidade da experiência transmitida. A variabilidade dos significantes, em que gerações de linguistas viram a quintessência das estruturas da linguagem, aparece, na óptica funcionalista, como uma desvantagem funcional que sucessivas gerações de jovens falantes tendem a eliminar: compreendem-se os motivos que tentam a criança, uma vez que identificou os monemas de uma língua, a utilizar, para cada um, uma forma única, sempre a mesma, não obstante as pressões da tradição representada pelos usos dos adultos e as intervenções conscientes destes nos usos que ela faz. As diferentes declinações e conjugações das gramáticas clássicas constituem apenas a maneira mais adequada de introduzir alguma clareza na inextricável confusão que constitui o facto de um monema de valor perfeitamente caracterizado — por exemplo, como o genitivo — assumir, conforme os contextos, mais de dez formas diferentes, mais ou menos isoláveis ou amalgamadas. Declinações e conjugações formam o essencial do que se designa por morfologia, por exemplo, do latim, e não se fugirá à mais veneranda tradição ao definir-se este capítulo da gramática como sendo o que trata das variantes formais dos significantes dos monemas.

Se, à primeira vista, esta definição não deixa de ser algo surpreendente, é porque se cometeu o erro, hoje quase universal, de ver na morfologia o exame das relações mútuas dos elementos significantes no interior da "palavra", enquanto a sintaxe trataria das relações das palavras no enunciado. A denúncia deste erro implica naturalmente que se ponha em causa o conceito de "palavra", facto diante do qual recuam com horror quase todos os linguistas, mesmo os mais audaciosos. A chamada *palavra* é, na maioria dos casos, em termos funcionalistas, um monema, só ou acompanhado das suas modalidades (quer dizer, dos seus determinantes não determináveis) e das marcas da sua função, se essas modalidades e estes funcionais se encontram pospostos a ele na cadeia falada. O conjunto formado pela sucessão núcleo + modalidade + funcional fica neste caso exposto a uma cristalização formal que exclui a inserção de outros elementos e faz dele, muitas vezes, uma unidade acentual. As leis da informação explicam perfeitamente que modalidades e funcionais antepostos não cheguem, em geral, à cristalização que se verifica quando pospostos. Naquilo a que se chama *palavra* encontramos assim um conjunto de entraves formais, que provocam limitações de toda a espécie à livre expressão das noções em causa, mas que não afectam necessariamente o valor destas: o genitivo russo tem sensivelmente os mesmos valores da preposição francesa *de*, inclusive o partitivo, ainda que a sua forma varie com a declinação a que pertence o substantivo por ela regido e com a presença ou ausência da modalidade "plural". Se as relações entre o genitivo russo e o substantivo pertencem ao domínio da morfologia, enquanto as de *de* com o substantivo seguinte pertencem à sintaxe, é evidentemente porque o uso do genitivo russo provoca variações formais que não permitem designá-lo pelo seu significante, ao passo que já o mesmo não se passará com o fr. *de* se quisermos identificá-lo formalmente com o fonema /d/: o *e* é apenas o lubrificante que automaticamente se insere depois da segunda consoante do grupo central de *patte de mouche* [patdə muš], como o *i* do ptg. *caixa* é um som que facultativamente faz a transição entre o fonema /a/ final de sílaba acentuada e o fonema /s/ inicial da sílaba seguinte. Não quer isso dizer que as preposições não possam ser afectadas por acidentes morfológicos, como se vê nos casos de *à* , onde a preposição se amalgama com o artigo, ou *no* , onde a preposição "em" está representada por /n/.

Convém, pois, recuperar o valor original de *morfologia* , implicado aliás em *morfo-*, que sugere "forma". A morfologia consiste no exame e apresentação das variações formais a que podem estar sujeitos os significantes dos monemas e até, mais amplamente, de todos os acidentes e variações de forma que não se repercutem no valor significado das unidades envolvidas. Pode citar-se como exemplo a posição respectiva dos monemas no enunciado, quando varia sem afectar a natureza das suas inter-relações: *um enorme rochedo, um rochedo enorme.*

Convém ainda insistir na necessidade de abstrair completamente das variações morfológicas, ou seja, do conjunto da morfologia, assim que essas variações tiverem sido devidamente identificadas, descritas e classificadas, e que tenha sido explicado em pormenor o seu condicionamento. Com isto, limitamo-nos a seguir o excemplo das gramáticas clássicas: quando, na gramática latina, os paradigmas da declinação tiverem estabelecido devidamente as formas possíveis do ablativo, será possível passar à sintaxe deste caso e nela apresentar pormenorizadamente as condições em que se emprega e os diferentes valores que tem, sem se referirem as diversas formas que pode apresentar.

É a própria natureza da língua estudada que determinará a maneira de apresentar a morfologia na gramática. Há línguas — como o chinês — onde praticamente não existe morfologia, ao contrário do que poderia esperar quem está habituado a encontrá-la nas línguas indo-europeias, no capítulo das modalidades e funcionais. Deixa-se aos especialistas o cuidado de identificar as variações formais que devem existir em chinês, quando, ao entrar num sintema, um monema livre perde o seu estatuto próprio. Para uma língua como o latim, é sem dúvida mais proveitoso reunir todos os fenómenos de morfologia num único capítulo, como manda a tradição. Noutros casos, como o do francês, mais vale tratar independentemente da morfologia desta ou daquela classe de monemas.

Quanto às variações cuja frequência na língua é rara e que se chamam alternâncias, poderá valer a pena tratar delas à-parte num primeiro capítulo de morfologia. Será esse o caso, por exemplo, do *Umlaut* alemão, que implica diversas modificações formais, de condicionamento gramatical idêntico, nas classes substantival, adjectival e verbal. Não se falará, neste caso, de "morfo(fo)nologia", termo infeliz por levar a pensar na existência de relação sincrónica entre factos de alternância e factos fonológicos. O perigo torna-se tanto maior quanto é certo que o que era variante de fonema num estado antigo da língua se tornou fonema alternante em época posterior: no antigo alto alemão, [y] deve ter sido uma variante do fonema /u/, antes de se tornar, por eliminação do condicionamento palatal, um fonema independente que alterna com /u/ nas condições descritas na morfologia do alemão contemporâneo sob a designação de *Umlaut*. Quando as alternâncias são de considerável extensão na língua que se vai descrever, aconselha-se que sejam tratadas numa secção inicial da morfologia, de maneira que se possa depois remeter para as conclusões que a seu respeito tiverem sido tiradas, sem necessidade de voltar a explicar, de cada vez que ocorrem, em que consistem. Uma vez bem definido o conceito de *Umlaut* bastará, ao tratar do monema "plural", dizer que ele se manifesta neste e naquele caso, sem ter de repetir que implica a substituição de *a, o, u, au* por *ä, ö, ü, aü*, respectivamente. Trata-se, mais uma vez, do mesmo procedimento económico que leva a tratar de um problema de uma vez por todas para que não seja necessário retomá-lo: fonologia em primeiro lugar, morfologia em segundo, e, dentro desta, fenómenos gerais em primeiro e pormenores depois.

Considera-se, habitualmente, a chamada linguística estrutural, que dominou a cena internacional desde 1930 até 1960, como caracterizada pelo desejo de melhor afirmar o carácter científico da disciplina graças à insistência na forma: só seria propriamente linguístico o que combinasse diferença de sentido com diferença perceptível. A alguns não deixa de surpreender que a linguística funcional, continuando na linha iniciada por Praga, tenha chegado a pôr de lado, como o fez, os traços formais reunidos na rubrica "morfologia". Esquecem-se de que nós continuamos fiéis ao princípio da pertinência e o aplicamos, não de uma vez por todas, mas sim nos sucessivos estádios da investigação. Em certos pontos desta, temos de abstrair de diferenças formais porque elas se revelam não pertinentes; mas isso não significa que devamos passar a trabalhar com critérios estritamente semânticos. Desinteressamo-nos da forma a partir do momento em que as nossas unidades se encontram perfeitamente identificadas por fazerem corresponder uma diferença de sentido a uma diferença de forma: fiéis nisto ao ensino de Saussure, passamos a operar com signos cujas duas faces deixam de ter qualquer individualidade. É por isso que, para os designar, não hesitamos em servir-nos quer do significante — quando este não é passível de variação e não tem homónimos (caso, por exemplo, do monema /i/) —, quer de um termo por vezes tradicional, que se reporte ao seu significado — como "dativo" ou "conjuntivo" —, o qual apenas se toma como rótulo correspondente a um valor significado, que depois será necessário precisar.

É portanto claro que nunca se esquece a existência de uma diferença formal paralela a uma diferença de sentido, mas o que se põe firmemente de parte é a natureza exacta de tal diferença formal, o seu carácter uniforme ou variável. Não se veja nessa atitude qualquer falta de interesse ou qualquer desdenho pelos problemas do ensino das línguas: o domínio satisfatório de um idioma implica o respeito por tudo o que a sua morfologia possa comportar de bizarro.

É interessante notar a propósito disto que os desvios em relação à norma morfológica são os que imediatamente chamam a atenção dos nativos e mais se prestam à troça mordaz. Percebe-se porquê: se um estrangeiro — ou uma criança — disser *fazi* em lugar de *fiz* , far-se-à imediatamente entender, mas o desvio não passará despercebido e daí o sorriso ou a troça. Mas se, por exemplo, um dinamarquês disser, em francês, *il sera recteur dans dix ans* " ele será reitor daqui a dez anos" quando quer dizer *il sera recteur pendant dix ans* "ele será reitor durante dez anos", pode acontecer que não seja compreendido, ou então que o conflito entre o que é sugerido pelo enunciado e o contexto (a pessoa em questão acaba de ser nomeada para o lugar de reitor) sugira uma escolha errada da preposição *dans*. Nestas condições, o esforço para vencer a contradição não dará lugar ao sorriso ou a um qualquer juízo desagradável *in petto*.

O que erradamente se poderia interpretar como desinteresse pela forma não leva a que a classificação dos monemas deva fazer-se, em gramática, de acordo com a semântica, ou seja, agrupando o que corresponder a um mesmo elemento da experiência. Dizer *o cavalo corre* ou *a corrida do cavalo* remete exactamente para a mesma realidade; *dança*, em *ela dança* e *a dança*, refere-se à mesma acção. Nestes dois casos, substantivo e verbo diferem apenas pelos contextos em que podem figurar. Mas, em linguística, não se pode abstrair de diferenças formais como a que se encontra em *corre* e *corrida* ao identificar o que corresponde ao mesmo tipo de experiência. O que devemos fazer é juntar as unidades que, nos enunciados linguísticos, têm relações do mesmo tipo. *Corre* e *(ela) dança* serão incluídos numa mesma classe de verbos, *corrida* e *(a) dança* numa mesma classe de substantivos.

Nisto, nem a linguística funcional nem as linguísticas estruturais foram inovadoras: as tradicionais "partes do discurso" são, em última análise, determinadas pelas compatibilidades das unidades significativas no enunciado, mesmo que, esquecendo esta origem, sejamos tentados a pensar que as ditas "partes do discurso" valem eternamente por si mesmas e para todas as variedades da linguagem humana. A pressão da classificação formal assente nas compatibilidades é tão forte que nos custa imenso acreditar que *dança* possa corresponder exactamente à mesma realidade vivida em *ela dança* e *a dança* .

Realmente, uma língua caracteriza-se muito menos pela sua capacidade em se referir a isto ou àquilo do que pela maneira própria que tem de organizar as suas referências, como mostra o exame das compatibilidades dos monemas no enunciado. Preferimos *compatibilidades* a *combinabilidades* porque o segundo termo poderia levar a pensar que se trataria da possibilidade de existência em contacto, quando a verdade é que, por exemplo, para determinar as relações, em português, entre artigo e substantivo, pouco importa considerar *a reunião*, onde os dois estão em contacto, ou *a longa e tensa reunião*, onde se encontram separados por dois adjectivos. Mais uma vez, convém abstrair de circunstâncias formais não pertinentes.

O exame das compatibilidades, incluindo as possibilidades de o aparecimento de um monema de uma classe depender ou não da presença de um monema de outra classe, revela, nas línguas até hoje estudadas, três tipos diferentes de monemas. De dois monemas compatíveis diremos ser o *núcleo* o que pode existir sem o outro, e o *determinante* (ou *satélite*) aquele que pressupõe a presença do primeiro. Permite-nos isto opôr os monemas que podem ser núcleos, e, portanto, receber determinações, aos que são sempre determinantes. A estes últimos chamamos *modalidades*. Em caso de necessidade, designaremos os primeiros por *nucleares*. O terceiro tipo aqui considerado é o que só existe como elemento da relação entre outros monemas e pode por isso definir-se como sendo o que, para figurar no enunciado, exige a presença de dois outros monemas. É o que, na linha de certa tradição escolar, se designa por *funcionais*, embora *relacionais* fosse mais explícito. É precisamente *relacional* que vamos agora utilizar.

A relação entre dois monemas pode ser de coexistência. Fala-se, neste caso, de coordenação. Numa enumeração pode essa relação não ser explicitada por qualquer monema, como, por exemplo, em *havia mulheres, velhos, crianças.* Quando o é, costuma-se chamar "conjunção coordenativa" ao relacional. A relação será de subordinação quando se estabelecer entre um núcleo e o seu determinante. Pode não ser explícita — e geralmente não o é quando se trata de simples determinação. Neste caso, a natureza exacta da relação decorre do valor respectivo dos dois elementos em presença, por exemplo, o artigo e o substantivo em *a dança.* Quando a relação entre os monemas de duas classes diferentes pode ser de tipo variável, por exemplo, entre o substantivo *souris* "rato" e o verbo *mange* "come", é de esperar que seja marcada por um relacional, que, conforme as línguas, se designa tradicionalmente por preposição, elemento posposição ou desinência casual. Não é de excluir a possibilidade de se utilizar para o mesmo fim um tom distintivo.

Um meio particularmente económico de especificar a natureza da relação consiste em utilizar, para o efeito, a posição respectiva dos monemas em causa. Em francês e inglês, por exemplo, a anteposição do substantivo ao verbo marca a relação (ou função) chamada "sujeito", e a sua posposição a relação chamada "objecto". Foi essa pertinência da posição do substantivo relativamente ao verbo na sua língua que levou a maioria dos linguistas de língua inglesa a fazer dela um critério decisivo para a classificação das línguas, embora não se possam colocar no mesmo plano uma posição obrigatória que tem um sentido e uma posição preferencial acompanhada de um relacional que permite todos os desvios posicionais. Evitem-se pois todas as tentativas tipológicas do tipo SVO, OSV, etc.

É este mesmo etnocentrismo que leva a considerar a sintaxe como sendo o exame da combinatória das unidades significativas. Na realidade, a sintaxe — como já se reconhecera antes do aparecimento da linguística estrutural — é o exame da maneira como, partindo da linearidade do enunciado, se pode reconstituir, tanto na sua globalidade como na sua pluridimensionalidade, a experiência que dá lugar à mensagem. Nesta óptica, deveremos incluir na sintaxe a operação destinada a estabelecer classes de monemas assentes nas compatibilidades destes? Ou deveremos limitar a sintaxe ao estudo do que tradicionalmente se designa por funções, ou seja, a maneira de marcar os diferentes tipos de relações existentes entre os monemas de duas classes? Talvez não seja indispensável responder categoricamente. O que de sintaxe pode haver no estabelecimento das classes resulta necessariamente do exame das compatibilidades. Se considerássemos que a inventariação das classes deveria constituir-se em capítulo próprio, a sintaxe ficaria automaticamente reduzida ao estudo das "funções", isto é, dos diversos tipos de relação entre certas classes; mas talvez isso não seja muito recomendável.

Não vamos mencionar aqui todas as dificuldades que se encontram quando desejamos proceder ao estudo exaustivo da sintaxe de uma língua. Recorde-se apenas que se pode exprimir o mesmo tipo de relação de maneiras diferentes, conforme os contextos, sejam estes lexicais ou gramaticais: em espanhol, só se explicita por meio de *a* a função objecto quando o substantivo designa uma entidade que eventualmente pudesse assumir a função de sujeito, a qual não é automaticamente marcada, de modo explícito, pela anteposição: *el hijo ama a su madre* "o filho ama a mãe". É frequente duas funções serem homónimas em relação a um substantivo, mas distintivas com um pronome e vice-versa: *dou ao João, vou a Paris* , mas *dou-lhe, vou lá* ; *ele dá-nos, ele vê-nos* , mas *ele dá ao João, ele vê o João*. Dois complementos não coordenados introduzidos pelo mesmo funcional assumem normalmente funções diferentes: *com uma escada, subiu com os amigos ao telhado* . Mas podem ser especificações sucessivas de uma só natureza: *encontraram-se em Coimbra, na Faculdade de Letras, no Anfiteatro I* (*em* e *n-* de *no* e *na* são variantes do significante do mesmo monema). As gramáticas evitam geralmente proceder ao exame das funções que não levantam problemas de morfologia; os linguistas não se contentam, evidentemente, com uma visão tão estreita da realidade linguística.

No fundo, o que distingue a gramática do léxico é que na primeira se tratam os aspectos da língua onde se espera poder ser-se exaustivo, enquanto ao autor do dicionário compete recolher um vocabulário sem limites definidos, na prática o que lhe permite o espaço concedido pelo editor. É claro que, se os progressos da análise componencial chegassem a reduzir o vocabulário à combinação de um número finito de traços de sentido, poder-se-ia pensar em incluir na gramática a lista destes traços. Quanto ao léxico, excluindo os instrumentos gramaticais, compreende-se que estejamos muito longe de o poder fazer: o léxico existe para tentar cobrir todas as necessidades da comunicação humana, isto é, tudo aquilo que o homem deseja transmitir aos outros a respeito da sua experiência do mundo, e tem por isso de se alargar constantemente, quer enriquecendo-se de novas unidades, quer utilizando os recursos da polissemia, cuja dinâmica vai fazendo entrar em novos contextos as unidades existentes. Funcionalmente, o léxico está vocacionado para se expandir, ao contrário dos elementos gramaticais, que, integrando as novidades lexicais em quadros pré-estabelecidos, garantem certa estabilidade ao conjunto. O gramático deixará pois ao lexicógrafo a tarefa de identificar e apresentar o modo como se faz equivaler cada unidade vocabular a certos elementos da experiência; pela parte que lhe toca, ocupar-se-à apenas dos traços de sentido que distinguem umas das outras as unidades de uma classe gramatical, as quais, dentro dela, são, em princípio, limitadas em número. Dizemos "em princípio" porque o aumento do número de monemas não se confina às zonas ditas "lexicais": podem constantemente aparecer locuções proposicionais como *ao passo que, ainda que* , etc., por cristalização de sintagmas. Não é de excluir o aparecimento de novas modalidades. *Na Grammaire fonctionnelle du français*, 3.11, admitiu-se a existência de uma modalidade verbal presente, por exemplo, em *il vient de partir* "acaba de partir", a que se chamou "recente", e que é manifestada pela combinação de *venir* + *de* + um verbo no infinitivo, atendendo a um princípio de cristalização. Mas é evidente que esta unidade, formalmente fácil de demarcar, constitui uma criação relativamente recente, ainda a caminho de se fixar, e favorecida pela existência de um homólogo, o "próximo": *aller* + infinitivo *il va partir* "vai partir". Em termos gerais, basta recordar que os sistemas gramaticais se transformam ao longo do tempo, sem que a língua onde se dá a transformação deixe alguma vez de funcionar. Como, no entanto, as modificações da estrutura gramatical são muito menos rápidas do que as que afectam o léxico, é relativamente fácil não as notar.

O gramático funcionalista evita, em geral, caracterizar semanticamente as várias classes de monemas que ele próprio identifica: sabe muito bem que opor verbos a substantivos dizendo que uns designam estados ou acções e outros seres ou objectos é esquecer substantivos como *calma, satisfação* ou os próprios *estado* e *acção*. Poderá, quando muito, lembrar que o verbo nunca designa, por si só, um objecto. Ao apresentar, por exemplo, o calispel[19], poderá com vantagem assinalar que os "substantivos", desde que não representem cristalizações de antigos perfeitos, designam nessa língua unicamente seres animados. Compreenderá, no entanto, que a sua primeira obrigação não consiste em pronunciar-se sobre o que, no plano semântico, distingue classes perfeitamente identificadas pelas respectivas compatibilidades, mas sim em assinalar o que, dentro de cada classe, opõe umas às outras as unidades que têm compatibilidades idênticas. Tendo-se, por exemplo, verificado em francês que *le, ce* e *mon* figuram no mesmo paradigma comutativo (*le livre* "o livro", *ce livre* "este livro", *mon livre* "o meu livro") e por isso pertencem a uma mesma classe de actualizadores do substantivo, não se pode deixar de procurar o que os distingue, ou seja, o que se chama o valor de cada um: o traço "definido nu" em *le*, o traço "demonstrativo" em *ce*, os traços "possessivo" + "1ª. pessoa" em *mon*. Propôs-se e tem-se utilizado o termo axiologia para designar o estudo de tais valores opositivos. Deve naturalmente ficar claro que a axiologia abrange também as classes lexicais: é, de facto, por oposição, que se identificam os traços de sentido que, no léxico, se apresentam na forma algo esbatida das definições do dicionário. A axiologia não é, portanto, monopólio do gramático. Mas o dicionário que se restringisse a apresentar os traços identificados por oposição deixaria insatisfeito quem o consultasse: comparando a banana com os outros frutos que com ela concorrem na nossa alimentação, damo-nos conta de ser necessariamente levados a admitir um traço "banana" que, no plano de análise do linguista, tornará supérfluos e abundantes os traços "amarelo" e "comprido", que podíamos julgar dever extrair de certas comparações. Linguisticamente, a definição de *banana* é "banana", e para informar quem porventura não soubesse o que é uma banana seria preciso recorrer a uma descrição pormenorizada ou, melhor ainda, a uma fotografia a cores que um dia talvez se complete por uma emissão olfactiva.

Quanto aos monemas ditos gramaticais, como *le, ce, mon* do francês, talvez se pudesse dizer que, já que figuram nos dicionários, não seria necessário defini-los axiologicamente na gramática. Mas tal solução não se aplicaria a monemas cujo significante varia com os contextos — e é muitas vezes amalgamado e frequentemente descontínuo —, e que por isso não se enquadram na ordem alfabética do léxico. Talvez o monema "plural" do francês, do português ou do inglês se pudesse representar pela sua forma escrita mais frequente, -s. Mas que fazer no caso do plural alemão, russo ou latino e, em geral, no de todos os monemas que não podem ser designados por outro modo senão pelo termo que, convencionalmente, invocará algum traço de sentido?

Há ainda um ponto em relação ao qual a prática funcionalista se afasta claramente da tradição. Trata-se da inclusão na gramática do exame das condições em que os locutores podem proceder à formação de novas unidades significativas. Podem, naturalmente, encontrar-se unidades destas por empréstimo a qualquer outra língua, e não se excluem das preocupações do linguista as condições dos empréstimos. Pode incluir-se legitimamente na apresentação de uma língua o exame do modo como os elementos se adaptam, fonológica e morfologicamente, a essa língua. Mas o que deve sobretudo chamar a atenção é a produção de novas unidades por recurso aos meios próprios da língua. Será algo marginal o exame das circunstâncias — aparecimento de novos produtos ou conceitos, desejo de substituir termos estrangeiros, etc. — que determinam tal produção. É excepcional criar-se de uma vez um monema não motivado de qualquer maneira. O anedotário linguístico regista os casos de fr. *gaz* e ingl. *quizz* . O essencial da matéria insere-se no que designamos por *sintemática* , quer dizer, na associação de monemas já existentes para formar unidades com o mesmo comportamento sintáctico de certos monemas da língua. A sintemática abrange um domínio considerável: fazem parte dela a derivação, a composição, a confixação — isto é, a combinação de elementos como *tele-* ou *-fone* , que, como os afixos, começam por não ter existência independente na língua — e as cristalizações de sintagmas cujos elementos componentes perdem a capacidade de ser individualmente determinados. O uso de siglas, que, de acordo com um modelo inglês, se poderia designar por acronímia, constitui uma maneira económica de apresentar sintemas demasiado longos: por exemplo, PALOPs por "países africanos de língua oficial portuguesa".

Parece evidente que a descrição exaustiva de uma língua, englobando uma gramática e um dicionário, não poderá deixar à margem a sintemática. O que se pode incluir no dicionário são os sintemas perfeitamente estabelecidos na língua, e nunca, no corpo da obra, os processos existentes de formação de sintemas, esses mesmos processos existentes de formação de sintemas, que os próprios franceses — linguisticamente muito conservadores — cada vez usam mais. Compete, evidentemente, à gramática fornecer as informações necessárias sobre o assunto.

Existe já um considerável número de descrições de línguas inspiradas no ensino da linguística funcional: a maioria das análises de línguas "exóticas" realizadas em França desde 1960 partiu dos princípios pressupostos nos métodos acabados de resumir. Muito fiel, sem ser servil, é a sua aplicação à descrição feita por Pierre Martin do montanhês, língua algonquiana do Québec. Todos os esforços que se façam para confrontar esses métodos com uma língua de civilização diferente do francês contribuirão decerto para os melhorar e enriquecer. É para esse esforço que eu convido todos os presentes — todos os que eu tiver conseguido persuadir da fertilidade do ponto de vista funcional.

NOTAS

1. Distribuído por Arslan Kaynardag, Elif Kitabevi, Sahaflar Çarsisi 4, Beyazit, Istanbul, Turquia.

2. No Oeste, da Gironda ao Calvados, o *Atlas linguistique de la France*, vol. 13, fasc. 25, mapa 1150 "*Quand il rentra* " ("Quando voltou"), mostra uma faixa de "passés simples" em -*i*- bem conservados, enquanto as regiões vizinhas, para leste, apresentam como equivalentes do "passé simple" *rentra* "passés composés".

3. Ilustrações tiradas de um corpus recolhido em 1960, entre parisienses, por Ivanka Cindríc; a primeira é tirada do relato de um filme

por um homem de 22 anos e a segunda da apresentação de uma experiência vivida por uma rapariga de 12 anos.

4. Há, no entanto, exemplos de desaparecimento numa pessoa de distinções adquiridas: o autor destas linhas, em "Remarques sur le système phonologique du français", *Bulletin de la Société de Linguistique de Paris* , 34 (1933), pp. 191 - 202, indicava a existência, no seu próprio francês, de uma oposição de quantidade no timbre [y], oposição cujo desaparecimento se revelou numa observação cuidadosa do seu falar realizada dez anos mais tarde.

5. Jorge Morais Barbosa, *Etudes de phonologie portugaise* , Lisboa, Junta de Investigações do Ultramar, 1965 (2ª ed., Évora, Universidade de Évora, 1983), s. 6 - 7, e "Notas sobre a pronúncia portuguesa nos últimos cem anos", *Biblos* 64 (1988), pp. 329 - 382, em particular 3.1 - 3 (N. do T.).

6. Sobre a dinâmica do sistema fonológico em francês contemporâneo, cf. A. Martinet, *Le français sans fard* , Paris, PUF, 1960, pp. 168 - 208.

7. Cf. "De l'assimilation de sonorité en français", *Form and substance* (Miscelânea de homenagem a Eli Fischer-Jorgensen), Copenhague, 1971, pp. 233 - 237.

8. Cf. André Martinet, "Phonetics and Linguistic Evolution", *Manual of phonetics* , Amsterdão, North Holland Publ. Co., 1967, §§ 1.3., 1.4.

9. Especialmente em franco-provençal; em Hauteville, por exemplo, *iõ* , "um", *nõ* , "pessoa" (**necunu* ; cf. Wilhelm Meyer-Lübke, *Romanisches etymologisches Wörterbuch* , Heidelberga, C. Winter, 1935), em André Martinet, *La description phonologique* , Genebra e Paris, Droz e Minard, 1956, pp. 79 e 103 - 104.

10. Mildred K. Pope, *From Latin to Modern French*, Manchester, Manchester University Press, 1934.

11. Sobre as antinomias internas, ver André Martinet, *Economie des changements phonétiques*, Berna, A. Franck, 1955 (3ª. edição 1970), §§ 4.1. - 4.5., e *Sprachökonomie und Lautwandel* , Estugarda, Klett-Cotta, 1981 (versão alemã, revista e condensada, do anterior), §§ 4.1. - 4.4.

12. André Martinet, "Le sort de *n* mouillé en français", *Word Papers in Phonetics* , Tóquio, 1975, pp. 341 - 351; Henriette Walter, *La Dynamique des phonèmes dans le lexique français contemporain* , Genebra, Droz, 1976.

13. Apresentado aqui com alguma simplificação, foi isso que se fez em André Martinet, *La prononciation du français contemporain*, Paris, Droz, 1945 (reed. Genebra, Droz, 1971), pp. 33 - 34.

14. Em André Martinet, *La prononciation du français contemporain* , cit., encontram-se ilustrações dessa mudança de direcção, por exemplo, p. 129, e uma tentativa de explicação, p. 34.

15. Cf. Henriette Walter, *La Dynamique des phonèmes dans le lexique français contemporain* , Genebra, Droz, 1976, pp. 38 - 41.

16. Cf. Id., *ib.*, pp. 401 - 406.

17. Os números aqui apresentados não correspondem aos dos inquéritos efectivamente realizados a partir de 1941 (cf. nota 18, infra), mas inspiram-se directamente neles.

18. Cf. Ruth Reichstein, "Etudes des variations sociales et géographiques des faits linguistiques", *Word* 16, 1960, pp. 55 - 95; Guiti Deyhine, "Enquête sur la phonologie du français contemporain", *La Linguistique* 3/1, 1967, pp. 97 - 102, e 2., pp. 57 - 84. André Martinet, *Le français sans fard* , Paris, PUF, 1986, pp. 172 - 173 e sobretudo pp. 184 - 185. Apresentam-se os números obtidos para o par *patte* ~ *pâte* , no qual a experiência mostra que a distinção se mantém, ainda que noutros se elimine. Na realidade, o informador médio de Deyhine, nascido em 1940, foi interrogado em 1963, portanto aos 23 anos, e o informador médio de Reichstein, nascido em 1943, foi ouvido em 1957, aos 14 anos: em média, há pois uma diferença de dois anos de idade entre os informadores dos dois investigadores; para serem inteiramente válidos os números aqui apresentados, ou seja, para que a população de Deyhine fosse exactamente a mesma de Reichstein, nove anos depois, seria necessário que a sua data média de nascimento fosse a mesma, isto é, 1943, e que o inquérito de Deyhine se tivesse realizado três anos mais tarde, em 1966.

19. Cf, Hans Vogt, *The Kalispel Language* , Oslo, 1940.

2
APRENDER A FALAR, APRENDER A LER

Este título recorda, evidentemente, que a comunicação pela linguagem se pode fazer de duas formas — falando e lendo. Mas assinala também, pela ordem escolhida para apresentar os dois usos, que, na aprendizagem, a forma falada precede a forma escrita e que ainda hoje permanece, em numerosas comunidades, como a única forma existente. As secções 1 e 2 deste capítulo insistem nestes requisitos, cujo esquecimento o prestígio da escrita tantas vezes favorece, tornando-se portanto indispensável a sua leitura antes de abordar o passo seguinte.

Tal como a secção 3, estes dois primeiros textos são retirados de um boletim destinado aos professores primários e da pré-primária que, numa primeira fase, iniciam as crianças na escrita e na leitura (por esta ordem), por meio de um alfabeto particular que recebeu o nome de *alfonic* "alfónico"[1].

A secção 3 corresponde a parte do primeiro capítulo da obra *Vers l'écrit avec l'alfonic* (Paris, Hachette, 1983), que serve de introdução à prática escolar deste alfabeto, ao mesmo tempo que proporciona informações sobre a sua natureza e a sua origem e, finalmente, a secção 4 comporta uma comparação do alfónico com o *hiragana* japonês[2].

2.1. Língua falada e língua escrita*

Quando um linguista declara que, para compreender o que é a linguagem humana, convém estudar as línguas tal qual se falam, quando lembra que as crianças falam a língua antes de a escreverem e de a lerem, que, por esse mundo fora, muitos adultos não sabem nem ler nem escrever, ou ainda, que houve já e continua a haver muitos povos que, como é evidente, falam, mas que não têm escrita, escutam-no com a maior das delicadezas, mas, na maior parte dos casos, fica no ar a impressão de que está a cultivar um paradoxo. Tudo o que diz é inegável, mas não chega para convencer que a língua, tal qual se fala, tenha *uma existência independente da realidade que descreve*. Para que comecemos a compreendê-la como distinta, será necessário que se apresente sob a forma de palavras escritas, separadas umas das outras por espaços.

Para um português, uma cadeira é um objecto bem comum. Existe identidade absoluta entre este objecto e o termo que o designa. Tentar dissociar o objecto e o termo é fazer filosofia, já não é viver no mundo. Se lhe perguntarmos à queima-roupa "O que é uma cadeira?", responderá, após um momento de surpresa: "Uma cadeira... é uma cadeira!". A menos que o inquiridor se revele, através do sotaque, como um estrangeiro, uma espécie de deficiente. Neste caso será oferecida — não sem condescendência — uma explicação.

Para saber sempre com exactidão do que é que fala, o linguista viu-se constrangido a distinguir entre o objecto em si, a cadeira que está junto de si, a ideia que dela tem quem esteja a falar e os sons que lhe permitem designar esse objecto. Na sua gíria, o objecto é o *referente*, a ideia o *significado*, os sons o *significante*. O que em todo o caso lhe parece indispensável é não confundir a realidade, independente da forma como uma

---

* Publicado em *Liaison alfonic,* fasc. 3, 1986, pp. 9 - 17.

dada língua designa os seus elementos, e a língua em causa que organiza essa realidade à sua maneira.

Do lado oposto, temos aquele que fala a sua língua por exclusão de todas as outras, ou que trata toda e qualquer língua estrangeira como um decalque da sua. Para este falante, não se pode sequer pensar em dissociar o objecto e os sons que lhe correspondem ao falar. A palavra e a coisa devem confundir-se, a palavra não deve *traduzir* a coisa, mas *ser* a coisa, de tal forma que falar não possa ser diferente de viver o mundo em comum.

A perspectiva muda automaticamente a partir do momento em que intervém a escrita. O enunciado falado é um todo cuja eficácia depende acima de tudo da ausência de identificação dos seus elementos componentes. O sujeito encontra-se agora perante sucessões de letras facilmente identificáveis, agrupadas em palavras separadas por espaços. Não há dúvida de que a mensagem passará tanto melhor quanto maior for a abstracção dessas letras e dessas palavras para atingir imediatamente o sentido. Mas também não deixa de ser verdade que as letras e as palavras estão lá, preto no branco, tal como podem ser encontradas em caso de avaria na leitura em diagonal: *cadeira*, tal como vemos aqui escrito, adquire uma realidade permanente, torna-se uma coisa em si, distinta do objecto cadeira. Depois de escrita, a língua pode com toda a facilidade aparecer como uma realidade permanente, perceptível independentemente dos objectos a que se refere. Compreende-se, pois, que o utente médio da língua esteja pronto a recusar o carácter de língua a todo e qualquer idioma não susceptível de reprodução gráfica.

Podíamos pensar que a prodigiosa expansão da palavra, transmitida por difusão ou gravada, mudaria esta reacção explicável. Numa banda magnética ou num disco, podemos isolar ...*cadeira*... do seu contexto e apreender este segmento como uma realidade física distinta do objecto designado. Mas quem é capaz de o fazer, à excepção dos profissionais que — de uma forma um pouco perversa aos olhos dos leigos — decidiram tratar das palavras como se de uma realidade estritamente física se tratasse? A chegada e a generalização da televisão restabeleceram, na sociedade, condições totalmente desfavoráveis à tomada de consciência, por parte do grande público, da autonomia da linguagem falada: tanto no pequeno como no grande écran, a linguagem identifica-se com a vida.

Não significa isto que a argumentação dos linguistas relativa à prioridade da fala sobre a escrita seja ilusória. Em todo o caso, deve ser pragmaticamente afastada por ser susceptível de travar a livre expressão e afectar a espontaneidade das trocas de palavras quotidianas.

Uma das conquistas mais decisivas da linguística do século XX é a descoberta — que, embora entrevista pelos pioneiros, jamais foi claramente explicitada — de que a dupla articulação em letras e em palavras da língua escrita não faz mais do que visualizar a dos enunciados falados em unidades distintivas, os fonemas, e em unidades significativas, os monemas. Isto acontece mesmo se essa visualização que é a língua escrita por meio de um alfabeto apresentar, desde o início ou a longo prazo, certos desvios em relação ao modelo, o da língua falada.

A maior parte das pessoas nunca toma bem consciência da existência da articulação da fala em fonemas e em monemas, o que não impede que nunca tivessem podido aprender a comunicar com a linguagem se a sua fala — a forma da linguagem que aprenderam na infância —, não fosse feita de unidades de sentido identificáveis — os monemas —, que se distinguem uns dos outros pelo ouvido como combinações particulares de sons distintos, os fonemas. Quem ouvir a ordem *Faut pas marcher sur le gazon* "Não pise na relva" não vai tomar consciência do facto que implica a expressão de uma obrigação (*faut*), de uma negação (*pas*), a designação de um objecto (*gazon*) que se apresenta como definido (*le*) e a indicação de uma relação entre o pisar (*marcher*) e a relva (*sur*). Pura e simplesmente, o falante, conforme o seu temperamento e as circunstâncias, modelará ou não o seu comportamento ao que acaba de ouvir. A vida tornar-se-ia impossível se necessitássemos de fazer uma análise lógica de tudo o que nos dizem. A eficácia reclama uma reacção imediata ao que ouvimos sem qualquer análise consciente. O que não impede que a supressão de *pas* no enunciado precedente — *Faut marcher sur le gazon* "Pise na relva" — determine normalmente um comportamento oposto. Isto justifica a afirmação do linguista segundo a qual existe, em francês falado, um monema negativo *pas*; que esse monema *pas* se distingue do monema *pont* "ponte" pelo seu segundo fonema que é /a/ em vez de /õ/ , e do monema *mât* "mastro" pelo seu primeiro fonema, que é /p/ em vez de /m/ . Não há dúvida de que se pode perfeitamente falar francês sem sequer suspeitar que estas análises são possíveis, mas também não há dúvida que um francês, no decurso da sua aprendizagem da língua, foi, de uma forma ou de outra, disciplinado para reagir a ...*pas* ... como a uma negação, a perceber *a* como sendo distinto de *on*, *p* como sendo distinto de *m*. Um longo período de aprendizagem precedeu necessariamente o domínio inconsciente. Só sabemos conduzir de facto um carro quando agimos, sem disso tomarmos consciência, sobre os diferentes órgãos da máquina. Mas, num primeiro tempo, foi de facto necessário distinguir cuidadosamente o acelerador da engrenagem.

Pondo de parte os casos patológicos, todos os homens falam, mas apenas sabem ler e escrever os que foram submetidos a um treino, dispensado conscientemente nas escolas ou nas famílias. Até hoje, nunca se pensou em aperfeiçoar métodos particulares para permitir a aquisição do domínio de uma língua falada. Estamos convencidos de que "isso vem por si", o que se encontra comprovado pelo facto que toda a gente fala. Pelo contrário, a aprendizagem da escrita e da leitura colocam problemas para os quais os pedagogos não se cansam de procurar soluções. Quase que nos sentiríamos tentados a dizer que falar é natural, ler e escrever cultural, mas estaríamos então a confirmar uma visão errónea dos factos: podemos, talvez, dizer que faz parte da natureza do homem utilizar a linguagem. Mas, quando a criança aprende a falar, não adquire o domínio da linguagem e sim o domínio de uma língua particular, que é o instrumento de comunicação e de cultura de uma determinada comunidade.

Deveremos então concluir que a fala precede sempre a escrita e que a grafia de uma língua é sempre, à partida, um decalque mais ou menos elaborado da estrutura da fala.

Para melhor compreender as relações entre a fala e a escrita, talvez seja útil tentar reconstituir as suas modalidades sucessivas no decurso da história da humanidade. Se fizermos coincidir os primórdios da humanidade propriamente dita e os da linguagem articulada, podemos datar a fala em termos de biliões de anos. Mas só há escassos milhares de anos é que começou a utilização de grafismos mais ou menos conformados com certos traços das línguas.

Vamos partir de produções manuais, pinturas rupestres que não sabemos muito bem se constituem uma mensagem destinada a outros seres humanos ou a potências sobrenaturais, posteriormente baixos-relevos que comemoram alguns acontecimentos, e, numa data mais tardia ainda, sucessões de desenhos que representam acontecimentos sucessivos no tempo, um pouco à maneira das bandas desenhadas contemporâneas, mas sem balões — ou seja, "histórias sem palavras". Em todos estes casos houve um desejo real de comunicar e as mensagens em causa podem ter sido mensagens paralelas a mensagens faladas que transmitissem os mesmos factos da experiência. Mas nada nos permite acreditar que se trate de algo diferente de simples imagens, isto é, de produtos da actividade humana que informem sem recorrer às unidades de sentido comportadas pela linguagem: se eu considerar um baixo-relevo em que um rei assírio mata um leão, posso, como acabo de fazer, traduzir por palavras (escritas aqui) o conteúdo da mensagem, mas o termo linguístico *matar* não é, no baixo-relevo, distinto do rei ou do leão. A minha frase não faz mais do que glosar, analisando a minha impressão, a cena do rei e do leão. O nosso baixo-relevo assírio não é uma escrita, mas uma representação artística que posso apreender e apreciar com um só olhar, ou pormenorizar, dando a minha atenção a este ou àquele detalhe numa ordem qualquer, enquanto que, se houvesse uma leitura, teria de me limitar a seguir o fio do discurso.

Quando se trata de uma "história sem palavras" sem pretensões artísticas, pode acontecer que cada uma das imagens corresponda, no espírito do desenhista, ao conteúdo de uma frase simples da língua, e a mensagem pode ser apreendida como tal pelo público. Podemos então considerar que há um embrião de leitura, uma vez que a articulação em imagens é decalcada da articulação do discurso em frases com sujeito, predicado e expansão. Mas o laço entre as duas articulações pode facilmente ser rompido logo que tentarmos analisar a mensagem de cada imagem em vários enunciados distintos. Podemos então falar, se quisermos, em *pictografia* sempre que a unidade gráfica, a imagem, pareça corresponder a uma frase do equivalente falado. Cada imagem é, então, um *pictograma*.

Falaremos sem hesitações em escrita quando a grafia reproduzir a primeira articulação da linguagem, articulação em unidades de sentido, os monemas. Isto pressupõe, em teoria, que a cada unidade caracterizada na fala pelo seu sentido e pela sua forma corresponda um desenho particular. Na prática, não há qualquer dificuldade em encontrar um equivalente gráfico para um monema que, como *sol* ou *montanha*, designe uma realidade visualmente perceptível. Um círculo donde partem raios, para o sol, uma linha quebrada para uma montanha poderão servir para o início, mesmo que se simplifiquem no decurso do

113

tempo para atingir, em chinês, por exemplo, Δ e ⊥. Temos aqui o que se designa por *ideogramas* . Tais ideogramas podem ser utilizados para escrever línguas diferentes e correspondem, em cada caso, a pronúncias diferentes. Se imaginarmos o ideograma ⊥ utilizado na Europa, pronunciar-se-ia *montanha* em português, *montagne* em francês, *Berg* em alemão, *gora* em russo. Podemos dizer que os nossos algarismos são ideogramas: 2, por exemplo, corresponde a *dois* em português, *deux* em francês, *two* em inglês, *zwei* em alemão. Por outro lado, numa mesma língua, um mesmo ideograma pode corresponder segundo os contextos a monemas diferentes ditos sinónimos : em japonês, pronuncia-se conforme os contextos *yama, san* ou *zan*. Os Ocidentais interpretaram-no erradamente como *yama* depois de *Fuji*, quando os Japoneses designam como *Fujisan* a montanha bem conhecida.

Quando é necessário notar graficamente uma noção abstracta, a escolha de um grafismo é mais difícil de fazer e é aí que intervém a *homonímia*. Dois monemas de sentidos diferentes mas de sons idênticos são, como é sabido, designados por homónimos. Se os franceses tivessem que criar ideogramas, utilizariam talvez uma representação sumária de uma *tente* "tenda" para designar *tante* "tia". Se os portugueses tivessem que utilizar ulteriormente esse mesmo sistema, o uso do mesmo signo para as duas noções já não faria qualquer sentido, uma vez que *tente* se diz "tenda" e *tante* "tia". Nos sistemas ideográficos, o recurso às charadas figuradas é constante: em francês, *violence* "violência" poderia ser representado por meio do desenho de uma viola (*viole*) seguido pelo de uma asa de bilha (*anse*) e, em inglês, *belief* "crença", que se pronuncia como *bee* "abelha" seguido de *leaf* "folha" poderia ser notado por uma abelha seguida de uma folha.

Como temos muitas vezes de lidar com homonímias mais ou menos aproximativas, e é de temer que o contexto não seja suficiente para resolver as ambiguidades, acrescentamos frequentemente ao grafismo um signo que nos oriente para o sentido a reter. Em chinês, por exemplo, o ideograma de muitas noções abstractas comporta, a título diacrítico, uma forma reduzida do ideograma que designa o coração — supostamente o órgão do pensamento.

Na realidade, em muitos sistemas ideográficos que apareceram no decurso do tempo, a maior parte dos signos acabou por designar, na maior parte dos casos, sílabas pronunciadas e já não noções, sem que no entanto se renuncie a identificá-los, em certos contextos, como verdadeiros ideogramas: por exemplo, o algarismo 2, que é de facto um ideograma. Poderia utilizar-se, em França, para notar *d'eux* "deles" ou *d'œufs* "de ovos", que se pronunciam da mesma forma, como faríamos numa charada figurada, mas 2 continuaria a corresponder à noção *deux* "dois". Este fenómeno arrasta consigo o aparecimento de *silabários*, isto é, de sistemas de grafias em que existe um signo particular para cada sílaba pronunciada. Em japonês, em que o número de sílabas pronunciadas distintas é muito reduzido, usam-se muito os silabários a par dos caracteres chineses para notar as articulações gramaticais ou para reproduzir as palavras estrangeiras.

O que acabámos de expôr exprime decerto de forma suficiente o alto carácter híbrido que assume necessariamente na prática todo e qualquer sistema ideográfico. Mesmo se fosse possível conceber a partir do nada um sistema ideográfico perfeito, isto é, em que cada unidade de sentido recebesse uma notação não ambígua e perfeitamente independente da forma como se pronuncia, ainda assim obteríamos um aparelho demasiado incómodo, comportando milhares de grafismos distintos, o que complicaria terrivelmente qualquer reprodução tipográfica e alargaria a aprendizagem da leitura e da escrita a todo o tempo da escolaridade — o que acontece nos países em que a inércia das tradições mantém até hoje o emprego dos caracteres chineses.

Por oposição às escritas ideográficas em que, em princípio, a grafia se contenta em reproduzir a primeira articulação da linguagem, encontram-se as escritas alfabéticas, em que cada unidade da grafia corresponde, em princípio, já não a uma unidade de sentido, um monema, mas a uma unidade distintiva, um fonema. A *sol* e a *montanha* não correspondem mais, respectivamente, um símbolo distinto, representação mais ou menos estilizada do objecto designado, mas uma sequência de letras em que cada uma corresponde, à partida, a um som tipo particular. Se a grafia do português fosse estritamente alfabética, bastariam seis letras para escrever *montanha*, em vez de oito. O francês também se escreve como se pronunciava antigamente, numa época em que se pronunciavam todas as letras de *ils aiment* "eles amam": i-l-z-a-ï-m-e-n-t.

Foram necessárias circunstâncias muito particulares relacionadas com a estrutura das línguas semíticas para que aparecesse no mundo uma grafia propriamente alfabética. Nas línguas semíticas, são as consoantes que contêm o sentido de base: por exemplo, as três consoantes *mlk*, por esta ordem, têm o valor de "rei" ou de "reinar"; as vogais que podem aparecer, depois de cada consoante, especificam sempre o valor que assume a "raiz" num dado enunciado, mas o próprio contexto dá boas indicações nesse sentido. Numa língua deste tipo, o emprego de um silabário apresenta o inconveniente de destruir a unidade gráfica da raiz, uma vez que, conforme a vogal que se seguir a *m* for *a, i* ou *u*, o signo inicial da palavra será diferente, correspondendo *ma, mi* e *mu* a formas gráficas absolutamente distintas. Nestas condições, os Fenícios e os Cananeus preferiram preservar a unidade gráfica da raiz, deixando ao contexto o cuidado de indicar de forma mais precisa a identidade da palavra. Notaram portanto da mesma forma *ma, mi, mu* e *m* sem vogal seguinte. O resultado foi a fixação de 22 signos correspondentes às consoantes da língua. Cada um destes signos tinha um nome que começava pela consoante em causa. O primeiro, chamado ?*alef*, começava por um ?, signo que designa um som análogo a *p*, *t*, ou *k*, mas realizado ao nível da laringe. Os Gregos, quando importaram estes signos e os nomes que os designavam, não puderam reproduzir esse som laríngeo que não existia na sua língua. Reproduziram, portanto, ?*alef* como *aleph* que se tornou mais tarde *alpha* e utilizaram o signo correspondente para notar a sua vogal *a*. As nossas letras *e* e *o* apareceram em grego em condições análogas. Quanto a *i* e a *u*, derivam das consoantes fenícias *y* e *w*. Por meio de algumas adaptações suplementares, os Gregos dispuseram a partir daí de um sistema gráfico que lhes permitia notar cada um dos fonemas, consoantes ou vogais, da sua língua. Este sistema tomou o nome das duas primeiras letras da série: *alphabet(a)* "alfabeto". Os outros alfabetos utilizados hoje em dia, em particular o alfabeto latino, não passam de variantes resultantes da adaptação a outros sistemas fonológicos.

Este admirável instrumento é uma maravilha de simplicidade quando o comparamos aos milhares de signos diferentes dos sistemas ideográficos, que só satisfazem todas as necessidades perdendo as suas características próprias pelo uso de charadas figuradas, isto é, pelo recurso às identidades ou às analogias fónicas. É verdade que, por um lado, o dito instrumento se expõe a uma degradação no decurso do tempo: a evolução das línguas que ele próprio nota faz aparecer novos fonemas, para os quais hesitamos em criar signos novos. Quando, por exemplo, na inicial da palavra *champ* "campo" apareceu um novo tipo articulatório diferente do que surgia no seu antecedente latino *campus*, a sua notação foi feita combinando o *c* latino com *h*, que correspondia aliás a um fonema totalmente diferente. Nesta mesma palavra *champ*, o *p* acabou por não se ouvir mais e a articulação correspondente a *m* confundiu-se com o *a* precedente num novo fonema. Mas, por outro lado, estes fenómenos são lentos: durante muito tempo, o *p* foi mais ou menos ouvido segundo os contextos; a nasalidade de *m* pôde afectar o *a* precedente sem que a consoante desparecesse por completo. Os que escrevem são, muito provavelmente, os que leram muito. Ora, nos textos existentes, *champ* escreve-se com cinco letras: serão, por isso, levados a reproduzir essa grafia, mesmo se já não corresponde ao que pronunciam. Aliás, como poderiam notar, na ausência de qualquer convenção entre os leitores e eles próprios, o *a* nasalizado, que é a vogal que realizam de facto neste caso? Talvez alguns se tenham dado conta de que não pronunciavam de maneira diferentes *champ* e *chant* "canto", mas por que motivo recusariam a distinção na grafia, uma vez que a tradição lhes dava os meios de o fazer? O que escrevesse *chan* para um e para o outro revelaria automaticamente que não tinha o mínimo de cultura literária exigido a quem escreva. É assim que se estabelece uma *ortografia*, isto é, etimologicamente, uma grafia correcta, a única correcta, à qual temos de nos submeter sob pena de ostracismo social. De certa forma, é um retorno ao ideograma: *champ* é uma espécie de desenho, distinto de um outro desenho *chant* , e é, de facto, assim que o leitor apreende as palavras do texto desde que apenas encontre formas já suas conhecidas de há longa data.

Não é, portanto, ao nível da leitura corrente, a leitura do adulto, que a escrita alfabética e a escrita ideográfica se opõem verdadeiramente, mas sim ao nível da aprendizagem e da identificação de formas não encontradas até então. Qualquer que seja o método adoptado para a ensinar a ler, a criança saberá um dia identificar *ch, an* e *am* como equivalentes escritos de certas realidades fónicas, e isso permitir-lhe-à identificar e pronunciar — caso as encontre num texto — as palavras *acharné* "encarniçado", *chipoter* "debicar", *déchiqueté* "retalhado" ou *vantail* "batente", *mantille* "mantilha", *chambouler* "transtornar", mesmo se nunca as viu escritas anteriormente. O jovem leitor que sabe o que é um *chirurgien* "cirurgião" e que encontra pela primeira vez a palavra *chirurgien* numa página, num contexto como *Il y avait là un grand chirurgien* "Um grande cirurgião estava presente", vai provavelmente apreender as seis primeiras palavras do texto como se fossem ideogramas, isto é, sem detalhar as letras, mas, ao chegar à sétima, haverá identificação sucessiva das grafias *ch, i, r, u, gi, ien* como sendo correspondentes aos fonemas sucessivos da palavra. Depois de mais alguns encontros com a palavra, esta análise tornar-se-à inútil e a forma escrita *chirurgien* será, por seu turno, apreendida como um todo que evoca de forma directa o médico assim designado. A aquisição do "ideograma" *chirurgien* ter-se-à então processado sem a intervenção de nenhum professor, *a partir do sistema de equivalências sons — letras anteriormente aprendido* .

A grafia alfabética, tal como a grafia ideográfica, permite portanto a identificação imediata da palavra escrita sem que haja recurso à análise em fonemas, e, além disso, permite a identificação imediata de formas ainda não encontradas, o que reduz de forma decisiva a duração e as dificuldades da aprendizagem da leitura.

O mesmo acontece com a aprendizagem da leitura sempre que a evolução da língua e o respeito pelas tradições gráficas não tenham afectado o sistema inicial de equivalências sons — letras: após ter sido adquirido que o fonema /a/ se escreve *a*, que o fonema /s/ se escreve *s* , e que à sucessão dos fonemas no tempo corresponde, no espaço, uma sucessão da esquerda para a direita, a escrita de /sa/ como *sa* "sua" não põe qualquer problema. Porém, se a par da palavra *sa* , (por exemplo, em *sa maison* "a sua casa"), a língua conhecer uma palavra *ça* "isto", que se pronuncia de forma idêntica, mas para a qual a tradição impõe uma grafia diferente, vai surgir a questão de saber, para cada unidade de sentido da língua, se e em que é que a grafia correcta se identifica com a sucessão dos fonemas ou se, pelo contrário, é diferente. Isto significa que se põe então um problema a respeito da grafia de *todos os monemas* da língua. Em princípio, vai ser necessário aprender a reproduzi-los um por um. A melhor maneira de nos habituarmos à forma gráfica de cada um deles pareceria ser a prática da leitura, e é efectivamente assim que os anglófonos podem aprender a escrever a sua língua segundo as normas sem terem de se submeter a um interminável treino escolar: regra geral, uma palavra inglesa apenas sofre modificações na grafia se a sua pronúncia também se modificar. Seja o equivalente do francês *rire*, ptg. *rir*. Desde a sua mais tenra infância que qualquer inglês ou qualquer americano o pronunciam como se se escrevesse *laf* quando na verdade se escreve *laugh*. Esta forma encontra-se tão frequentemente nos textos que se impõe a todos quantos tenham uma prática mínima da leitura; como uma maioria dos verbos ingleses, *laugh* recebe um -*s* na 3ª pessoa do singular do presente do indicativo e -*ed* no pretérito; mas cada uma destas edições gráficas corresponde ao acrescentamento de um fonema na pronúncia; quem disser *lafs* "ele ri" nunca se esquecerá de acrescentar -*s* a *laugh* quando escreve.

O mesmo não acontece em francês: quando se passa do particípio *ri* "rido" em *il a ri* "ele riu" para a 2ª. pessoa *ris* de *tu ris* "tu ris", ou a 3ª pessoa *rit* de *il rit* "ele ri", a pronúncia não muda e não há nada que, à partida, avise a criança que escreve que é necessário contentar-se com *ri* no primeiro caso, acrescentar -*s* no segundo e -*t* no terceiro. Será, portanto, necessário inculcar-lhe que *tu* implica um -*s* depois da forma verbal, que *il, elle* ou qualquer outro substantivo singular implica um -*t* no presente do indicativo, desde que o verbo não tenha um infinitivo em -*er* e que o seu radical não termine num -*t* ou num -*d*. Como é impensável sustentar frutuosamente perante uma criança de 7 anos um discurso com semelhante nível de abstracção, será necessário submetê-la a um treino prolongado para conseguir que "faça a concordância" por forma a satisfazer os mestres. A existência de uma grafia deste tipo é um drama nacional para a França e um drama à escala mundial para a francofonia. Os principais interessados não têm disso consciência, uma vez que ignoram a possibilidade de uma comunidade funcionar sem sacrificar um bom terço da sua escolaridade a exercícios tão pouco enriquecedores como é o caso da aprendizagem das regras ortográficas. Argumentar, como se fazia antigamente, que a ortografia comporta uma certa lógica — que poderia ser formadora para o espírito da criança — é arriscar-se a não ver que se trata, na ocorrência, de uma lógica semelhante à dos dementes, dado demonstrar uma certa coerência interna, mas sem qualquer ligação ao mundo real.

*
**

O nosso propósito não é o de propor aqui um remédio para os males da ortografia. As poucas reformas de pormenor que se poderiam considerar provocariam nos nossos contemporâneos uma tal confusão que não se justificariam os magros benefícios para uma geração vindoura. O único procedimento que a este respeito podemos recomendar é o de difundir pacientemente uma informação linguística que possa incitar os nossos netos a reclamar uma reforma radical das relações entre a grafia e a fonia.

2.2. A criança fala*

A criança que entra para a escola, numa idade em que podemos já pensar em ensinar-lhe a ler e a escrever, sabe falar há vários anos. É claro que podemos encontrar, no uso que faz da língua — e por comparação com o dos adultos —, o que se pode chamar de "imperfeições". Estes desvios em relação ao

---

* Publicado em *Liaison alfonic,* fasc. 1, 1987, pp. 5 - 12.

uso geral serão, na sua maior parte, eliminados no decorrer do tempo. Aos cinco anos, algumas crianças podem ainda ter dificuldades em pronunciar de forma distinta *mousse* e *mouche* "mosca", *brosse* "escova" e *broche* "espeto"; outras, que distinguem perfeitamente *cacher* "esconder" e *tacher* "manchar", esquecem-se de corrigir *tamion* por *camion* (cf. ptg. *tamião* e *camião*); nalguns casos isolados, podemos ouvir *j'es grand* "eu é grande" em vez de *je suis grand* "eu sou grande", *ils sontaient* em vez de *ils étaient* "eles eram". Estes "erros" são, por vezes, erros que alguns adultos nunca rectificam: em Paris, existiram algumas gerações de crianças que nunca distinguiram *brin* "pedaço" de *brun* "moreno", e que transmitiram à sua própria progenitura uma forma de francês em que *in* e *un* não são distintos. Muitos franceses de todas as idades continuam a conjugar *je vas, tu vas, il va* "eu vai, tu vais, ele vai", como o faziam aos 5 anos.

Para compreender bem o que pode ser a fala de uma criança dos 5 aos 6 anos, não é provavelmente inútil tentar deduzir os estádios pelos quais passou antes de chegar a um domínio, que se distingue pouco do domínio que conservará mais tarde. No decurso dos últimos decénios, muito se escreveu sobre a questão e as observações multiplicaram-se neste domínio. Pode, no entanto, lamentar-se que muitos dos que a observaram e escreveram sobre isso estivessem marcados à partida por *a priori*, o que tornou o seus testemunhos muito suspeitos e muitas vezes inutilizáveis.

A ideia mais nociva é a ideia segundo a qual o essencial da estrutura de todas as línguas faz parte do património genético de todos os seres humanos. Daqui resulta a ideia que todas as línguas apenas se diferenciam de forma muito superficial. No que nos diz directamente respeito aqui, implicaria que uma criança, desde as suas primeiras produções de linguagem, se conformasse ao modelo que adoptará durante toda a vida, mesmo se o que os adultos ouvem lhes parece muito diferente do que eles próprios praticam. Tudo isto — que não passa de pura especulação e não se fundamenta em nenhum exame atento e aprofundado das realidades observáveis —, resulta, em todos os que lhe conferem estatuto de palavra bíblica, na deturpação de toda e qualquer observação ulterior. Apresentada desde os finais da década de 50 por pessoas que se apresentavam como sendo linguistas, esta teoria ineísta dos factos seduziu muito certos psicólogos, que não punham em dúvida a competência de quem a expunha. Recusada hoje unânimemente por todos os que preferem a observação às especulações aventureiras, continua no entanto a influenciar o pensamento contemporâneo e uma palavra de aviso não será, provavelmente, inútil.

Dentro do mesmo espírito de generalização escandalosa, certas pessoas, que gozam de uma audiência apreciável, declararam mesmo que a criança fala desde o seu nascimento. Sem dúvida que se quer dizer que a criança comunica muito cedo com o mundo que a rodeia. Mas confundir "falar" e "comunicar" é abrir a porta a graves confusões. O mesmo acontece quando se designa por "fala" toda a utilização dos órgãos ditos "da fala", quer pretenda ou não a transmissão de uma mensagem.

Quando nos desembaraçamos de toda e qualquer terminologia impressionista, e quando nos abstemos de toda e qualquer extensão metafórica despropositada, de toda e qualquer teorização abusiva, constatamos, no comportamento da criança, uma progressão. Essa progressão, feita por etapas, vai levá-la a emitir voluntariamente produções fónicas, correspondentes a circunstâncias bem definidas, cada vez mais próximas das produções dos que a rodeiam e que se conformam, como estas, a uma dupla articulação em monemas e em fonemas. Estas etapas são sucessivas no sentido em que cada uma delas corresponde à aquisição de um novo talento, mas não se deve, acima de tudo, imaginar que o aparecimento deste novo talento vai fazer desaparecer todos os comportamentos que caracterizavam o estádio anterior. Trata-se, sim, de um caso em que se pode dizer: quem pode mais pode menos.

Abster-nos-emos aqui de qualquer consideração relativa a eventuais comunicações entre a mãe e a criança no decurso do período intra-uterino. A observação, neste caso, escapa às possibilidades e à competência do linguista.

Tudo começa, pois, à nascença, assim que a criança " solta o primeiro grito", quando o ar exterior penetra nos pulmões fazendo vibrar a glote à sua passagem. Claro que a criança não "solta" nada, uma vez que, em "soltar um grito", o verbo faz alusão à pressão necessária para fazer *sair* o ar dos pulmões. A glote, que faz parte dos órgãos ditos "da fala", entra efectivamente em jogo neste primeiro grito, mas em condições que, como é evidente, escapam totalmente ao contrôle da criança.

2.2.1. *O gorgolejar*

O primeiro estádio, que começa assim pelo grito à nascença, prossegue pelo decurso de um período em que a criança emite sons de articulação profunda, transcritos, de uma forma muito aproximativa, como [grrr… grrr]. Neste caso, existe de facto actividade do sujeito, mas os ruídos resultam da passagem de ar na faringe da criança, deitada de costas — faringe essa que é, nestas condições, a parte mais baixa dos "órgãos da fala", ou seja, no local onde se podem depositar saliva e muco. Este tipo de produção prosseguirá pela vida fora, de cada vez que o sujeito tussa ou aclare a garganta e não constitui uma forma de fala, a menos que haja um flagrante abuso do termo. O que não se pode excluir é que a criança possa, voluntariamente, utilizar estas produções como meio de comunicação. Aliás, é mesmo provável que muitas crianças se sirvam deles para chamar a atenção dos adultos como se servem dos gritos — uma outra produção fónica que geralmente nem se pensa em aproximar da fala.

2.2.2. *O palrar*

Um segundo estádio começa a partir do momento em que a criança se diverte a produzir sons. Que se trata de um jogo é manifestamente indicado pelo carácter gratuito desta actividade: já não se trata de libertar a faringe de secreções incomodativas; ainda não chegou a hora de agir sobre os que o rodeiam com fins precisos em vista. É o que designamos como o período do palrar. As produções fónicas são, então, bastante mais variadas; os lábios e a ponta da língua, que não intervinham no estádio precedente, entram frequentemente em jogo, mas não excluem outras articulações mais profundas. Ouvem-se sons de todo o tipo. Alguns deles vão-se manter ou reaparecerão em estádios ulteriores propriamente linguísticos. Outros terão apenas uma existência efémera. Esta produção de sons variados parece ser uma imitação por parte da criança da fala dos adultos, uma vez que não existe nas crianças surdas. Não é fácil datar o período do palrar: nada nos permite excluir a possibilidade de que a criança se divirta a aclarar a garganta muito antes de produzir, por brincadeira, [bababa] ou [dadada]. Digamos apenas que, cerca dos quatro meses de idade, o palrar está firmemente estabelecido. Pode prolongar-se muito para lá da fala real, uma vez que muitas crianças, mesmo sabendo utilizar a linguagem para dar a conhecer as suas necessidades, praticam por longo tempo o palrar a fim de se entreterem na sua solidão. Deixa traços nas canções dos adultos, quando substituem por *lálálá* ou *trálálá* as palavras que esqueceram.

Se a especificidade do palrar, como fenómeno não linguístico — ou antes, sem dúvida, prélinguístico — é muitas vezes ignorada, é porque os pais e os adultos, à coca da primeira "palavra" pronunciada pela criança, vão dar um sentido a certas recorrências: onde quer que o pai seja afectuosamente designado por *Papa*, qualquer [papapa] ou [bababa] do palrar é imediatamente identificado como a designação do pai. Se, numa sociedade anglófona, o pai for conhecido por *Daddy* , é naturalmente qualquer eventual [dadada] que servirá. Se o pai se encontra presente, conclui-se que foi a sua presença que determinou essa emissão na criança. Se estiver ausente, diagnostica-se um desejo de o ver aparecer. Seria uma grande falta de caridade entristecer os pais mostrando-lhes que, se de facto a criança produziu a forma — aproximativa, em geral — são, no entanto, os adultos presentes os responsáveis pela sua interpretação.

2.2.3. *A ecolalia*

O estádio seguinte é o da ecolalia. Agora já não se trata de agir como se se falasse sem se submeter à produção, em dado momento, de um dado som particular. A criança vai um dia reproduzir como se fosse um eco uma certa curva de entoação, uma certa sucessão de fonemas da fala dos adultos: o adulto acaba de pronunciar quatro ; a criança repete [ka]. A criança ainda não fala a língua. Para o fazer, deverá ser capaz de produzir um dado segmento fónico, já não como se fosse um eco, mas em relação a uma situação determinada ou um objecto determinado. No entanto, a sujeição que a criança impõe a si própria na repetição em eco representa um progresso considerável em relação à imitação anárquica que é o palrar. A ecolália não aparece necessariamente em todas as crianças como estádio distinto do seguinte, o do signo linguístico. Pode também manifestar-se apenas de forma episódica, sem caracterizar um período de duração determinada. Encontrámos dois casos, no mesmo dia, numa criança de oito meses que não voltará a imitar como um eco até aos onze meses, altura em que as suas produções fónicas terão um sentido.

2.2.4. A *"primeira palavra"*

É por volta do fim do primeiro ano ou um pouco mais tarde que aparece o que se chama a "primeira palavra". O diagnóstico é bastante fácil: existe uma coincidência reiterada de uma certa situação e de uma certa produção fónica da criança. Na maior parte dos casos, com a ajuda da situação, não há qualquer dificuldade em identificar os sons produzidos com uma palavra do vocabulário geral. A tradição quer que esta primeira palavra seja *papá* ou *mamã*, e é com efeito o que acontece com bastante frequência. Claro que é necessário que a criança tenha um temperamento bastante independente para poder resistir às pressões dos adultos que, desde a época em que palrava, lhe sugerem estas formas como sendo as mais dignas de imitação. Uma vez tendo sido estabelecida como unidade por excelência do período da ecolalia, [papa] vai doravante saudar sempre a chegada do pai e identificar-se facilmente senão à sua pessoa, pelo menos à sua presença.

Nas famílias em que a aquisição da linguagem pela criança é objecto de uma observação atenta, toma-se um certo cuidado em não intervir no sentido de impor ao sujeito esta ou aquela forma por meio de uma repetição intensiva. Nestas condições, não raro, a primeira palavra é completamente diferente de *papá* ou *mamã*. Não deveríamos achar estranho, uma vez que o pai e a mãe — sobretudo esta última — se impõem de per si. E, com efeito, *papá* como "primeira palavra" é mais frequente que *mamã* .

O que vai desencadear a "primeira palavra" é um acontecimento inesperado, uma aquisição nova. Entre as "primeiras palavras" encontrámos, por exemplo, *cochon* "porco" (pronunciado *lyanlyan*) com referência a qualquer reprodução pictural de personagem vestida (na origem, na capa do livro *Os três porquinhos* de Walt Disney), *doda* (deformação do calão *godasse* "sapato"), com referência aos primeiros sapatos a sério ou à operação que consiste em calçá-los, *carotte* "cenoura" (sob a forma [krat] para designar o legume em questão e, por extensão, para saudar o início da refeição.

2.2.5. *As duas articulações*

Considerar o aparecimento da "primeira palavra" como um grande acontecimento da vida da criança é perfeitamente justificado. O linguista vê nela a indicação de que a criança sabe combinar uma forma fónica e uma significação, isto é, operar com o que chama "signo", com um significante e um significado. Para ter acesso ao manejo da língua, ser-lhe-à necessário ainda aprender a combinar os signos em enunciados e a analisar os significantes nos seus elementos distintivos, os fonemas. Muito embora estas duas aquisições pareçam decorrer naturalmente do enriquecimento progressivo da experiência da criança e do vocabulário de que necessita, não deixa de ser longo o caminho entre a "primeira palavra" e o uso da fala aos 6 anos.

Quando o adulto ouve uma produção da criança em que reconhece uma imitação mais ou menos conseguida de um elemento de um enunciado da língua, não hesita em identificar unidades de sentido e de forma — monemas e fonemas — que ele próprio pratica. Aos catorze meses, a pequena C.M. — que até então não pronunciara uma só "palavra", passeia-se com os pais e uns quantos convidados importantes. De súbito, desce do seu carrinho, agarra-se às hastes, fá-lo avançar e, muito orgulhosa do que acabou de conseguir, exclama [okèlègã]. Os pais identificam imediatamente este enunciado como o "Oh! Qu'elle est grande" ("Oh! que grande que ela está!") com que pontuam regularmente as proezas da criança. É, no entanto, bastante claro que a criança, nesta idade, seria incapaz de utilizar conscientemente a exclamativa *que*, o pronome *elle*, a cópula *est* e o adjectivo *grande*; nesta altura, reproduz de forma perfeita um [k] e um [g] que mais tarde terá sérias dificuldades em distinguir de [t] e de [d]. Houve uma imitação global — bem conseguida, aliás —, de um enunciado ouvido com muita frequência. Este enunciado é duplamente articulado no adulto, uma vez que pode substituir *elle* por *il* "ele", *grande* por *belle* "bonita", e uma vez que, no contexto [...è...rã...], pronunciou o [g] imposto pelo que tinha a dizer em vez do [p] que deveria ter produzido se a sua mensagem tivesse comportado, em vez de *est grande* [ègrã...], a sucessão *mais prendre* "mas apanhar" [...(m)èprã...]. Para a criança, este grito de triunfo não é de forma alguma analisável. Ser-lhe-à ainda necessário, para poder articular este enunciado em unidades de sentido, apreender e identificar *Oh! Qu'il est grand!* "Oh! Como ele é grande!" e *Oh! Qu'elle est belle!* "Oh! Como ela é bonita!" como distintos, pela sua forma e pelo seu valor, de *Oh! Qu'elle est grande*. Ser-lhe-ão precisas muitas tentativas antes de poder pronunciar de forma distinta [k] e [g] em todas as combinações em que podem figurar em francês, sobretudo em contextos em que acaba de os realizar como se fosse um eco. O que a criança faz nesta altura é análogo ao que se constata no adulto quando, ao gritar de dor, produz sons que o atrapalhariam bastante se os quisesse realizar de forma correcta numa língua em que figurassem como fonemas. Sabemos todos estalar a ponta da língua contra o palato para marcar a nossa desaprovação, mas somos incapazes de produzir esse som num contexto vocálico, como o faz um Hotentote: para ele, trata-se de um fonema com o mesmo estatuto de [p] ou de [k].

    O que não podemos esquecer é que, para a criança que aprende "a sua língua", essa mesma língua não se encontra acessível como um produto acabado, cujos recursos poderão pura e simplesmente ser utilizados, a fim de satisfazer as suas necessidades à medida que forem surgindo. A criança deve encontrar a língua confrontando, constantemente, os enunciados que ouve e as situações nas quais os apreende. Mostrar-

-lhe um objecto e pronunciar ao mesmo tempo o termo que o designa é uma situação perfeitamente excepcional. Ser-lhe-à necessário, em geral, delimitar por tentativas sucessivas a referência exacta deste ou daquele segmento de enunciado, que acabou por apreender como distinto dos seus contextos. A aprendizagem de uma primeira língua é uma série de hipóteses inconscientes que se confirmam, se infirmam e finalmente se precisam em dois planos: o do recorte da realidade apreendida e o da segmentação dos enunciados. Uma língua é uma forma de analisar o mundo sensível, fazendo corresponder a cada uma das articulações assim isoladas uma fonia que permite evocá-la. Esta fonia não é, aliás, um simples grito, mas apresenta-se, por seu turno, como uma sucessão de articulações bem identificadas. Se, em vez de aprender o francês, a criança se encontrasse numa comunidade, ser-lhe-ia necessário familiarizar-se com uma outra análise do mundo sensível, em que cada articulação seria acompanhada de uma fonia formada por elementos próprios da língua em causa.

A originalidade profunda de uma língua escapa habitualmente aos que para ela não foram alertados; pensa-se, ingenuamente, que a uma palavra de uma língua corresponde necessariamente uma palavra de outra, segundo a convicção de que a palavra designa um objecto identificado para todo o sempre. Ao português *tecto* fazemos corresponder o inglês *roof* , sem suspeitar que *roof* designa também a abóbada (celeste, palatina) e que um tecto de colmo se chama *thatch*. O emprego de um mesmo alfabeto para notar línguas diferentes não deve ocultar o facto que cada língua tem o seu próprio sistema fonológico e hábitos articulatórios particulares: é completamente impossível fazer corresponder o inglês *ride* "guiar" e o francês *ride* "ruga".

2.3. O alfabeto alfónico *

Poderemos dispensar a ortografia para escrever em francês? É esta a pergunta que um grupo de professores reunidos em Yerres, Essonne, em Junho de 1970, tinha posto a André Martinet. A partir da sua resposta afirmativa, pediram-lhe então que preparasse um sistema de grafia que fizesse abstracção de todas as complicações ortográficas, isto é, que tivesse por modelo o uso oral da língua.

O alfabeto alfónico faz corresponder uma letra — sempre a mesma — a cada som tipo da língua. Foi concebido para satisfazer as necessidades de um público bem determinado. Não pretende de forma alguma ser universal como, por exemplo, o *alfabeto fonético internacional*. Dirige-se a francófonos, isto é, a pessoas que têm hábitos articulatórios particulares. Alguns, sobretudo os adultos, já identificaram certos hábitos articulatórios e certas letras, por exemplo, o que pronunciam em final de *perdu* "perdido" e a letra *u*. Têm máquinas de escrever que apresentam um conjunto determinado de signos. Se dispõem dos serviços de uma tipografia, aí encontram uma combinação particular de caracteres. Por outro lado, estes francófonos que têm muitos hábitos em comum não se entendem em todos os pontos: uns distinguem oralmente entre *brin* e *brun* ; outros não fazem qualquer distinção; uns pronunciam *buée* "bafo" em duas sílabas, outros apenas numa. Tudo isto foi considerado na escolha das convenções usuais que constituem o estabelecimento de um novo sistema de grafia.

Houve, no decurso da experimentação, algumas tentativas e palpites. Algumas distinções foram abandonadas, outras sugeridas, quando não mesmo impostas. O termo *alfónico*, tal como figura hoje, por exemplo, no *Dictionnaire de l'orto-*

---

* Publicado em *Vers l'écrit avec alfonic,* por Jeanne VILLARD, André MARTINET e Jeanne MARTINET, Paris, Hachette, 1983, pp. 7 - 10. (N. do A.).

131

graphe [2], é o resultado de uma rodagem efectuada ao longo de oito anos. Algumas das soluções que acabaram por ser adoptadas não deixam num primeiro contacto de surpreender ou até chocar os adultos. Trata-se menos de *w* por *ou* e de *c* com o valor de *k* perante *i* ou *e*, do que *h* por *ch* e sobretudo de *x* para o *eu* de *feu* e o *e* de *brechis*. À primeira vista, parece inadmissível notar uma "vogal" por meio de uma "consoante". Mas isso não tem qualquer validade para os principiantes que estão prontos a aceitar nestes casos quaisquer convenções. Algumas destas prevenções parecem aliás atenuar-se quando se recorda a frequência de *h* em vez de *ch* nos alunos da escola, e quando sublinhamos que *x* se impôs, na prática, como uma variante do caracter *œ*, inexistente no teclado das máquinas de escrever.

O alfónico não é uma transcrição fonética, mas uma notação fonológica . Uma transcrição pressuporia que se partisse de um texto escrito e que, para cada elemento desse texto, se propusesse uma outra grafia. Nada disso se passa com o alfónico: o signo alfónico *ë* não se apresenta como o equivalente de *in* ou de *ain*, mas sim como o equivalente de uma articulação oral praticada por todos os utentes. Não se trata aqui de fonética, isto é, do exame dos sons enquanto realidades físicas, mas de fonologia, isto é, do deduzir dos hábitos articulatórios particulares característicos de um dado uso linguístico — neste caso, os que asseguram a comunicação entre francófonos. Não se trata do que poderia ser diferente numa gravação mecânica, mas do que permite distinguir uma palavra de uma outra: para a identificação do que se diz, pouco importa que se pronuncie *bouée* "bóia" ou *buée* "bafo" numa ou em duas sílabas. Por conseguinte, o alfónico notará uniformemente /bwe/ e /bue/. Em compensação, não é indiferente que se pronuncie uma só sílaba para *paye* "paga" e duas sílabas para *pays* "país". Notaremos portanto /pey/ num caso, /pei/ no outro e, da mesma forma, /abey/ para *abeille* "abelha", /abei/ para *abbaye* "abadia". Da mesma forma, distinguiremos entre /bani/ para *banni* "banido" e /bany/ para *bagne* "prisão".

O alfónico não é uma ortografia. Uma ortografia pressupõe que, para escrever uma palavra, exista apenas uma forma admissível, estabelecida pela tradição e consagrada pelas autoridades. Empregar uma outra forma é cometer um erro sancionado por uma má nota e por um chumbo no exame. A única autoridade para quem empregue o alfónico é a sua própria pronúncia: aquele que pronuncie distintamente o *p* em *dompter* "domar" notará /döpte/; conforme as pessoas, *gageure* "garantia" aparecerá como /gajur/ ou como /gajxr/; os Parisienses distinguirão entre /marhe/, (*marché, marcher* "andado", "andar") e /marchè/ (*marchait* "andava") enquanto os Meridionais notarão uniformemente /marhe/; quem fizer rimar *fosse* "fosso" e *cosse* "lazeira" notará /fos/, /cos/; quem não distinguir de ouvido *fosse* e *fausse* "falsa" reproduzirá um e outro como /fôs/ e assim por diante. Podemos perguntar-nos se estas diferenças da grafia não vão comprometer a compreensão do que está escrito. Na verdade, há poucas hipóteses de que uma diferença que não impede a compreensão quando falamos constitua um obstáculo quando está graficamente representada. Os intercâmbios linguísticos contínuos entre Franceses de diversas origens culminaram na subsistência apenas das diferenças que não tinham consequências de maior: toda a gente entenderá *il marchait depuis cinq minutes* "ele caminhava há cinco minutos" mesmo se *marchait* for pronunciado como *marché* "andado". Em compensação, desde que muitas pessoas deixaram de distinguir, na fala, *là* "ali" de *las* "cansado", este último foi geralmente substituído por *fatigué* (*il est là*, mais *il est fatigué*).

Da mesma forma que algumas pessoas modificam, no contacto com outras, a sua pronúncia de certas palavras, nada impede quem praticar o alfónico de adoptar as grafias que encontra na escrita dos colegas: uma criança meridional, a morar em Paris, que pronuncia ainda *la semelle* "a sola" em quatro sílabas, poderá muito bem notar /la smel/ pelo modelo dos que o rodeiam. Ninguém lhe apontará este início de adaptação ao seu novo meio. Mas seria de lamentar que tal grafia lhe fosse imposta por um professor ávido de uniformização. Da mesma forma, é de lamentar que um professor de origem provincial corrija /lëdi/ (*lundi* "segunda-feira") no caderno de uma criança parisiense com o argumento que *in* e *un* devem ficar distintos. É desejável que a criança compare o alfónico como o domínio em que tem de prestar contas apenas a si próprio e a grafia ortográfica oficial como o domínio dos limites exercidos pela sociedade.

Talvez se possa argumentar que a iniciativa da criança é, desde o início, severamente travada pelo alfónico, uma vez que lhe é imposta uma convenção préestabelecida para a notação dos seus hábitos articulatórios. Não valeria mais deixar a criança elaborar por si um sistema de equivalências fonia-grafia a partir das suas próprias criações? Seria, no entanto, esquecer que a grafia, mesmo se a criança a sente, à partida, sobretudo como um meio de se exteriorizar, vai finalmente estabelecer-se como um instrumento de comunicação com outrem. Neste sentido, o alfónico — no qual o adulto se inicia em poucos minutos e cujo domínio leva quase sem esforço à leitura da grafia ortográfica — não encerra a criança num mundo à-parte como o fazem necessariamente os sistemas elaborados em redoma a partir de ideogramas.

Uma das reservas frequentemente expressas em relação ao emprego do alfónico, na aprendizagem da escrita e da leitura, é a de que aumenta o peso do trabalho da criança, ao impôr-lhe a aprendizagem sucessiva de dois códigos gráficos distintos. O argumento teria validade se o alfónico fosse uma ortografia imposta à criança, com todas as limitações que essa imposição implica, e se se apresentasse sob uma forma fundamentalmente diferente da grafia alfabética. Na verdade, a utilização do alfónico durante o período de iniciação tem por consequência apenas a dissociação do esforço que a criança deve fazer para aprender a passar da língua oral que pratica para um código escrito e o esforço muito mais prolongado que exigirá a aprendizagem da ortografia. Enquanto a sociedade francesa impuser o uso das normas gráficas actuais, haverá, entre o francês falado e o francês escrito, por um lado, todo um feixe de correspondências que se impõem impreterivelmente aos utentes, a despeito de quem queira apresentar às crianças a forma escrita de cada palavra como um todo não susceptível de análise. Por outro lado, existirão também enormes distâncias, cuja identificação e memorização reclamam anos de exercícios e um intenso treino gramatical. Apresentar em desordem essas correspondências e essas distâncias, como se faz tradicionalmente para uma criança que aprende a ler, é mergulhá-la numa confusão que a vai habituar, desde o início, a aproximações pouco favoráveis à aquisição ulterior da precisão ortográfica. É o que o emprego inicial do alfónico permite evitar. A hora da aprendizagem da ortografia chegará em seu devido tempo. Poderá ser cuidadosamente graduada, segundo uma progressão, fundamentada por uma análise precisa e exaustiva dos desvios da forma escrita em relação à fonia. Sem dúvida que as interferências de uma forma gráfica e de outra não faltarão, ao princípio, apesar das múltiplas precauções tomadas para as diferenciar, mas são rapidamente reabsorvidas sob as pressões conjugadas de leituras cada vez mais vastas e de um ensino ortográfico ordenado de forma mais consciente.

2.4. **Alfónico e escrita japonesa** [*]

Aos que observam que o alfónico, como instrumento para iniciar a criança na escrita, é uma complicação inútil para as

---

[*] Publicado em *Liaison alfonic,* fasc. 1, 1984, pp. 7 - 10.

crianças que pretendemos ajudar, podemos retorquir recordando que um instrumento acarreta sempre consigo o seu próprio peso, para cada operação em que é utilizado, e que, no entanto, não hesitamos em recorrer a ele. O carrinho de mão, por exemplo, aumenta a quantidade dos materiais a transportar, exige ser carregado e descarregado e, apesar disso, utilizamo-lo em muitas situações.

Estes argumentos são, certamente, válidos para o alfónico. Mas, além disso, a massa transportada é, neste caso, recuperada de forma quase integral: a grafia alfónica apresenta tantas analogias com a grafia tradicional que não há que esquecer quase nada quando se passa de uma para a outra. O alfónico permitiu apenas à criança compreender melhor como passar dos sons, que sabe produzir quando fala, para os signos escritos, que encontra na rua e nos livros. Depois, abordará a ortografia, isto é, os traços da grafia em que já não há correspondência entre o que ouve e o que escreve.

Um rápido resumo do trajecto percorrido pela criança japonesa que aprende a ler a sua língua permitirá talvez compreender melhor a necessidade de certas etapas, quando se trata de adquirir e de ensinar um sistema gráfico que está muito longe de decalcar a forma oral da linguagem.

Os Japoneses, como a maior parte dos povos do Extremo-Oriente, receberam a escrita dos Chineses, que a tinham desenvolvido já desde tempos tão recuados quanto os dos povos da Mesopotâmia — a quem, em última análise, devemos o nosso alfabeto. Esta escrita chinesa chama-se ideográfica, isto é, é suposto que cada caracter corresponda a uma noção e não a um som ou a um grupo de sons. Tomemos um exemplo simples: a noção de "três" é notada por meio de três barras horizontais sobrepostas. Este signo será empregue para esta noção por pessoas que pronunciam a palavra de formas totalmente diferentes, tal como o signo 3 é pronunciado de formas diferentes pelos Franceses, Alemães, Russos, Portugueses. Ou então a noção de "montanha". É notada por meio de uma barra horizontal donde partem três barras verticais, uma das quais, ao centro, é um pouco mais alta. O conjunto deriva de um desenho que representa uma cadeia montanhosa com três picos. Em chinês, "montanha" diz-se mais ou menos como 'chan'. Em japonês, o caracter de três barras verticais pronuncia-se *yama, san'* ou *zan'*, sendo estas duas últimas as versões japonesas da palavra chinesa. Nada nos previne, na leitura, se devemos pronunciar *yama, san'* ou *zan''*. Os Europeus enganaram-se ao chamar *Fujiyama* à montanha sagrada do Japão quando o seu verdadeiro nome é *Fujisan*. É um pouco como se um estrangeiro designasse o Monte Branco por montanha branca. Mas até os Japoneses podem hesitar na forma oral a dar a um caracter.

As vantagens deste tipo de escrita são evidentes: três barras são muito mais representativas da noção de "três" que o nosso algarismo 3 ou que a forma escrita três; o signo para "montanha" lembra, até certo ponto, uma cadeia de montanhas. Facilita-se mesmo a memorização dos caracteres inventando um equivalente na realidade: o caracter que designa o oeste é muitas vezes analisado como um ninho no qual se vem pousar o pássaro quando a noite cai, isto é, quando o sol se pôs a *oeste*. Trata-se, sem dúvida, de um raciocínio rebuscado, mas pedagogicamente eficaz.

Os inconvenientes da escrita ideográfica não são por isso menos evidentes. Não podemos começar a ler um texto, mesmo um texto simples, antes de aprender alguns milhares de caracteres. Uma criança francesa que conheça as letras identifica imediatamente, num texto, qualquer palavra que emprega na conversação. Nada disso se passa com a criança chinesa perante os seus caracteres.

Os Japoneses aperceberam-se, ao usar a grafia chinesa, de que esta não exprimia certos traços da sua língua: onde o francês dirá *tête d'homme* e o português *cabeça de homem* , o chinês constrói apenas *homem cabeça* ; o japonês, por seu

137

turno, acrescenta um elemento *no* entre *homem* e *cabeça* , correspondente ao *'s* do inglês the *man's head* . Depressa se fez sentir a necessidade de exprimir esses elementos gramaticais que não têm qualquer correspondência na grafia chinesa. Conseguiu-se assim obter um silabário, isto é, uma série de signos que correspondem cada um a uma sílaba da língua, o que foi facilitado pelo facto de haver em japonês um pequeno número de sílabas diferentes — e constituídas, na sua maior parte, por uma consoante seguida por uma vogal. Na verdade, tudo o que é dito em japonês pode ser representado por meio de 45 signos aos quais se acrescentam dois diacríticos que permitem distinguir, por exemplo, *ga* de *ka, pa* de *ba*. Existem, na realidade, duas versões do silabário. Uma, dita *hiragana* , é mais cursiva. A outra, dita *katakana* , mais angulosa, é utilizada para notar as palvras de origem estrangeira mas pronunciadas à maneira japonesa, como *o-pa-a-ru* "opala", ou *do-ra-ma* "drama" em inglês.

Ao entrar para a escola, as crianças aprendem os caracteres do silabário *hiragana* . Isto permite-lhes um rápido acesso a toda uma literatura impressa exclusivamente nesses caracteres e permite-lhes, também, uma expressão escrita imediata por meio da reprodução directa das palavras que pronunciam. Quando adquiriram um domínio perfeito do silabário, começam a aprender os caracteres chineses, ditos *kanji* , começando pelos mais simples, que são também os mais frequentes. Esta aprendizagem dos *kanji* , que vai prosseguir durante toda a escolaridade, nunca estará terminada, nem mesmo para os letrados. Quem pode alguma vez pretender conhecer todas as palavras da língua?

> ウエストは百面相。窮屈感を
> 忘れさせてくれるのは、

Trata-se de um texto publicitário. Os quatro primeiros caracteres pertencem ao *katakana* . Lêem-se *u-e-su-to* e é suposto que reproduzam o inglês *waist* "cintura". Seguem-se dois exemplos *hiragana* . Depois, temos *kanji* até ao fim da primeira linha, salvo o último signo, que pertence ao *hiragana*. À excepção de um *kanji* inicial, a segunda linha encontra-se integralmente em *hiragana* .

É, sem dúvida, fácil de perceber o que aproxima este processo educativo japonês da aprendizagem da escrita por meio do alfónico: no início, tanto para um como para o outro, renuncia-se a ensinar a grafia tradicional, venerável e venerada, mas cujo uso por parte da criança — sobretudo o uso activo — exige uma aprendizagem prolongada. Num primeiro tempo, ensina-se uma forma escrita em que existe uma correspondência exacta entre os fonemas da língua e os signos da grafia. A criança vai poder utilizá-lo, de acordo com o seu próprio uso oral, sem receio de cometer disparates que o exporiam à crítica ou à troça.

No entanto, como é evidente, o paralelismo está longe de ser perfeito: a criança japonesa continuará durante toda a vida a utilizar os signos do silabário, uma vez que todos os textos japoneses os têm — nem que seja só para marcar articulações gramaticais. Em muitos leques japoneses encontram-se impressos poemas em que cada verso, escrito em *kanji* , aparece no recto de uma das palhetas; no verso, porém, existe uma inscrição em silabário a fim de assegurar uma recitação oral que restitua o ritmo do poema. Muito embora o silabário — que se diz ter sido criado por mulheres — não goze do mesmo prestígio que os *kanji*, a sua validade é universalmente reconhecida, o que não acontece, claro, para o alfónico.

Em compensação, é necessário fazer justiça ao alfónico reconhecendo que a sua forma difere muito pouco da grafia francesa tradicional, de tal forma que a criança, ultrapassada a barreira da leitura do primeiro, aceda quase sem esforço à leitura do segundo. O único esforço real — e esse poderá prolongar-se por toda a vida, como a aprendizagem dos *kanji* pelos Japoneses — consistirá em aprender a reproduzir a grafia tradicional segundo a norma, isto é, em adquirir a ortografia.

NOTAS

1. Conforme se encontra explicitado na Apresentação, foi omitida a secção 4 da obra original, que discutia a aceitação do alfabeto alfónico por parte dos pais dos alunos, apresentando igualmente numerosos exemplos e transcrições para o francês. A secção 5 do original passou pois a figurar como secção 4 (N.da T.).

2. Um dicionário que apresenta 6500 palavras entre as mais frequentes no uso das crianças. A entrada, em alfónico, é seguida pelas diferentes formas ortográficas correspondentes; (Paris, SELAF, 5, rue de Marseille 75010).

3
A VARIEDADE DAS LÍNGUAS

A forma mais simples de eliminar qualquer problema linguístico é fazer coincidir língua e Estado-nação, por um lado, e pressupor uma total uniformidade de cada língua, por outro: se se é Francês, fala-se francês, exactamente como qualquer outro francês. Depois, basta reenviar para a gramática escolar e para o *Petit Larousse*.

Aparentemente, esta situação surge após o despertar do interesse dos anos 50 e 60 e a onda de choque do maremoto chomskyano. A própria sociolinguística — que poderia sobreviver, pensava-se, graças às suas ligações com a sociologia, uma disciplina solidamente estabelecida — teve também a sua época.

Poder-se-à esperar que a intensificação das trocas comerciais, a promessa — ou a ameaça — de uma zona europeia de livres trocas abram os espíritos para as realidades da linguagem em toda a sua complexidade? Dificilmente poderíamos aqui delimitar todos os problemas postos pela cooperação entre os homens — a despeito da maldição de Babel. Apenas referimos dois: o problema, permanente mas sempre voluntariamente ignorado, do plurilinguismo e um outro, que figura na ordem do dia desde que se iniciou a descolonização e um certo relaxar das tendências centralizadoras dos poderes.

As diferentes formas utilizadas pelos Estados em questão para defender o seu património linguístico e para promover a sua difusão mereceriam um exame comparativo. A França, por exemplo, qualquer que seja a tendência política, favorece uma concepção conservadora da sua língua que não augura nada de bom para o sucesso da sua acção. Poderia ser interessante mostrar como as línguas construídas, cuja eficácia como línguas auxiliares não pode ser posta em dúvida, chocam contra a barreira muito eficaz construída num acto perfeitamente inconsciente pelos ciúmes das comunidades das "grandes línguas". Faltam-nos o tempo e o espaço para nos ocuparmos desse ponto neste contexto.

3.1. O plurilinguismo*

O termo bilinguismo é um dos termos que um linguista não pode empregar sem o redefinir seriamente. Nos burgueses unilingues das grandes nações europeias, o bilinguismo é tradicionalmente considerado como um fenómeno observado em indivíduos muito especiais que, por razões pessoais, aprenderam ao mesmo tempo duas línguas primeiras de idêntico estatuto social e nacional. Teremos assim bilingues franco-ingleses, bilingues franco-espanhóis, bilingues germano-russos. Trata-se sempre de indivíduos isolados e de duas línguas de prestígio, aprendidas ao mesmo tempo no decurso da mais tenra infância. No espírito de quem assim o concebe, o bilinguismo possui algo de perturbador ou até de monstruoso. Tal como não se podem ter duas mães, também não se podem ter duas línguas maternas. O que parece normal é que todo e qualquer homem tenha uma língua de certa forma natural e que saiba essa língua

---

* Esta exposição foi livremente inspirada numa conferência feita em Tunes, no CERES (Centre d'Etudes et de Recherches Economiques et Sociales), no dia 15 de Abril de 1965, e publicada, bem como as diacussões que se lhe seguiram, na *Revue tunisienne de sciences sociales*, 3º ano, nº 0, pp. 57 - 77.

na perfeição, de tal forma que essa língua se oporá, pela sua própria existência, a uma aquisição ulterior de outras línguas que não seja muito aproximada e muito imperfeita. Trata-se de uma concepção cujos fundamentos terão de ser verificados.

Uma experiência um pouco mais vasta que a dos burgueses ocidentais demonstra que um indivíduo não possui língua "natural" — isto é, quando vem ao mundo, está apto a aprender "perfeitamente" qualquer língua, a língua do meio em que vive. A criança de pai e mãe chineses que vive em França, num meio em que se fala normalmente o francês falará "perfeitamente" o francês. Da mesma forma, uma criança nascida de pais franceses, transportada para a Argentina, falará o espanhol da Argentina de maneira a contentar qualquer Argentino. Muitos países do Novo Mundo constituem um meio ideal para a observação deste tipo de factos. Aí se constata que as práticas linguísticas não dependem de factos raciais, da configuração particular dos órgão da fala, nem estão sob a dependência de uma qualquer hereditariedade. É certo que os órgãos da fala variam de indivíduo para indivíduo. Por exemplo, constatou-se, através de inquéritos feitos na Holanda, que se podem classificar anatomicamente os indivíduos em dois tipos: o tipo de palato arqueado e o tipo de palato plano. Claro que a forma do palato pode ter uma influência sobre as ressonâncias bucais e modificar assim o timbre de cada um. A estrutura da laringe tem um impacto directo sobre a gravidade desse timbre, e daí a mudança na passagem para a adolescência e a escala de vozes, desde o baixo ao soprano. No entanto, a natureza da voz não tem nada a ver com a língua e é isso que importa. Qualquer voz particular se adapta perfeitamente a qualquer língua. Os usos de qualquer país adaptam-se perfeitamente a qualquer palato.

A experiência demonstra também que nenhuma língua pode ser conhecida "na perfeição", quer se trate da primeira língua adquirida, dita "materna", ou de qualquer outra. Em todo o caso, dizer que se pode identificar uma primeira língua adquirida pela sua "perfeição" não faz qualquer sentido, uma vez que, na grande maioria dos casos, essa primeira língua não é empregue em conformidade com as normas estabelecidas. Valeria mais dizer que essa língua é utilizada *por forma a satisfazer os outros utentes*, desde que esses outros utentes não mudem com o decurso do tempo. Os outros utentes, que identificaram o indivíduo como pertencente à comunidade, aceitam o seu comportamento linguístico, seja qual for a sua qualidade. A partir do momento em que é "aceite", pode falar até de forma muito deficiente, ter defeitos de fala, gaguejar, realizar mal certos fonemas, utilizar uma gramática considerada incorrecta do ponto de vista normativo. Pouco importa, desde que nenhum traço do uso da língua atraia a atenção, (excepção feita ao que é identificado como podendo caracterizar a sua pessoa).

A mesma experiência demonstra, por outro lado, que um indivíduo não está necessariamente mais seguro da língua que aprendeu em primeiro lugar do que de uma outra adquirida ulteriormente. Com efeito, conhecem-se muitos casos em que as pessoas esquecem completamente a sua primeira língua. Por exemplo, o caso seguinte, que foi acompanhado nos mais pequenos pormenores: aos 5 anos, uma criança falava o dinamarquês por forma a contentar toda a gente; não tinha nunca sido exposta a uma outra língua. Chega a Paris, entra para a pré-primária depois de alguns dias e, mais ou menos ao fim de um mês, já ninguém lhe dirige a palavra em dinamarquês. Três meses mais tarde, reencontra os avós dinamarqueses e é incapaz de conversar com eles em dinamarquês. Em compensação, fala correntemente o francês, com algumas lacunas de vocabulário depressa colmatadas. Mais tarde, no decurso de permanências na Dinamarca, durante o Verão, recuperará um certo uso do dinamarquês, sem que a primazia do francês seja por isso afectada.

Observações deste tipo foram feitas nos Estados Unidos com indivíduos bastante mais velhos. Suponhamos um rapaz de 15 - 18 anos que chega aos Estados Unidos com uma língua diferente do inglês: o polaco, por exemplo. No local de trabalho, nunca se fala polaco. Decide, por razões diversas, não mais usar essa língua. Ao fim de um ano, existem fortes probabilidades para que o seu polaco esteja afectado e para que, depois de cinco ou seis anos, tenha praticamente desaparecido. Ao fim de alguns anos, o mais provável é que utilize o inglês de forma tão satisfatória e tão precisa como praticava outrora a sua primeira língua.

Por outro lado, está estabelecido que o à-vontade no uso de uma língua é qualquer coisa que varia de instante a instante ou conforme os temas de interesse. Podemos estar à vontade num dado domínio e sermos incapazes de abordar um outro na mesma língua. Quando, na escola, nos ensinaram um tema numa língua, não somos capazes de falar dele inteligentemente numa outra. Vejamos dois exemplos. Um médico de origem húngara tinha feito os seus estudo de medicina em Viena e tinha-se estabelecido em Nova Iorque durante a segunda guerra mundial. Conversava sem dificuldades em húngaro, em alemão e em inglês. Mas, em questões médicas, apenas devia conhecer em húngaro o nome das doenças geralmente identificadas. Podia discorrer em alemão sobre o que dizia respeito à medicina tradicional, mas só em inglês é que se sentia à vontade quando se tratava das técnicas elaboradas depois de se instalar nos Estados Unidos. Uma das minhas filhas, nascida na América, aprendeu o francês e o inglês mais ou menos ao mesmo tempo, mas em condições muito diferentes: falava inglês com as baby sitters, depois com os colegas do jardim infantil. Apenas conversava em francês com os pais. Como consequência, aos 4 anos, o francês era adulto e o inglês infantil.

É conveniente ainda lutar contra a ideia muito espalhada de que apenas se pode compor uma obra literária na língua que se aprendeu no decurso da mais tenra infância. Os exemplos contrários não faltam: Adalbert de Chamisso, francês de nascença, escreveu em alemão; José-Maria de Heredia, de origem cubana, é um poeta francês; Joseph Conrad, polaco, é um autor inglês. Em questões relacionadas com as línguas, é necessário defendermo-nos do folclore romântico que nos valeu a expressão "língua materna".

Tudo o que foi dito anteriormente relaciona-se com o que se pode chamar o bilinguismo individual. Neste domínio, será necessário proceder a inquéritos para verificar o que dão os contactos entre esta ou aquela língua, neste ou naquele período da vida de um indivíduo, o que fica de uma língua depois de um tempo em que foi deixada de parte ou em que não foi empregue. Trata-se de casos isolados, de crianças ou de adultos que se deslocam e que estão expostos a condições de aprendizagem particulares. O que se pode fazer, no caso do bilinguismo individual, é tentar atingir uma ordenação conforme a segurança no emprego de uma língua e a utilização defeituosa numa outra.

Pensamos, naturalmente, em dois pólos. Por um lado, existem os que no próprio exercício da sua profissão, ou talvez na escola, tiveram a oportunidade de utilizar uma e outra das duas línguas em circunstâncias mais ou menos idênticas, de tal forma que não existe domínio privilegiado para uma ou para a outra. É neste caso que nos aproximamos do que os unilingues sentem a tentação de classificar como o "verdadeiro bilinguismo". No pólo exactamente oposto, encontra-se o caso corrente da criança, unilingue até aos 10 anos, que começa no liceu a aprender uma língua estrangeira. Antoine Meillet publicou no passado, em colaboração com André Sauvageot, um estudo intitulado *O Bilinguismo dos homens cultos*. Os dois autores — cujo trabalho, infelizmente, nunca foi continuado —, empregam aí o termo de bilinguismo em referência a situações em que os indivíduos são mais ou menos capazes de estabelecer contactos numa outra língua diferente da primeira língua que aprenderam — a língua dita "materna". Como existe, de um pólo para o outro, uma infinidade de situações diversas que têm em comum o emprego — por parte da mesma pessoa — de duas línguas, parece indicado considerá-las todas sob a mesma etiqueta de bilinguismo. Se, como acontece frequentemente, a escolha individual se estender a mais de duas línguas, falar-se-à em plurilinguismo, de preferência, em vez do incómodo "multilinguismo" que aparece sob a pena de autores de diversas origens que escrevem em inglês mas estão pouco ao corrente dos recursos da derivação anglo-românica. Não se trata da prática de muitas línguas (*multi-*) mas de algumas línguas (*pluri-*).

*
**

Foi proposto um outro termo, o termo de *diglossia*, para designar situações em que o bilinguismo não é já o fenómeno verificado num indivíduo em particular, mas sim o fenómeno de uma colectividade. No início, diglossia limitava-se ao caso em que, numa sociedade, se usasse concorrentemente uma língua de prestígio e uma forma popular desta mesma língua, o que se verifica, por exemplo, nos países de língua árabe. Mas bem cedo o termo foi aplicado a casos de bilinguismo colectivo, em que a língua de prestígio e a língua de emprego quotidiano não são necessariamente variedades de um mesmo idioma. Haveria, por exemplo, diglossia na Bretanha, onde coexistem uma língua românica, o francês, e falares celtas. Tal como acontece na Gasconha, em que francês e gascão se devem tanto um como o outro classificar como românicos, mas sem que se possa dizer que o gascão seja um dialecto do francês, uma vez que é, em princípio, a forma assumida na Gasconha pelo latim. Haveria, finalmente, diglossia sempre que existisse oposição entre uma língua de prestígio e uma outra de estatuto inferior. O inconveniente desta terminologia é, entre outros, o de fazer intervir grandezas dificilmente mensuráveis. Falar do prestígio de uma língua é muito ambíguo porque os prestígios são diversos. As línguas podem ter, em diferentes planos, diferentes prestígios e a competição pode fazer-se, numa situação de pretensa diglossia, entre duas línguas que têm prestígio, tanto uma como a outra. Em Alger, por exemplo, o francês goza de um prestígio social perante o árabe clássico — ou melhor, perante a sua versão, dita árabe comum —, que é a língua da religião e a do Estado.

Para além disso, diglossia é um termo muitas vezes inexacto porque em "diglossia", como em "bilinguismo", existe "di-" ou "bi-", o que quer dizer dois, quando em muitos casos, não se trata de duas mas de três línguas ou mais. É, por exemplo, o caso de Argel, em que, paralelamente à dualidade francês — árabe oficial, existe a coexistência de duas línguas de uso quotidiano — o árabe dialectal local e o kabyle. Diglossia no sentido primeiro do termo corresponderia à dualidade árabe dialectal — árabe oficial, mas como classificar o quadrilinguismo real?

Um outro caso interessante é o do Luxemburgo. Pode-se consultar o artigo de Jean-René Reimen publicado em *La Linguistique* (vol. I, fasc. 2), em que se esforça por determinar os domínios de emprego das três línguas em presença nesse pequeno país de trezentas mil almas. Os três competidores são, antes de mais, o luxemburguês, dialecto muito diferente do alemão literário, que os germanófilos não luxemburgueses não compreendem; em seguida, o alemão literário e, por fim, o francês. Algumas situações de emprego são as seguintes: no parlamento, nunca se emprega o alemão, mas o luxemburguês ou o francês. Existe um prestígio cultural que está ligado ao francês, e daí o seu emprego quando se quer dar à sessão um tom solene. Os textos de leis são redigidos em francês, tendo muitas vezes uma tradução alemã — mas facultativa. No domínio comercial, é o alemão que leva a palma, uma vez que é com a Alemanha que o comércio é mais intenso. O cinema verdadeiramente popular é alemão, mas o cinema como meio cultural é representado por filmes franceses. Esta situação é, aliás, válida não apenas para o Luxemburgo, mas também para a Alsácia, em que os filmes que pouco valem artisticamente são alemães, enquanto o público mais culto vai ver filmes franceses. Pode ter a ver com a diferença de qualidade entre as duas produções, alemã e francesa, e indicar então uma espécie de prestígio superior para o francês. Mas deve igualmente ser tido em conta que o francês, ensinado na escola, seja mais bem compreendido pelos mais escolarizados. Noutros domínios — por exemplo, o da economia política — é de crer que o alemão goze de mais prestígio no Luxemburgo que o francês.

Eu proporia que se abandonasse este termo de diglossia, em primeiro lugar, por ser simplista ao ponto de aparentemente pressupor apenas dois tipos de bilinguismo: o bilinguismo individual entre línguas de prestígio idêntico e o bilinguismo comunitário no qual existiria forçosamente uma hierarquia de prestígio entre as línguas. Consideremos, por exemplo, um outro caso de bilinguismo, o da província do Québec no Canadá. Encontramos aí duas línguas nacionais de prestígio em contacto, o inglês e o francês. O inglês tem aí, em certos pontos, uma posição predominante, determinada pelo facto de a economia ter estado durante muito tempo — e ainda permanecer — mais entre as mãos do anglófonos do que dos francófonos. Culturalmente, o francês goza de um certo prestígio, mas no plano da economia e da técnica, o do inglês é nitidamente superior. É de notar, por exemplo, que os Canadianos francófonos e unilingues utilizam as palavras inglesas do vocabulário automóvel: para designar o macaco, não é conhecida a palavra *crick*, mas sim a palavra *jack*.

A oposição sumária de bilinguismo e de diglossia apresenta, além disso, o inconveniente de impedir o esclarecimento de situações cujas características bilingues escaparam durante muito tempo à nossa atenção. Penso nos usos linguísticos em França, no decurso do século XIX e até aos nossos dias. Em 1860, a população de França rondava os 35 milhões. Nestes trinta e cinco milhões, havia provavelmente quinze milhões de indivíduos declaradamente unilingues. Havia algumas centenas de milhares de pessoas que utilizavam o francês numa das suas formas de prestígio. Numa zona rural bastante limitada, num raio de cem ou cento e oitenta quilómetros à volta de Paris, falava-se normalmente uma "espécie de francês"; os habitantes das aldeias, quando falavam entre si, empregavam essa forma de francês e, quando falavam ao mestre-escola ou ao abade, empregavam a mesma forma tentando apenas alterar o vocabulário. Para lá deste espaço, começava o bilinguismo no sentido em que a língua falada em casa não era a que se ensinava na escola e em que se pregava na igreja. Isto nunca foi posto em relevo porque a França sempre se viu a si própria e tentou aparecer aos olhos dos estrangeiros como sendo uma burguesia culta. O burguês, no campo, via no falar dos camponeses um *patois*, sem distinguir entre as formas locais de francês e os falares vernáculos — tudo isso constituía para ele um "francês arranhado". Os próprios camponeses estavam convencidos de que era essa a situação.

Num raio de cem ou cento e oitenta quilómetros à volta de Paris, talvez menos no norte, os habitantes rurais utilizavam tradicionalmente falares românicos suficientemente próximos da língua falada em Paris para que a comunicação linguística fosse sempre possível sem grande esforço. Pela prática, esses falares podiam aproximar-se até se confundirem com o falar parisiense. Numa zona mais afastada da capital, os falares, mesmo românicos, eram demasiado diferenciados para permitir a compreensão mútua. Era, pois, necessário, para compreender os parisienses, aprender a sua língua — e daí uma situação de bilinguismo. Nalgumas províncias — na Picardia, por exemplo — os habitantes locais sabiam afrancesar o seu *patois* em diversos graus, conforme as pessoas a quem dirigiam a palavra. No entanto, mais longe ainda da capital — sobretudo na metade meridional do "Hexágono", a oposição era clara entre o falar local e a língua oficial, além de que o primeiro só podia desaparecer pela interrupção da transmissão na passagem de uma geração para a outra.

Se tracei este panorama para 1860 é porque a situação descrita era então bastante geral: a partir da altura da segunda guerra mundial, em muitas zonas bilingues, apenas as pessoas com mais de 60 anos falavam a língua local. Entre os 60 e os 40 anos, as pessoas compreendiam-na, mas falavam francês entre si. Abaixo dos 40 anos, já não se podia pensar em utilizar verdadeiramente essa língua local. No entanto, ainda hoje, em zonas onde já não se ouve falar *patois*, pode ter permanecido qualquer coisa na consciência das pessoas: recentemente, numa aldeia situada entre Arles e Aix, o município, seduzido pela renovação da cultura occitana, tinha resolvido fazer figurar o provençal nos nomes das ruas. A rua do "poço negro" tornou-se por isso "... do *pous negro* ". Um artesão, que todos consideravam francófono, soube aperceber-se do equívoco que tinha dado como resultado a junção da forma feminina *negro* ao masculino *pous* em vez da única forma correcta *negre* .

Assim se vê como, num país considerado como unificado desde muito cedo, e submetido a um processo intenso de centralização, o unilinguismo não é ainda um dado adquirido, ou, pelo menos, que a extensão do francês a toda a população é um facto recente. O que, em todo o caso, merece ser assinalado é o facto de que este bilinguismo se elimina numa altura em que os Franceses tomam consciência de que o francês já não lhes chega. Durante muito tempo, ensinaram-se as línguas estrangeiras em França de forma pouco séria. Hoje em dia, quando o bilinguismo sustentado pelos falares locais está em fase de eliminação, vemos os franceses que querem subir acima da média, que desejam assumir um papel na produção, tomar consciência da necessidade de aprender uma ou várias línguas estrangeiras. Por outras palavras, na altura em que desaparece um antigo bilinguismo, aparece um novo, o das pessoas que querem estar "na onda" e documentar-se nas fontes.

*
**

É necessário lutar contra a ideia muito difundida que uma língua deve necessariamente corresponder a um corpo político. Se, por exemplo, o bretão e o basco não são línguas, então são o quê? Para muitas pessoas, uma vez que existe um Estado belga, então deve existir uma língua belga. Neste caso, a existência do flamengo, falado por uma parte dos Belgas, parece justificar este uso. Consideremos o americano. Claro que o "inglês" e o "americano" são uma única e mesma língua. Mas, para muitos franceses de hoje, o corpo político americano não pode ter a mesma língua que o corpo político britânico. A este respeito, houve uma evolução. Durante a primeira guerra mundial, os Franceses não distinguiam os Ingleses e os Americanos. Mas, no decurso da segunda, a distinção ficou bem estabelecida no espírito da maior parte das pessoas e, a partir desse momento, julgou-se indispensável dotar os Estados Unidos de uma língua à-parte. Hoje em dia, em que uma surda hostilidade baseada no ciúme pode manifestar-se em relação aos Estados Unidos, falar do americano em vez do inglês permite marcar que esta hostilidade não pretende atingir os Britânicos.

A dificuldade, do ponto de vista linguístico, é a de definir uma língua, de a delimitar por contraste com outras línguas. Quando, numa aldeia com um falar local e o francês, por exemplo, temos duas fonologias e duas morfologias diferentes, temos de facto duas línguas. Mas, se considerarmos os falares locais uns em relação com os outros, a partir de que altura é que existem duas unidades diferentes? Que grau de divergência é que nos permite dizer que a língua falada em A não é a língua falada em B? O critério deverá ser o da compreensão mútua? Mas a compreensão mútua é uma noção terrivelmente imprecisa. Na verdade, quando encontramos pela primeira vez alguém que fala um dialecto diferente do nosso, não nos compreendemos. Depois, ao fim de algum tempo, com algum esforço, a compreensão estabelece-se. Um camponês norueguês e um camponês dinamarquês não se compreenderão de imediato porque apenas se aperceberão das diferenças. Mas, se perseverarem, acabarão bem depressa por descobrir os numerosíssimos pontos de contacto entre as duas línguas e por tirar daí todo o partido possível para a comunicação.

*
**

Já foi muitas vezes posto o problema de saber o efeito que o bilinguismo poderia ter no desenvolvimento das capacidades intelectuais. Alguns autores pronunciaram-se categoricamente contra o bilinguismo, argumentando que podia impedir, no sujeito, a identificação da palavra e do objecto, o que não podia deixar de atrapalhar o bom uso da língua por dificultar a passagem entre a experiência a comunicar e a organização em palavras. Mas isto pressupõe que esta experiência é, antes de mais, apreendida em termos de palavras — coisas, o que é contrariado pela observação do comportamento linguístico. Uma pessoa que sente uma dor no abdómen não diz "dói-me a barriga". Só quando vai consultar um médico é que tentará dar uma forma linguística às suas sensações. Isto é bastante claro num plurilingue. Suponhamos um bilingue franco-inglês que viu um homem atirar-se à água para atingir a outra margem. Vai apreender o facto em termos de *the man is swimming across the river* ou de *l'homme traverse la rivière à la nage*, o que pressupõe duas análises bastante diferentes? De forma alguma. Terá de fazer a sua escolha só no momento em que quiser contar o incidente ou a anglófonos ou a francófonos. Contar uma experiência pressupõe, mesmo para o unilingue, uma escolha de vocabulário ou de sintaxe que se fará em função do que conhece acerca da personalidade do seu interlocutor. A religião da "língua materna" impediu durante muito tempo qualquer observação séria a este respeito. Vivemos ainda sob os efeitos de um inquérito realizado no país de Gales em crianças que aprendem ao mesmo tempo o galês e o inglês e nas que só aprendem inglês. Estes exames provam que, numa escolaridade normal — que deve começar por volta da idade dos 6 anos e prolongar-se até aos 15 — se constata, primeiro, até aos 11, 12 anos, um atraso dos bilingues em relação aos unilingues. Mas este atraso diminui progressivamente por volta dos 11 anos. Depois dos 11 e dos 12, entre as crianças acima da média, os bilingues distanciam-se dos unilingues, enquanto o contrário se passa com os menos dotados. Parece, pois, que o que se poderá esperar do culto do bilinguismo seria o aparecimento de dificuldades na criança menos dotada. A dualidade das línguas seria uma sobrecarga suplementar que a criança suporta mal e que a atrasa. Na criança dotada que, pelo contrário, a suporta bem, o bilinguismo cria um horizonte mais vasto.

Nestas questões, o que atrai mais a atenção, hoje em dia, é a escolha da língua na qual se deve fazer a alfabetização. A tradição centralizadora, em França e no império colonial, impunha uma alfabetização em francês, sem que fosse alguma vez tida em conta a primeira língua — e muitas vezes a única língua — da criança. Com crianças bretãs, por exemplo, o resultado só podia ser catastrófico: os que nunca tinham praticado o francês em casa tinham de adquirir ao mesmo tempo a prática desta língua, a da escrita e da leitura, o que para muitos estava acima das suas forças. Daí uma percentagem elevada de analfabetos. As dificuldades deviam ser pelo menos tão graves para os jovens Argelinos de língua materna árabe, que eram alfabetizados em francês. Hoje em dia, em que a introdução à leitura e à escrita se faz em árabe, a tarefa da criança é um pouco menos pesada, embora o árabe ensinado seja muito diferente do árabe que o aluno pratica fora da aula. Perante o árabe comum língua de ensino, a criança argelina encontra-se um pouco na posição da criança da Gasconha confrontada com o francês do professor primário nos primeiros tempos da Terceira República. Quanto à criança kabyle, a sua sorte lembra a do pequeno bretão navegando sem bússola no nevoeiro linguístico da aula francófona. A experiência demonstrou que alguns conseguiram desembaraçar-se bastante bem. Pensemos no caso da pequena dinamarquesa acima descrito. Mas, em grande escala, quantos estragos! Quantas vítimas dos guardiões da "grande língua da cultura"!

Não é, portanto, o bilinguismo em si que é de desaconselhar ou de defender. O que deverá ser tido em conta são as condições em que esse bilinguismo é adquirido. Pode, de facto, causar na criança a quem é imposto um choque que poderá traduzir-se em desordens diversas, como a gaguez. Acontece, muitas vezes, que uma criança a quem se ensina uma língua de prestígio adquira uma espécie de repugnância em relação à língua adquirida anteriormente, e daí o aparecimento do que se designa habitualmente por um "complexo".

*
**

Chegou a ser possível perguntar se, na competição entre as línguas, algumas não estarão mais intrinsecamente aptas a impôr-se do que outras, graças, por exemplo, à sua maior simplicidade. Sentimos mesmo a tentação de responder à pergunta sobre se uma comunidade pode passar de uma forma linguística "mais fácil", como uma língua "sem declinações", para uma língua menos fácil, como uma língua "com declinações" com um "Não existem limites para aquilo que as pessoas são capazes de engolir". A evolução, constatada nas línguas indo-europeias no decurso dos últimos milénios, para uma complicação morfológica menor, talvez não seja uma característica válida para todas as línguas nem para todas as épocas. Aparentemente, o indo-europeu reconstruído pelos comparatistas, que é uma espécie de denominador comum dos dialectos de existência mais antiga comprovada, tem uma morfologia mais complexa do que aquela que seria de esperar para um estádio mais recuado da língua. A evolução não iria, portanto, necessariamente no sentido da simplificação. Mas o nosso problema aqui é diferente: poderemos, actualmente, convencer pessoas que praticam uma morfologia simples a aprender uma morfologia mais complexa? A experiência indica que de facto assim acontece. Há pessoas que estão neste momento a esquecer, em proveito do russo, a sua língua local, que parece morfologicamente bastante mais simples. Pensamos sobretudo nos Soviéticos de língua turca. O verdadeiro problema não é linguístico. Se o inglês, o árabe, o espanhol, dominam hoje uma parte importante do mundo, não é por causa das suas qualidades linguísticas, mas por circunstâncias de diversa ordem que não têm nada a ver com a forma da linguagem. Se organizássemos uma competição a longo prazo entre o russo, o chinês e o inglês, por exemplo, tudo leva a crer que o russo não seria realmente desfavorecido por uma complexidade morfológica superior à do chinês e do inglês. Os factores sociológicos e políticos é que seriam verdadeiramente determinantes. Numa escala menor, consideremos o caso do alemão: o alemão standard, durante muito tempo língua escrita e lida, é hoje uma língua falada. Tempos houve em que os germanófonos apenas praticavam oralmente o seu dialecto. Hoje em dia, existem muitas pessoas que falaram desde a infância o alemão literário, o que não acontecia há duzentos anos, por exemplo. Ora acontece que o alemão literário é, de uma maneira geral, mais complexo na sua morfologia do que os dialectos. A aprendizagem do alemão literário fazia-se, — e não foi assim há tanto tempo como isso —, em condições que lembram a forma como se inculcava nos principiantes a gramática latina, fazendo-os decifrar as declinações: ... *des guten Vaters,* ... *dem guten Vater* , etc.

*
**

Para retomar o bilinguismo, já não se trata hoje em dia de perguntar se traz benefícios ao indivíduo ou se é uma fonte de desequilíbrio. É apenas um facto que se impõe ao mundo contemporâneo. Hoje, só os anglófonos podem imaginar o futuro linguístico do mundo em termos de uma unificação gradual em proveito da sua própria língua. Mas a experiência se encarregará sem dúvida um dia de os desenganar. Os desequilíbrios demográficos do mundo contemporâneo podem um dia vir a pôr em causa uma hegemonia linguística que parece estar actualmente a estabelecer-se. Não é perturbante que, na maior cidade do mundo anglo-saxão — Nova Iorque —, o espanhol surja, nos anúncios oficiais, em situação de igualdade com o inglês? É essencial que o mundo tome consciência do facto que a linguagem humana não pode conformar-se a um molde único, e que a pluralidade das línguas se inscreve na dinâmica da humanidade.

3.2. **Para uma língua comum** *

O aparecimento de uma linguística estrutural, no decurso dos anos 30 e 40, apenas veio confirmar, num primeiro tempo,

---

* Texto de uma conferência proferida em Sitges, na Catalunha, no dia 1 de Outubro de 1982. O texto francês original foi publicado em tradução a crença bastante divulgada nos grandes países europeus que uma língua é um todo coerente, homogéneo, utilizado de forma idêntica por todos os membros da comunidade nacional. Tradicionalmente, as únicas divergências reconhecidas e toleradas são as do poeta. Qualquer outro desvio é uma "falta" uma aberração em relação à ordem natural das coisas. Quando surgem dificuldades de comunicação, por exemplo, entre um proprietário e o caseiro, fala-se de *"patois "*, sem procurar saber se o *patois* é uma forma alterada da língua ou qualquer coisa diferente. Quanto aos usos linguísticos dos proletários urbanos, são orgulhosamente ignorados.

Foi só muito lentamente, no decurso das últimas décadas, que a atenção se voltou para a variedade dos usos linguísticos, variedade essa ilustrada pelo inquérito realizado num campo de prisioneiros para oficiais franceses, apresentado em 1945 em *La Prononciation du français contemporain* [1], e, indirectamente, pelas investigações levadas a cabo sobre os contactos de língua por Uriel Weinreich [2] e pelos seus seguidores. Já anteriormente, aliás, o aparecimento do conceito de idiolecto tinha comprovado uma tomada de consciência: a de que quem descreve não tem o direito de, a partir da existência de um traço no informador, deduzir a generalidade desse traço na língua.

Com efeito, todas as línguas reconhecidas, inclusive as línguas de existência comprovada desde há séculos, resultam de um esforço secular e permanente para assegurar a compreensão mútua entre pessoas que, sem esse esforço, teriam de renunciar a comunicar linguisticamente. Uma visão dinâmica revela de forma constante feixes de convergência e de

---

espanhola (com alguns erros) sob o título "Hacia una lengua común", em *Lenguas y educación en el ámbito del estado español* , Univ. de Barcelona, 1983, pp. 87 - 97. Foi parcialmente reproduzido sob o título "La phonie d'une langue commune en devenir", em *Graphie-Phonie* , dir. Henriette WALTER, Laboratoire de phonologie, Ecole Pratique des Hautes Etudes.

divergência que representam, na realidade, o mesmo fenómeno — a convergência por um lado provoca, automaticamente, a divergência por outro. Na realidade, qualquer língua identificada como tal é um instrumento comum a indivíduos de práticas linguísticas parcialmente diferentes, mas que são constantemente levados a abstrair dessas diferenças para manter os contactos dentro de um dado enquadramento. Uma nova língua comum resultará do propósito deliberado de *escolher um novo enquadramento*, no interior do qual se manifestarão novas convergências. Sobretudo, não deve esperar-se que estas convergências atinjam alguma vez uma homogeneidade absoluta. O funcionamento satisfatório de uma língua é assegurado mais pela habituação às divergências do que pela imitação integral das práticas linguísticas de outrem.

A segunda metade do século XX assistiu ao aparecimento de um número considerável de novas entidades políticas. Estas entidades foram, na maior parte dos casos, o produto de processos de descolonização. Mas provêm, por vezes, do enfraquecimento do domínio de um poder central em regiões periféricas, alógenas e alofones.

Este último processo começou no fim da primeira guerra mundial, por exemplo, no que tinha sido o Império austro-húngaro. Neste caso, os novos estados dispunham, desde o início, de uma língua de normas bastante bem estabelecidas, como o checo, o eslovaco ou o croata. O húngaro não tinha esperado pelo século XX para se afirmar como a língua de uma nação ou de uma administração.

Foi na Irlanda e no que mais tarde se tornaria Israel que se encontraram as situações linguísticas particulares e que punham os problemas mais difíceis de resolver. O caso do hebreu, desaparecido há mais de dois mil anos como língua falada e utilizado hoje como língua primeira por milhões de pessoas, é demasiado particular para que se possa tirar uma outra conclusão que não seja a seguinte: onde existir uma vontade apoiada em meios consideráveis, pode-se conseguir o que chamaríamos um milagre.

A experiência irlandesa estava votada ao insucesso desde o início, por se desenrolar num país em que toda a gente falava inglês e em que os bilingues eram pouco numerosos e socialmente marginais. Por outro lado — e isto é extremamente importante — o irlandês não era em parte alguma a única língua comum a pessoas de língua oficial diferente.

A descolonização, depois de 1945, fez-se segundo o princípio da intangibilidade das fronteiras coloniais. Como essas fronteiras eram na maior parte dos casos estabelecidas ao acaso, conforme as conquistas e negociações entre potências, raramente coincidiam com os limites étnicos. A descolonização resultava assim no estabelecimento de estados plurilingues, como o Mali, com pelo menos quatro línguas susceptíveis de serem conservadas como instrumentos de alfabetização: o bambara, o peul, o songai e o tamaschek. Por outro lado, a descolonização provocava a atribuição de populações da mesma língua a Estados diferentes. Estes Estados tinham, por vezes, uma existência anterior à colonização, como Marrocos, a Argélia, a Tunísia, a Líbia, etc., todos de língua maioritária e cultural árabe. Mas, noutros locais, resultavam dessa colonização, como a meia dúzia de Estados africanos, do Senegal até aos Camarões, onde se fala peul.

Estas situações jogavam a favor da língua da antiga potência colonial, que era frequentemente o único laço linguístico entre as diversas nacionalidades e que se revelava como um instrumento de domínio nas mãos das novas burguesias locais, muitas vezes diplomadas pelas universidades da antiga metrópole. Na África do Norte, a pluralidade dos Estados de língua árabe retardava necessariamente o aparecimento de uma norma moderna única, tornada indispensável pela inadaptação ao mundo moderno do árabe litúrgico do Corão. Mais uma vez, a situação jogava a favor da língua dos antigos colonizadores.

No que se designa por África negra, numerosas línguas foram dotadas, de há trinta anos a esta parte, de uma grafia que permite às crianças aprender a ler e a escrever na sua língua. No entanto, como muitas destas línguas comportam dialectos muito diferentes, não raro acontece que as crianças aprendam os elementos sob uma forma que coincide muito pouco com o falar que empregam na sua aldeia. Mas sem dúvida que é melhor do que continuar a alfabetizar na língua da antiga metrópole. O insucesso desta última prática é flagrante no caso das crianças diolas de Casamansa, no sul do Senegal: depois de vários anos de escola "francófona", não compreendem absolutamente nada quando um Francês lhes dirige a palavra e, na melhor das hipóteses, são capazes de saudar com um *"Bonjour, Madame "* o estrangeiro de passagem. *Monsieur* é muito difícil de pronunciar.

No mundo dos nossos dias, um dos primeiros problemas que se põe a quem queira criar uma língua comum é a escolha de um sistema gráfico. No estabelecimento de uma forma escrita para uma língua que não conhece, o linguista nunca tem a liberdade de escolher o sistema que lhe parece melhor adaptado às estruturas fonológicas e gramaticais da língua. A escolha de um sistema científico como o alfabeto fonético internacional está excluído. Com efeito, destinado a notar qualquer língua, é inadequado para corresponder às necessidades de uma língua específica: onde, por exemplo, como em castelhano, a africada chiante [tš] for frequente e a fricativa correspondente [š] inexistente, seria estranho notar a africada por meio de duas letras sucessivas. Por outro lado, é raro que as pessoas a quem se destina uma grafia nova não tenham tido qualquer experiência da escrita, sobretudo a da língua oficial anterior. Existem, portanto, hábitos adquiridos que será bom respeitar se não quisermos ferir as sensibilidades do público. Assim, para a africada chiante, o dígrafo *ch* poderá ser conservado onde o inglês tiver sido a língua colonial, e o trígrafo *tch* onde tiver sido o francês. Será tanto mais de recomendar quando — como acontece frequentemente — a língua colonial permanecer a língua de ensino nas grandes classes.

O que também será necessário ter em conta são os meios disponíveis, a nível local, para reproduzir mecanicamente a forma escrita da língua, como os teclados das máquinas de escrever e os tipos de letra na tipografia.

Não é um fenómeno recente que as línguas em contacto transfiram os traços gráficos: é ao francês que o holandês deve o seu *z* para a chiante sonora e o seu *eu* para notar a vogal anterior arredondada média. Os dígrafos que comportam um *h* em inglês, como *th*, *ch* , derivam dos hábitos dos escribas do francês medieval, mesmo se depois o francês eliminou as interdentais e reduziu a africada *ch* a uma fricativa.

Mas os problemas mais delicados que se põem no estabelecimento de uma língua comum consistem no processo segundo o qual a diversidade dialectal se vai reduzir à unidade. Com efeito — e provavelmente a justo título — considera-se indispensável unificar a forma gráfica que deve servir de base ao ensino. Se, como vimos, até as línguas mais estandardizadas conhecem variações de emprego consideráveis, será de esperar que uma nova língua se fundamente necessariamente num leque muito vasto de usos divergentes.

A diversidade dialectal pode manifestar-se em todos os planos da língua. No plano fonológico, podemos constatar que certos sujeitos fazem, por exemplo, uma distinção entre [l̯] e [j] que outros ignoram. Ou ainda, que as realizações fonéticas das unidades distintivas diferem, apresentando umas a africada [tš] enquanto outras têm a interdental [p]; que o lugar do acento é distintivo aqui, mas automático mais além e, neste caso, final, penúltimo, na segunda sílaba, conforme os dialectos.

Que fazer perante tais miscelâneas? Quais as estruturas a recomendar? Quais os traços a favorecer? Não é fácil responder de uma vez por todas a tais perguntas, uma vez que os factos a ter em conta variam de um caso para outro. Podemos, no entanto, tentar pronunciar-nos sobre alguns pontos.

A primeira diligência consistirá em determinar os limites do domínio que se deseja considerar. Mesmo quando não intervem qualquer fronteira política, não se impõe necessariamente uma solução determinada. O caso do bretão pode servir aqui de ilustração. O domínio geográfico do bretão é perfeitamente coerente. A fronteira que o separa dos falares românicos — ditos gáulicos — atravessa de norte a sul o território da província. Mas, a sudeste deste domínio, o dialecto de Vannes opõe-se de forma caracterizada aos de Quimper (em bretão Kemper), de Tréguier e de Léon — que se agrupam sob a sigla KTL: o acento, por exemplo, é final no dialecto de Vannes, penúltimo em KTL. Nestas condições, podia-se excluir o dialecto de Vannes de um esforço de estandardização que apenas seria, então, válido para KTL, e os seus locutores não teriam mais que se decidir entre unir-se à decisão maioritária ou, pelo contrário, procurar estabelecer um dialecto de Vannes comum. Na verdade, tentou-se incluir este dialecto, a despeito das suas diferenças, na língua comum em curso de elaboração. Na grafia do bretão comum, a Bretanha é designada como *Breizh*, com um *z* que representa a pronúncia do KTL e um *h* que representa a do dialecto de Vannes. Hoje em dia, os Bretões conscientes, quer vivam na Bretanha ou em qualquer outra parte, colocam na parte de trás do veículo uma placa oval com as letras BZH, abreviatura de *Breizh*.

Onde quer que uma fronteira de Estado divida o domínio, podemos legitimamente perguntar se as condições políticas que permitem assegurar um certo grau de autonomia linguística de um lado existirão alguma vez do outro, e se vale a pena incluir, no projecto de língua comum, os traços característicos de dialectos votados talvez ao desaparecimento.

Em certos casos, a geografia pode conjugar-se com as condições políticas para sugerir uma delimitação do domínio que abstraia de certos parentescos linguísticos. É assim que se fala muitas vezes no Corso como sendo uma língua, quando na verdade a ilha comporta, no norte e no centro, falares que estão bastante próximos do toscano, e que os usos linguísticos do sul apresentam analogias evidentes com o sardo vizinho.

Pode existir a tentação de colocar como base um dialecto particular que pareça impôr-se, ou por ser mais central, ou porque é o dialecto de uma capital ou o de uma literatura antiga ou recente. O caso do occitano merece que nos debrucemos sobre ele.

Com o nome de provençal, Frédéric Mistral esforçou-se por criar uma norma occitana, hospitaleira em matéria de vocabulário, mas muito marcada noutros pontos pelo falar nativo do poeta, o falar de Maillane e das margens sul da baixa Durance. Hoje em dia, esta norma perde terreno a olhos vistos perante uma norma geograficamente menos marcada, mas fundada historicamente na língua dos *troubadours*. Nela se conservam, por exemplo, o *-a* feminino, enquanto a norma mistraliana apresenta o *-o* geral de todo o baixo vale do Ródano, e largamente maioritário no galo-românico meridional: o nome *Mireille, Mireïo* na obra de Mistral, será *Mirelha*, com a conservação de uma grafia que evoca o antigo *l* palatal. Até um certo ponto, pratica-se aqui a operação, aperfeiçoada pelos especialistas do indo-europeu, da reconstrução de uma língua desaparecida pela comparação das línguas atestadas. No occitano, claro, com o apoio de uma forma antiga bem conhecida através dos textos. Mas podemos conceber a operação, independentemente deste apoio, como uma procura que tenta encontrar a forma da língua anterior a qualquer divergência dialectal. Este esforço de reconstrução vai no mesmo sentido de um recurso consciente ao arcaísmo, de que devemos medir os inconvenientes. Muitos arcaísmos permanecerão, com toda a probabilidade, puramente gráficos — como *lh*, que é suposto corresponder, em occitano, a um *l* palatal cada vez mais e mais substituído, por parte dos jovens locutores, na sequência da influência do francês, pela fricativa [j]. Isto é sem dúvida válido também para a distinção entre um *r* forte, notado -*rr*-, e um *r* fraco, notado -*r*-, que se mantém primeiro como uma oposição entre uma vibrante posterior e uma batida anterior — oposição essa atestada desde o basco na zona do Labourd até ao franco-provençal da Sabóia — para desaparecer em seguida pela generalização de uma posterior enfraquecida.

Existe, provavelmente, uma relação entre a preferência dada a grafias arcaicas e o recuo dos patois na prática dos habitantes rurais. Quando Mistral escrevia *Mireille*, todos os camponeses de Maillane e dos arredores empregavam constantemente o falar local nas suas relações mútuas, ou até com as pessoas ilustres da região. Faziam parte do público que Mistral procurava atingir em prioridade. Pronunciavam o nome da heroína do poema como [mi'rejo] e teriam ficado seriamente confundidos com a grafia arcaizante *Mirelha*. Nos nossos dias, a falta de interesse pelos *patois* é quase geral entre os habitantes das zonas rurais, quer se trate do *francien*, do franco--provençal, ou dos falares de *oc*. Os promotores da renovação occitana são, na maior parte dos casos, intelectuais que têm de aprender a língua, pessoas que o francês habituou a dissociar pronúncia e grafia, e que não vêm qualquer inconveniente em escrever ora -*rr*- , ora -*r*- , ora -*lh*- , ora -*i*- nos casos em que só sabem pronunciar a espirante uvular [ʁ] num caso, a fricativa palatal [j] no outro.

A título de mero exercício, interroguei-me sobre o que poderia ser a grafia de um habitante médio da Sabóia, isto é, interroguei-me sobre um denominador comum dos falares franco-provençais dessa província[3]. Voluntariamente, não se pôs a questão de saber se faria sentido separar os falares das outras formas de franco-provençal utilizadas nas regiões vizinhas de Bugey, Valais ou do vale de Aoste. Rapidamente se impôs a seguinte conclusão: é necessário abstrair por completo dos falares dos vales mais elevados, cuja estrutura fonológica é totalmente inconciliável com a estrutura fonológica que parece generalizar-se em todos os outros locais. Neste domínio, não existe nenhuma tradição gráfica aceite por todos, pelo que, na prática, teremos de nos inspirar na tradição gráfica do francês para notar os fonemas, inovando apenas onde não for possível proceder de outro modo — para notar as interdentais [ð] e [þ], por exemplo, ou para "camuflar" discordâncias. Trata-se, com efeito, de estabelecer em prioridade grafias que possam cobrir as divergências fónicas existentes nas variedades maioritárias. Seja, por exemplo, um fonema de rara frequência, que se realiza maioritariamente como um [o̩] aberto, tradicionalmente e minoritariamente como [α]; alterna com muita frequência na flexão com um fonema /a/ (breve) que notaremos *a* . Propomos então neste caso um *a* , que, é preciso ver-se, é bem recebido pelos utentes; portanto, por exemplo, *ama* "amar". De forma análoga, propomos *e* para o que é [e̩] aberto em metade do território, a nasal correspondente noutros lados; portanto, por exemplo, *ithôte* "Verão" (com *th* inglês surdo).; as nasais que se mantêm em toda a parte como tal são notadas à maneira francesa como *in, an* e *on* , respectivamente. Propomos ainda, por outro lado, *ä* para o que é [e̩] aberto nalguns falantes (os que têm a realização nasal para *e*) e [α] nos outros (os que realizam *å* como um [o̩]), ou seja, por exemplo, *nä* "neve". O que se realiza numa grande parte do território como [þ] é ouvido noutros lados como sendo [ts] ou [st]: ou seja, para *vache* "vaca", ['văþ:ĕ], ['vătsĕ] ou ['văstĕ]; isto sugere uma grafia *th* , e um *dh* para o fonema sonoro correspondente submetido a variações análogas.

Valerá a pena recordar que várias destas grafias teriam o grande inconveniente de não poderem ser produzidas por meio dos teclados franceses da máquina de escrever, nem nas tipografias locais, que não têm o *å* escandinavo, nem o *ä* alemão, nem o *ã* português[4]. Recordemos apenas que os falares em causa estão a desaparecer e que, aparentemente, não se põe a questão do estabelecimento de uma língua comum na Sabóia. Apenas a mencionamos para demonstrar um tipo de solução dos problemas gráficos.

Quando estamos decididos a ter em conta, na medida do possível, todo o leque dos usos em causa, pode acontecer que não só as realizações das unidades difiram de um falar para o outro, mas também que encontremos diferenças estruturais propriamente ditas — no sentido em que se confunde num lado o que se distingue no outro. Se nenhuma consideração não linguística não fizer pender a balança nesta ou naquela direcção, podemos perguntar-nos se devemos favorecer a distinção ou a confusão. Apresentar o problema nestes termos faz pender a balança a favor da distinção, porque qualquer confusão parece, em princípio, ser de lamentar. Mas não é de admitir que, se uma confusão se produziu — isto é, por outras palavras, uma distinção foi eliminada — é porque não era necessária ao funcionamento satisfatório da comunicação? Neste caso, manter a distinção far-se-à à custa do conforto das gerações vindouras.

A priori, podemos partir do princípio que é mais fácil abandonar uma distinção que aprender uma nova, o que foi perfeitamente confirmado pelo exame da evolução contemporânea de diversos sistemas fonológicos. Mas isto não significa que devamos sempre sacrificar tudo à simplicidade. A conservação de uma distinção pode revelar-se útil para vincar melhor o contraste entre duas normas em presença, a da nova língua comum e a da antiga. Por outro lado, se nos ativermos estritamente ao bom funcionamento da comunicação, não é, por assim dizer, automático que uma confusão, economicamente justificada numa comunidade rural de fraca dimensão, seja de recomendar numa língua comum, em que as necessidades da cooperação entre as classes reclamem um vocabulário mais vasto e mais bem diferenciado.

Seja o caso do basco. As sonoras intervocálicas são geralmente muito enfraquecidas: -d- e -g- tornam-se mudas um pouco por toda a parte; o -r- simples desapareceu do falar do Soule. Argumentar, por exemplo, com a dificuldade que teriam os habitantes dessa região para reproduzir a distinção entre os dois r para a eliminar de um basco comum seria privar a língua de um recurso que permanece indispensável para o seu bom funcionamento, nas situações em que que os utentes não tiveram que se adaptar à ausência de uma oposição entre -r- e -rr- . O vocabulário restrito do falar quotidiano pode adaptar-se a formas reduzidas; estas consistem frequentemente em sucessões de vogais aglomeradas em ditongos, que, por sua vez, vão simplificar-se num débito rápido. O léxico bastante mais vasto de uma língua de cultura, manejado por pessoas de hábitos articulatórios muitas vezes diferentes, reclama o restabelecer do esqueleto consonântico tradicional, uma vez que só ele pode assegurar a identidade de cada vocábulo. A adopção do *h* , que hoje em dia só é conservado nos dialectos do Nordeste, aponta no mesmo sentido, mesmo se tiver de permanecer, para muitos, um artigo de grafia sem realidade fónica.

Sem dúvida que não se devem impor, na grafia, distinções que muitos sujeitos sejam incapazes de realizar na fonia. Se não seguirmos esta recomendação, criaremos problemas ortográficos semelhantes aos dos francófonos que, se querem escrever correctamente a sua própria língua, têm de estar preparados para acrescentar às palavras letras que não correspondem a nada no que pronunciam: *ils courent* "eles correm" para /ikur/ ou /ilkur/.

No caso de uma língua comum em vias de se estabelecer, a situação é, em geral, completamente diferente, uma vez que então se deve decalcar a pronúncia da grafia. Seja o basco *herria* "o país". A adopção desta forma, com um *h* inicial e um -*rr*- duplo, não implica necessariamente que seja inadmissível uma pronúncia da palavra sem *h* inicial e com um *rr* pouco enérgico. Um habitante da região do Soule, ou um habitante da Baixa Navarra devem estar preparados para identificar a palavra se for pronunciada como *erria* por um habitante da região de Guizpucoa ou da Biscaia, mas decalcar a pronúncia da grafia será sempre lícito, ou até mesmo de recomendar. Ressalvaremos apenas o caso do irlandês, em que os usos contemporâneos impuseram à língua comum pronúncias que diferem consideravelmente do que poderia sugerir uma norma gráfica voluntariamente arcaica.

Embora as ilustrações precedentes sejam, na maior parte dos casos, tiradas dos domínios da fonia e da grafia, o que até aqui foi dito é válido de forma genérica no que diz respeito aos factos de gramática. É evidente que hesitaremos em condenar uma distinção que certos dialectos conservam, por exemplo, entre duas formas de passado, por terem valores semânticos diferentes. Ao fazê-lo, teríamos naturalmente a impressão de empobrecer o instrumento de comunicação que estamos a elaborar. Conviria, no entanto, distinguir bem entre os casos em que uma diferença de forma corresponde a uma diferença de sentido (castelhano *tomaba ~ tomó*) e os casos em que a diferença não é senão formal (imperfeitos castelhanos em *-aba* e *-ia*). No primeiro caso, trata-se de uma riqueza a conservar. No outro, temos apenas os resíduos de uma evolução divergente que só vem complicar o uso da língua sem proporcionar ao utente recursos suplementares. Claro que não podemos sequer pensar em eliminar uma diferença formal se ela se mantiver no conjunto do domínio considerado. Mas podemos preferir os utentes que eliminaram certas complicações, desde que essa eliminação não diga respeito aos valores significados. Convém ter sempre bem presente a diferença entre a situação em que o utente pode, se o desejar, distinguir entre este e aquele traço de sentido, ou, se não tem o hábito de fazer tal distinção, de a deixar de lado, e uma outra situação em que lhe são oferecidas imperativamente duas formas que deve distinguir tanto na grafia como na fonia, sem que as razões dessa distinção sejam claras para ele. Neste último caso, aliás, nada impede que duas formas concorrentes, devidamente comprovadas, sejam apresentadas e oferecidas concorrentemente em situação de igualdade.

O léxico põe problemas sensivelmente diferentes. Já não se trata — como na fonologia e na gramática — de fornecer ao utente os instrumentos que lhe permitirão identificar e ordenar os elementos significativos, mas sim de lhe dar os meios de comunicar, da melhor forma possível, todas as variedades e todos os cambiantes da sua experiência. Por um lado, temos sistemas muito coerentes, com um número determinado de elementos. Pelo lado do léxico, encontramos listas abertas sempre susceptíveis de enriquecimento. Não é decerto assim que a situação é vista por quem tenha uma língua comum tradicional. Para esses, antes de qualquer reflexão, o léxico parece apresentar um domínio tão finito como a gramática, as letras da grafia e o que podem imaginar relativamente aos sons da linguagem. Parecem ignorar que, de uma edição do dicionário para a outra, são feitos acrescentos e cortes em grande escala. As inovações lexicais, inevitáveis, impõem-se-lhes imperceptivelmente, ou então, quando disso tomam consciência, podem ser sentidas como violações.

Perante uma língua comum em devir, as reacções serão provavelmente bem diferentes. Trata-se, na maior parte dos casos, de fazer a língua corresponder às necessidades de que os locutores tradicionais só se apercebiam quando utilizavam uma outra língua, a língua oficial das antigas potências. Será, pois, a expansão do vocabulário o mais importante.

A primeira tentação consiste, sem dúvida, em procurar em todos os pontos do domínio conservado os termos que existam localmente. Podem ser os vestígios de um uso antigo, o uso de uma época em que a língua era utilizada para fins que iam muito além da vida do dia-a-dia. Mas, mesmo quando não passam de formas particulares de significados gerais, podemos pensar que enriquecerão a língua pelo jogo normal das práticas linguísticas, que tem tendência para diferenciar semanticamente os sinónimos. Na realidade, este processo apenas vem apoiar a expansão polissémica, isto é, a tendência para empregar os termos em contextos novos, inflectindo assim o seu valor primeiro por forma a poder, nalguns casos, funcionar sem os contextos: a mesma palavra *table* poderá, conforme os casos, significar *"table de logarithmes"* ("tábua de logaritmos") ou *"table de salle à manger"* (mesa de sala de jantar"). A existência, em alemão, de *Bahn* ao lado de *Weg* e de *Strasse* permitiu atribuir a *Bahn*, fora de qualquer contexto, o valor de "caminho de ferro". No inglês americano, não se pôde evitar a pura polissemia de *road*, que significa, conforme os casos, "estrada" ou "caminho de ferro".

Uma outra possibilidade, em matéria lexical, será a criação de novos termos pela combinação de elementos pré-existentes. Os processos são diversos: a composição, quando todos esses elementos são susceptíveis de emprego autónomo, a derivação ou afixação, quando um de entre eles existe apenas em combinações deste tipo, a confixação, quando nenhum dos elementos em causa é, à partida, autónomo (tipo *telefone*), a cristalização quando elementos significantes, perfeitamente distintos na sua origem, perdem a sua autonomia no sentido em que cada um deles deixa de ser individualmente determinável (tipo *jeune fille* "rapariga", quando não for possível falar de *une très jeune fille* "uma rapariga muito nova"). Propusemos designar como sintemática o conjunto destes processos, e como sintema cada um dos complexos assim obtidos.

É conveniente precisar que os promotores da nova língua comum não deverão contentar-se apenas com oferecer termos, antigos e novos, formados segundo os recursos disponíveis na matéria, mas terão também de explicitar os modelos existentes de forma a preparar os utentes para compreender e identificar os sintemas que vão encontrar nos textos e nas conversas, e ainda para os produzirem por si mesmos, quando disso tiverem necessidade para explicitar o produto do seu pensamento.

A terceira possibilidade é o recurso ao empréstimo, o que não se faz sem uma certa hesitação, porque afecta a originalidade do instrumento cultural em preparação. É particularmente desagradável quando tem que ser feito a partir da antiga língua oficial, da qual queremos precisamente demarcar-nos. É mais aceitável quando se trata apenas de uma conformidade em relação ao uso internacional, sobretudo se existirem, nos falares em causa, antecedentes que ofereçam modelos de integração. Uma língua contemporânea, seja ela qual for, deve integrar — nem que seja apenas para facilitar o acesso à ciência universal de quem a pratica — o vocabulário internacional, em vez de decalcar as formas por meio de elementos locais.

Em resumo, o que não deve nunca ser esquecido por quem cria e quem propaga as novas línguas comuns é o seguinte: por muito estruturada que seja, qualquer língua só pode funcionar se existirem, nos que a falam e a escrevem, uma grande tolerância, a aceitação de valores e formas diferentes dos valores e formas conhecidos e praticados desde sempre, a convicção que a compreensão mútua nasce do desejo de comunicar. Também não se deve esquecer que uma língua "maleável" vale mais do que uma língua "pura" e que uma nova língua pode levar a palma à língua que a precedeu, não apenas pelos valores sentimentais que a ela estão ligados, mas também porque se revelará como melhor adaptada às necessidades dos que a utilizam. Isto desde que se tenha sabido sacrificar, quando necessário, complicações incómodas, sem valor comunicativo em línguas que têm por detrás tradições seculares ou mesmo milenares. Devemos sempre tentar inspirar-nos no passado e no presente, não para conservar tudo, mas para preparar o futuro.

NOTAS

1. Pelo autor destas linhas, Paris - Genève, Droz.
2. Ver *Languages in Contact*, New Iork, 1953, *Publications of the Linguistic Circle of New York*, n.º 1, e "Unilinguisme et multilinguisme", em *Le Langage*, Encyclopédie de la Pléiade, Paris, Gallimard, 1968, pp. 647 - 684.
3. Ilustrações dos diferentes traços referidos encontram-se em *La Description phonologique avec application au parler franco-provençal d'Hauteville (Savoie)* , Paris — Genève, Droz, 1956, e "Frontière politique et faisceau d'isoglosse", em *Phonétique et linguistique romanes* , tomo I, Lyon — Strasbourg, 1970, pp. 230 - 237, retomado em André MARTINET, *Evolution des langues et reconstruction* , Paris, PUF, 1975, pp. 208 - 216.
4. Exemplo dado pelo autor (N. da T.).

4.
AS UNIDADES DISTINTIVAS

A fonologia, que na sua essência se confunde com o estudo das unidades distintivas, desempenhou papel decisivo no desenvolvimento da linguística científica contemporânea. Presente em todos os capítulos desta obra à excepção do quinto, nunca será demais insistir na sua importância. Para os que procuram uma exposição sobre os métodos desta disciplina, reenvio à minha *Description Phonologique*, Paris — Genève, Droz, 1956, e, para o francês, a Henriette Walter, *La Phonologie du français*, P.U.F., 1977.

Trataremos aqui de definir as fronteiras da disciplina e, nomeadamente, o que a distingue da fonética e da morfologia, mais do que do procedimento dos linguistas para isolar os fonemas de uma língua. É o que se encontra na secção 1, tirada do nº 60 de Dezembro de 1983 da revista *Langue Française,* Paris, Larousse, pp. 6-13, apresentada por Henriette Walter sob o título de *Phonologie des usages du français*. A secção 2 ocupa-se da prosódia no sentido linguístico do termo, isto é, do estudo funcional dos elementos fónicos que não se integram na segmentação em fonemas. Trata-se de uma conferência pronunciada primeiro em inglês na Escola de Línguas de Heyderabad, na Índia, em 1972 e publicada em *Pakha Sanjam*, Patiala, vol. 6, pp. 202-208, seguidamente em francês na Universidade de Concepción, no Chile, em Maio de 1973, e reproduzida em espanhol na revista de linguística aplicada desta universidade (n° 11, 1973, pp. 5 - 13). Nela se sublinha que é sobre a base da segmentação que, em fonologia, distinguimos a fonemática da prosódia, e que os traços estudados pela prosódia são, funcionalmente, ora distintivos ora directamente significativos.

4.1. O que não é a fonologia*

4.1.1. *Fonética e fonologia*

Para compreender o que é e o que não é a fonologia, é necessário em primeiro lugar ter bem presente a diferença entre a linguagem e as línguas. Neste aspecto, os portugueses, bem como os franceses, os italianos, os espanhóis, têm a vantagem de dispor de dois vocábulos diferentes, por oposição ao mero *language* do inglês e aos indistintos *Sprache* do alemão e *jazyk* do russo. Em inglês, o singular *language*, por oposição ao plural *languages*, permite estabelecer a oposição que nos interessa aqui, ao passo que *langue* — no sentido saussuriano, particularmente abstracto, do termo, permanece sem expressão. Mas nunca é demais prevenir, e, com os termos *linguagem* e *língua*, já não é possível confundir o uso da fala, como instrumento de comunicação, por toda a humanidade, e cada uma das modalidades particulares desse uso.

A fonética é o estudo da fonação em geral, isto é, do funcionamento dos órgãos que participam na produção e na recepção dos sons da linguagem. Quando, por exemplo, estuda os sons ditos vocálicos, a fonética depara-se com uma infinidade de realizações distintas, compreendidas entre as produções extremas que se transcrevem [u] e [a]. Na melhor das

---

* Publicado em *Phonologie des usages du français, Langue Française* 60, dir. Henriette WALTER, Paris, Larousse, pp. 6 - 13.

hipóteses, poderá facilitar as identificações estabelecendo marcas entre alguns pontos considerados equidistantes, como, por exemplo, acontece com o célebre quadrilátero do foneticista Daniel Jones. Os traços recolhidos pelo foneticista apresentam-se entre parêntesis rectos, como acabámos de ver para [u] e [a].

A fonologia é o estudo da maneira original como cada língua aproveita os recursos da fonação para assegurar a comunicação entre os seus utentes. Assim, escolhe, de entre todas as latitudes articulatórias, um certo número susceptível de realizar produções acusticamente reconhecíveis. São estas produções que os locutores utilizam para caracterizar as diversas unidades significativas, opondo-as umas às outras e estabelecendo contrastes entre as sucessões da cadeia falada.

Para as reconhecer, poderemos recorrer às suas qualidades acústicas, à forma como diferentes máquinas as podem registar, ou, de maneira mais simples e directa, pondo em relevo a forma como são produzidas na fonação. A descrição desta produção poderá variar conforme os locutores e os contextos, mas tentaremos encontrar as constantes de cada unidade, que a distinguem de todas as outras na língua. Para as transcrever, utilizaremos as letras e os signos propostos pelos foneticistas para as marcas, mas estas serão assinaladas como valores fonológicos, sendo portanto colocadas entre barras oblíquas: [i] designa uma realidade física, considerada como independente de qualquer valor representado numa dada língua; /i/ é a designação de um fonema que, numa língua particular, permite distinguir — num contexto em que poderia surgir outro fonema — uma mensagem de outra, /li´gaR/ (*ligar*), por exemplo, em vez de /lu´gaR/ (*lugar*).

O fonólogo que descreve uma língua tem obrigação de especificar as diferentes maneiras de realização de um mesmo fonema segundo os contextos ou mesmo segundo os locutores. Estas variantes não são "pertinentes", isto é, abstraímo-nos delas para compreender o teor das mensagens. Consideramo-

-las, portanto, como traços fonéticos que se transcrevem, por isso, entre parêntesis rectos: o fonema /ρ/ do português *carro* é realizado como [r] (vibrações da ponta da língua) em muitos usos regionais, como [ʁ] (vibrante uvular) pela maior parte dos falantes, como [x] (constritiva dorsovelar) por muitos lisboetas, etc. A identificação destas diferentes variedades e a sua ligação a uma e uma só unidade linguística não deixa por isso de ser uma operação fonológica.

Para muitos, estas considerações podem parecer evidentes, mas a experiência mostra que são muitas vezes necessárias. Ainda se encontram descrições em que, por não se distinguir o que é e o que não é fonologicamente pertinente, não se apreende a realidade linguística com facilidade.

4.1.2. *Fonologia e morfologia*

Se é frequente que não se estabeleça — ou que se estabeleça mal — a distinção entre fonética e fonologia, mais frequente ainda é a confusão entre fonologia e morfologia. Na origem desta confusão encontra-se, muitas vezes, a incapacidade de perceber a razão de uma diferença entre fonética e fonologia fundamentada na pertinência distintiva. Se a fonologia, por oposição à fonética, trata das realidades fónicas numa dada língua, parece evidente para muitos que seja nas suas linhas gerais uma análise da estrutura dos significantes. À partida, há duas maneiras de orientar a descrição sincrónica das línguas. Por um lado, o modelo "isomórfico", que procura articulações paralelas no significante e no significado. Se devêssemos usá--lo, nesta perspectiva, o termo fonologia designaria o estudo do significante. Por outro lado, existe também o modelo da dupla articulação, com dois capítulos distintos: um consagrado à articulação da experiência em signos dotados de significado e significante, os quais, como participantes indissociáveis do signo, deverão ambos ser tratados neste primeiro capítulo. O outro será consagrado à articulação dos significantes em unidades distintivas que formam uma estruturação perfeitamente distinta da dos signos. É o exame desta estruturação e das unidades que a fundamentam que designamos por fonologia. Quer explicitem quer não a noção de dupla articulação ou de *dual patterning*, é deste ângulo que a maior parte dos linguistas considera os factos, mesmo se o isomorfismo hjelmsleviano ainda exerce um certo fascínio sobre muitos deles.

4.1.3. *As alternâncias*

À primeira vista, uma vez isoladas as unidades que asseguram a identidade dos significantes — fonemas, tons, lugar distintivo do acento — não deveria haver mais nada a dizer, a não ser que cada significante é constituído por determinadas unidades dispostas em determinada ordem: o significante de *ponte* é /ˈpoNte/ e o de *carta* é /ˈkaRta/ e, para estes monemas, só falta dizer as suas compatibilidades na cadeia falada e sobre o que distingue o seu significado dos outros significados da língua.

Na verdade, o problema não é assim tão simples. Na maior parte das línguas descritas, a forma dos significantes varia em certas condições. Já não se trata das formas particulares que pode revestir cada um dos fonemas que compõem o significante — em português, *ponte* é sempre /ˈpoNte/ e *carta* é sempre /ˈkaRta/, seja qual for a duração ou o timbre exacto do /o/ ou do /a/ —, mas sim de variações que afectam a escolha dos fonemas (ou dos tons, nas línguas em que estes existem), como se pode constatar, por exemplo, em *dormir*, em que o monema radical tem a forma /duRm/ em *eu durmo* e a forma /dǫRm/ em tu *dormes*. Esta variação não tem nada a ver com uma hipotética incapacidade dos portugueses para pronunciarem /uRm/ não seguido de /u/ ou /ǫRm/ seguido de /u/, uma vez que temos em português /ˈtuRma/ (*turma*) e /ˈfoRmu/ (*formo*). A alternância de /doR/ e de /duR/ não depende de forma alguma da estrutura fonológica do *português contemporâneo*. A fim de ilustrar como a estruturação fonológica pode afectar, sincronicamente, a forma de um significante, consideremos a pronúncia francesa do neologismo *week-end* . Nos francófonos que conhecem, ainda que superficialmente, o inglês, a pronúncia é, com frequência, copiada da língua de origem, isto é, [wikẹnd]. Nos outros, é normalmente [wikẹn] sem /d/. O fenómeno é fácil de explicar quando se observa que, no vocabulário tradicional, a sucessão /nd/ apenas se encontra antes da vogal seguinte como em *fine-de-claire*, "certa ostra", /find klẹr/, por exemplo. A inexistência de um grupo final /nd/ é, portanto, um traço da fonologia francesa, ao passo que, em português, a ausência de /-o/ em *durmo* não implica qualquer inaptidão articulatória, mas apenas um facto condicionado pelo contexto gramatical: a variação / duRmu / ~ / dorme / deve ser posta em paralelo com a variação /ˈpaga/ ~ /paˈgo/ (*paga - pagou*) ou /sabe/ ~ /sobe/ (*sabe - soube*). Não afecta o estatuto de nenhum dos fonemas em questão. Não se encontra fundamentada pela impossibilidade de pronunciar determinadas combinações da língua contemporânea. Em todos os casos referidos, as variações pertencem ao domínio da morfologia. Não se põe sequer a hipótese de as analisar em fonologia, mas sim no capítulo reservado ao estudo das unidades significativas.

Desde que as variações se limitem a algumas formas tradicionais, dificilmente se porá em dúvida o seu carácter estritamente morfológico. Estas formas, pouco numerosas no léxico, são muito frequentes no discurso. Por este motivo, são adquiridas muito cedo pelas crianças que aprendem a sua língua: formas como *posso, pude, sei, saibas, quiser, quis* terão algumas hipóteses de se fixar uma a uma na linguagem do jovem locutor, antes que se imponha o sentimento de um paradigma verbal, que lhe permitirá ulteriormente constituir as formas que nunca ouviu a fim de satisfazer as suas necessidades comunicativas. Uma forma que possua uma variação deste tipo, se não for muito frequente, será unificada pela analogia — em francês, je *preuve, vous prouvez,* vai regularizar-se em *je prouve, vous prouvez* — ou então poderá arrastar consigo a obsolescência do verbo e a sua substituição, na língua quotidiana, por concorrentes mais fáceis de manipular: *il meut, nous mouvons* (de *mouvoir* "mover") cedeu assim o seu lugar a *il bouge, il remue, nous déplaçons,* etc.

O risco de confusão surge quando uma mesma variação aparece com uma grande frequência em numerosos monemas e se impõe como uma das marcas regulares de certas distinções gramaticais. É neste caso, em geral, que se fala em alternância. Assim, nas línguas eslavas, os fonemas /e/ e /o/ alternam-se constantemente na flexão: em servo-croata, por exemplo, os neutros apresentam dois paradigmas: o de *selo* "aldeia", e o de *polje* "campo"; a marca do instrumental masculino é ora — *em* ora — *om*. É evidente que a escolha de uma forma ou outra foi, numa dada época, determinada pelo contexto fónico: a seguir a consoante molhada, não se podia pronunciar senão o que se tornou mais tarde /e/; a seguir a consoante dura, apenas o que está hoje representado por /o/. Mas, em sincronia contemporânea, — *em* e — *om* aparecem nos mesmos contextos fónicos, como, por exemplo, em *gospodarom* e *carem,* formas instrumentais de *gospodar* "senhor" e *car* "imperador".

O que se designa por *Umlaut* em alemão corresponde a um certo número de alternâncias. Ora existe toda a vantagem em apresentar essas alternâncias sob uma mesma rubrica, uma vez que, independentemente da identidade dos fonemas que as constituem, caracterizam todas os mesmos traços gramaticais: trata-se de alternâncias de /u/ e /y/ (longos ou breves), de /o/ e /ö/, de /o̜/ e /œ/, de /a/ e /e̜/ (longos e breves) e de /au/ e /oi/, como acontece, por exemplo, em *Buch* "livro" — que faz o plural em *Bücher* —, *Sohn* "filho" — no plural *Söhne* -, *Mord* "assassínio" — que tem o derivado *Mörder*, "assassino" — , *Vater* "pai"- no plural *Väter*. Neste último caso, acontece ainda que a vogal única primitiva se diferenciou, numa data recuada, em contexto palatal. Foi quando o contexto desapareceu que a vogal adquiriu a sua pertinência distintiva. Actualmente, como se encontra perfeitamente comprovado por *Vater Väter*, o condicionamento já não é de forma alguma fónico. Sózinho ou em conjunto com qualquer desinência de vogal neutra, o *Umlaut* pode ser a marca do plural, de comparativos e de superlativos, de 2ª e 3ª pessoas de verbos e de certos derivados. Como marca de plural e na derivação, é provavelmente um modelo que não deixou de ser produtivo. Historicamente, deve-se-lhe o aparecimento de alguns dos fonemas da língua contemporânea, como /y/ e /ö/, mas a presença destes fonemas já não se encontra condicionada por um determinado contexto fónico, como se pode constatar através de certos empréstimos: *amüsant, Friseur (> Frisör)*.

4.1.4. *Alternâncias e neutralizações*

É, fundamentalmente, a produtividade de certas alternâncias que pode levar quem não distinga rigorosamente entre perspectiva sincrónica e perspectiva diacrónica a anexar essas alternâncias à fonologia, ou até a ver nelas o essencial desta disciplina. A produtividade sugere que existe, no funcionamento contemporâneo da língua, uma espécie de parentesco entre as unidades fonológicas em causa. A confusão é favorecida pela existência de casos de neutralização de oposições, que implicam transcrições gráficas. Estas, por sua vez, sugerem automaticamente que se trata de alternâncias. Consideremos, por exemplo, o alemão *Rad* "roda", que se pronuncia [ʁaːt], por oposição ao plural *Räder*, foneticamente [ˈʁpe̝ːdʌ] ou [ˈʁeːdʌ]. As nossas transcrições sugerem imediatamente uma alternância [t] ~ [d]. No entanto, na ocorrência, a ortografia alemã, que escreve *d* nos dois casos, representa bastante melhor a realidade fonológica: o [-t] de *Rad* é exactamente o que se espera do fonema /d/ em posição final. Aqui, o locutor não tem que escolher entre /d/ e /t/. A escolha efectua-se entre uma oclusiva apical e qualquer outro tipo consonântico, como a oclusiva dorsal ou a nasal labial. A alternância pressupõe uma escolha que não existe neste caso. Uma transcrição fonológica correcta de *Rad* deve assinalar que a consoante final é aqui o que se pode esperar de um /t/ ou de um /d/ nesta posição, isto é, qualquer coisa como /raːd/t/. Esta transcrição é igualmente válida para *Rat* "conselho", homónimo perfeito de *Rad*, com a ressalva de o seu radical apresentar [-t-] no plural *Räte*. A transcrição tradicional do produto da neutralização por meio de uma maiúscula destina-se a sugerir uma alternância: como aceitar identificar fonologicamente duas realidades distintas da transcrição fonológica, o /T/ de /raːT/ e o /d/ de /ˈr ːdr/? Ora é precisamente isto que é necessário fazer, se quisermos evitar confundir a modificação automática de [-d-] para [-t-] e, por exemplo, a escolha significativa de /e̝/ em vez de /aː/ quando passamos do singular *Vater* ao plural *Väter*.

4.1.5. Produtividade

Tendo, todavia, distinguido perfeitamente os casos de neutralização e de alternância, não seria neste momento conveniente que a descrição linguística dedicasse uma atenção muito especial às alternâncias produtivas? Seria de admirar que a linguística funcional, defensora de uma necessidade de apresentação dinâmica dos estados sincrónicos, não tenha tomado posição inequívoca sobre a produtividade de certas alternâncias e a necessidade de lhes conferir um lugar definido nesta descrição.

Consideremos, em francês, a alternância /-ẽ-/ ~ /-in-/ ou /in-/, largamente atestada pela formação dos femininos, quer se trate de variantes adjectivais, quer de derivados nominais, quer até de casos de sufixação, como, por exemplo, *fin - fine* "fino" - "fina", *crétin - crétine* "cretino" - "cretina", *matin - matinée* "manhã", *destin - destinée* "destino". Existem outras alternâncias que fazem intervir o fonema /ẽ/. Em primeiro lugar /-iẽ/~ /-iẽn/, de *mien - mienne* "meu" - "minha", *vient - vienne* "vem" - "venha", que a presença do /-i-/ ([j]) antes da nasal distingue perfeitamente das outras. Temos /-ẽ/ ~ /-ẹn/, sem o *i*, de *sain - saine* "são" - "sã", *train - traîne* "comboio" - "cauda" e até *main - mène* "mão" - "leva", ingenuamente postos em paralelo por alguns. Contudo, neste caso, a derivação faz-se frequentemente segundo o modelo /-ẽ/ ~ /-an-/ ou /-am-/ de *sain - sanitaire* "são" - "sanitário", *main - manuel* "mão" - "manual", *faim - affamé* "fome" - "esfomeado". Por fim, é necessário assinalar /-ẽ/ ~ /- ẹn/ em *châtain*, derivado de *châtaigne*, ("castanho" - "castanha"), /-ẽ/ ~ [-iñ] em *malin, maligne* ("esperto" - "esperta"), este último coexistindo, porém, com *maline* e, no uso parisiense contemporâneo, /-ẽ/ ~ /-yn/ em *un - une*, ("um" - "uma"), *brun - brune* ("moreno" - "morena"). De entre todos estes tipos, apenas /-ẽ/ ~ /-in-/, que se verifica melhor em muitos falantes, mostra uma vitalidade comprovada por formas populares em que a forma em /-in-/ não é a que se esperaria a partir da etimologia e da grafia. Assim, encontramos *copine* por oposição a *copain* "o que partilha do mesmo pão". Já existiu também, por oposição a *pétainiste*, ortograficamente correcto, o espontâneo *pétiniste*.

Se os linguistas contemporâneos hesitam em fazer intervir a produtividade dos fenómenos, é sem dúvida porque esta apenas pode ser estudada através de uma observação paciente, perante a qual os teóricos recuam, e é difícil apresentá-la em termos de grandezas discretas. Desde há longo tempo que produtividade da alternância francesa /-ẽ/ ~ /-in/, /-in-/ foi assinalada, mas citam-se sempre os mesmos exemplos. Seria certamente possível encontrar outros. Mas para isso seria também necessário pormo-nos à escuta dos usos populares e infantis, dos quais se retiraria um rendimento horário eventualmente bastante baixo, mesmo se tivéssemos o cuidado de registar não apenas todos os /-in-/ inesperados, mas ainda todas as formas analógicas do mesmo tipo, como os derivados com /-t-/ de ligação à maneira de *tabatière* "tabaqueira" (de *tabac* "tabaco") e de *pianoter* "arranhar o piano" (de *piano* "piano").

Face à nossa recusa de considerar uma alternância como /-ẽ/ ~ /-in-/ no capítulo da fonologia, poderia ainda haver a tentação de argumentar com a dificuldade em articular sucessivamente duas vogais, como o /ẽ/ final de um radical e o /i/ inicial do sufixo -*iste*. Na verdade, essa dificuldade não existe. Encontram-se sucessões do mesmo tipo na sutura derivacional: ninguém tem dificuldades em articular *passéiste* ou *téléaste*, e houve certamente alguns /petẽist/ na boca de crianças ou de adultos pouco influenciados pela grafia. Em qualquer dos casos, à-parte o abaixamento do véu do palato, comum à vogal /ẽ/ e à consoante de /-in/, os dois termos da alternância não têm fonicamente mais nada em comum: por oposição a [i], a mais fechada das vogais anteriores, temos uma vogal nasal tradicionalmente transcrita [ẽ], mas cujo grau de abertura é mais o do [a] de *patte*. Daqui resultam as confusões recorrentes de *affirmer* e *infirmer*, *assister* e *insister*, *désaffecté* e *désinfecté*[1].

4.1.6. *Flutuação*[2]

Falta falar do que é vulgarmente designado por flutuação. Não é raro que uma palavra tenha, como é costume dizer-se, várias pronúncias diferentes: ao lado do francês *je peux* "posso" podemos ouvir *je puis* , ou, em português, *touro* a par de *toiro*, *inapto* a par de *inepto*. As formas concorrentes podem, como neste caso, pertencer a dois estilos diferentes. Na maior parte dos casos, trata-se de variações de indivíduo para indivíduo que poderão corresponder, teoricamente, a divergências regionais. Entre os franceses dos dois terços norte do território, que distinguem, em posição final, entre /ẹ/ e /ẹ/, alguns pronunciam *quai* com a vogal fechada, outros com a vogal aberta. Isto também é válido para *les, des, mes,* mas é frequente ouvir-se /lẹ/ na boca de quem diz /kẹ/ e vice-versa. Assim, existe em francês contemporâneo uma certa instabilidade no emprego de /ẹ/ e de /ẹ/ em final de palavra, idêntica à que pode encontrar-se em português no *a-* inicial de certas palavras como *actuar, armário,* que para uns é [ạ] e para outros [ạ], ou no *x* de formas como *tóxico, intoxicar,* que corresponde a [s], [š] ou [ks]. Porém, não se fala em flutuação nestes casos.

Reserva-se este termo para o caso em que se podem encontrar, num mesmo indivíduo, pronúncias alternadas, com um ou outro fonema, e em que estas hesitações afectam uma parte considerável do vocabulário. Na realidade, trata-se de situações em que, à partida, a pessoa que descreve encontra com frequência monemas que apresentam numa mesma posição — em sílaba inicial, por exemplo — tanto um som como outro: tanto [b] como [v], por exemplo. Terá, pois, a tentação de ver, nestes dois sons, variantes de um mesmo fonema. Certamente que encontrou, no decurso da investigação, monemas em que só se deparava com [b] e outros em que apenas surgia [v]. Mas tal facto não impediu por isso que a distinção entre estas duas fonias, fonemas distintos na sua língua, lhe parecesse evidente.

Suponhamos que essa pessoa estabelece um fonema /ß/, cujas realizações alternariam entre /b/ e /v/. Ao retomar o seu corpus numa transcrição fonológica, vai encontrar alguns monemas para os quais, por mais que faça, não poderá obter uma transcrição fonética [b] e outros em que apenas encontrará [β]. Ainda por cima, encontrará, por exemplo, um monema constantemente transcrito como [bata], que designa uma dada planta, e outro, constantemente transcrito como [vata], que designa um dado utensílio. Trata-se de um "par mínimo", considerado como a prova decisiva da existência de duas unidades distintivas diferentes. Mas, mesmo que o vocabulário recolhido não apresentasse nenhum "par mínimo", se, por exemplo, tivéssemos apenas, por oposição a [ˊbata̠], [ˊva̠ka̠], seria necessário concluir que /b/ e /v/ são dois fonemas distintos, uma vez que o condicionamento sincrónico da diferença entre /b-/ e /v-/ não poderia ser atribuído à diferença entre os dois contextos (/-t/ ~ /-k-/).

Um fonólogo competente não hesitará em pressupor aqui dois fonemas distintos, mesmo se numerosos significantes da língua conhecerem alternativamente as duas fonias. Em casos muito particulares, existem precedentes bem conhecidos: muitos nova-iorquinos, por exemplo, hesitarão, para *either*, entre /aiðr/ e /iðr/, para *with*, entre /wið/ e /wiθ/. Mas estes casos limitam-se a alguns monemas bem identificados. O que é intrigante e se encontra muitas vezes em línguas exóticas é a existência de flutuações que afectam mais de metade dos casos em que surge esta questão. O mistério, neste caso, consiste na impossibilidade de identificar as condicionantes do emprego de uma ou outra unidade: não se trata nem de estilo nem de variação geográfica ou social, como acontece frequentemente para as variantes de fonema. Foi possível, durante um certo tempo, aceitar a ideia das variantes, até ao dia em que nos deparámos com algumas oposições caracterizadas. É evidente que estas últimas são decisivas.

É, com efeito, o fonólogo que detecta as flutuações quando submete os seus materiais fonéticos à experiência da comutação. Torna-se, portanto, indispensável que assinale a sua existência e a sua frequência no vocabulário, isto é, no âmbito dos limites que representam para o exercício da função distintiva de certas oposições. Mas deverá finalmente concluir que não afectam o estatuto fonológico das produções em causa. Caberá ao lexicógrafo e ao gramático apresentarem individualmente as unidades significativas que proporcionam, num dado ponto da cadeia dos fonemas, a escolha entre esta ou aquela unidade distintiva.

4.2. Função e segmentação em prosódia*

O termo "prosódia" é normalmente empregue na Europa — no continente e na Grã-Bretanha — para designar o que se chamava na América, nos bons velhos tempos do bloomfieldianismo, o estudo dos fonemas ou traços suprasegmentais.

Como é pouco conveniente adoptar uma nova classificação ou uma nova terminologia para os conceitos científicos, parece-nos preferível conservar o termo "prosódia", ainda que este designe elementos de natureza muito diversa. Mas é, evidentemente, essencial saber sobre de que é que estamos a falar e, para isso, é aconselhável definir esses diferentes elementos.

A definição de "prosódia" que poderíamos propor em primeiro lugar seria puramente negativa: no capítulo da prosódia, estudamos todos os traços e aspectos fónicos que, de uma ou de outra forma, não entram no quadro da segmentação em fonemas. Esta definição não assenta nem na natureza física nem, como veremos, na função dos elementos considerados. No quadro da linguística funcional, isto constitui um desvio

---

* "Function and segmentation in prosody", *Pakha Sanjam*, vol. VI, 1973, pp. 202 - 208. Univ. de Patiala, Punjab, India. A lecture delivered in the High School of Languages in Hyderabad on October 20, 1972. Tradução francesa feita por Laurence BON, Milan GOLLIAN e Jean-Pierre GOUDAILLIER, no quadro do seminário de Denise e Frédéric François.

em relação ao princípio de base segundo o qual as unidades linguísticas são antes de mais consideradas pelo seu papel na comunicação.

No entanto, a segmentação em fonemas ocupa um lugar de tal forma central que a incluí na definição das entidades que queremos designar como línguas. Com efeito, ela é universal: não é possível imaginar uma língua sem fonemas segmentais, ao passo que, em numerosas línguas — nomeadamente em francês —, os traços não segmentais ocupam apenas uma posição marginal.

Se pedíssemos aos que se interessam pela análise, pelo estudo ou pelo ensino das línguas que definissem de improviso a prosódia, referir-se-iam sem dúvida à natureza física dos factos que ela implica: a altura, a intensidade, a duração, relevariam necessariamente da prosódia. Por azar, em inglês, o termo "stress", na sua origem perfeitamente apropriado, foi utilizado de maneira demasiado vaga e faz muitas vezes referência a uma valorização acentual, independentemente das componentes físicas (de intensidade e / ou melodia) do acento. Por conseguinte, nesta língua, será mais seguro substituir os termos cómodos de "pitch" e "stress" pelos mais eruditos de "altura melódica" e de "intensidade", os mesmos que se empregam em francês.

Sejam quais forem os termos que utilizamos, e ainda que um dos nossos objectivos seja aqui o de mostrar que uma definição física da prosódia não é de forma alguma aconselhável, tem interesse chamar a atenção para os caracteres comuns à altura melódica, à intensidade e à duração, que os tornam mais adequados para usos suprasegmentais que para usos segmentais: todas três estão automaticamente presentes desde que haja acto de linguagem, o que não acontece com os traços fonemáticos. Examinemos, por exemplo, a acção labial. A maioria das línguas conhecidas, à excepção talvez do iroquês, utiliza os lábios, mas em quase todas encontramos enunciados em que os lábios não têm qualquer função, como, por exemplo, em português, *esta carta é ininteligível*. A acção labial adapta-se portanto perfeitamente ao uso fonemático, que utiliza traços cuja presença ou ausência estabelecem a diferença entre duas palavras iguais em todos os outros pontos. A altura melódica, pelo contrário, está automaticamente presente desde que as cordas vocais vibrem. Não se pode emitir um som sem que haja um certo grau de intensidade, sendo a intensidade zero equivalente ao silêncio. A duração está de igual modo necessariamente presente, uma vez que os sons são apreendidos no tempo. Também a duração zero equivale ao silêncio. Consequentemente, a altura melódica, a intensidade e a duração adaptam-se muito, por natureza, à utilização fonemática.

Sabe-se, contudo, que as estruturas linguísticas manifestam um alto grau de liberdade em relação à natureza física dos traços que empregam. Assim, não é excepcional encontrar sistemas fonológicos em que uma série de consoantes fortes se opõe a uma série de consoantes fracas. Dado que as articulações fortes acompanham frequentemente uma maior duração e as articulações fracas uma menor, isto significa que /P/ ~ /p/ se realiza de facto como [P:] ~ [p]. Noutros casos, a distinção principal entre as duas séries é uma distinção de duração, de tal forma que somos levados a interpretar o membro longo de cada par como uma sucessão de dois breves, sendo /p:/ ~ /p/ muitas vezes interpretado como /pp/ ~ /p/. Por outras palavras, é inegável que a intensidade, a duração ou as duas desempenham frequentemente a função de marcas fonemáticas. Mas também é verdade, por outro lado, que os tipos fonológicos como o que acabámos de esboçar têm poucas hipóteses de se manter sob esta forma a partir do momento em que a frequência do membro longo ou forte de cada par se torna comparável à frequência média dos fonemas simples. Isto é, enquanto /P/ ou /p:/ tiver uma frequência comparável à do grupo /pt/, por exemplo, não seremos tentados a tornar o gasto de energia necessário à sua articulação inferior ao de /pt/. Neste caso, é perfeitamente aceitável a interpretação de /P/ ou de /p:/ como /pp/. Se, por outro lado, essa frequência crescer e se aproximar mais da de /p/ que da de /pt/, notaremos que tanto /p/ como /P/ (/p:/) têm tendência a diferenciar-se no plano qualitativo, desaparecendo então a diferença de ordem quantitativa no decurso desta mudança. O que acabámos de dizer a respeito das consoantes aplica-se *mutatis mutandis* às vogais.

Ao invés, pode acontecer que articulações perfeitamente localizadas, que funcionam normalmente como traços distintivos no plano fonemático, tenham uma função de ordem prosódica. O caso mais conhecido é o do movimento da glote. Não há qualquer razão para que uma oclusão glotal, localizada de maneira precisa, não seja utilizada como fonema ou traço constitutivo de fonema. E é, de facto, o que encontramos nas línguas mais diversas. Porém, ao que parece, um aumento rápido e súbito da frequência das vibrações da glote poderá culminar num fechamento glotal, de tal forma que encontramos muitas vezes oclusivas glotais que asseguram a função e o comportamento prosódicos de uma antiga curva melódica e que, por conseguinte, devem de facto ser consideradas como tons ou traços constitutivos de tons. É o caso do chamado stød dinamarquês que, na maior parte dos casos, não é uma verdadeira oclusão, mas uma contracção imperfeita da glote que se opõe à sua ausência, tal como o faria um tom. Em vietnamita, dois tons ascendentes, um tom ascendente baixo e um tom ascendente alto distinguem-se de outros tons ascendentes comparáveis por uma interrupção glotal na sua parte mediana.

Outro caso interessante é o da variante apical de alguns dialectos bearneses do sul da França, em que [r] não pode aparecer senão uma vez na palavra, sendo 'a sua colocação determinada pela forma fonológica desta, de tal modo que basta apenas saber se a palavra é uma palavra em *r* ou uma palavra sem *r*, assim como em sueco se deve saber se a sequência de fonemas /anden/ tem um tom simples ou um tom complexo. De um ponto de vista funcional, o [r] bearnês é um tom, uma vez que a sua posição na palavra está prédeterminada e, portanto, não tem pertinência distintiva.

Do que atrás ficou dito, depreende-se claramente que, *no quadro de uma perspectiva funcional da fonologia, a natureza física dos elementos considerados não é decisiva*. Dado que não podemos recusar a segmentação, é necessário conservá-la como critério que permita distinguir a fonemática da prosódia e atribuir um dado traço a um ou a outro capítulo da descrição fonológica, mas deveremos retomar como guia a função quando quisermos distinguir entre diferentes tipos de elementos ou de traços prosódicos.

De um ponto de vista funcional, distinguiremos em prosódia os tons, o acento e a entoação. Estes três elementos são assim classificados, do ponto de vista linguístico, do mais central para o mais periférico, desempenhando os tons um papel decisivo no estabelecimento da identidade das unidades significativas e sendo ainda característicos de certas línguas, enquanto a entoação sugerirá em rigor os sentimentos experimentados pelo locutor a propósito do que comunica, e isto de forma no fundo semelhante para todas as comunidades linguísticas. Estes três elementos classificam-se assim em função das dimensões do quadro em que cada um deles intervém — os segmentos caracterizados pelos tons são em geral os mais pequenos e aqueles em que opera a entoação os maiores. Para cada um deles, tentaremos determinar: 1) as componentes físicas mais comuns; 2) o quadro em que operam; 3) a maneira como contribuem para a comunicação linguística.

4.2.1. *Os tons*

A natureza física dos tons é melódica. Um tom é, regra

geral, um traço específico da curva melódica, sendo esta uma consequência necessária dos movimentos da glote. Não seria correcto dizer que é idêntico a um segmento dessa curva, uma vez que, em cada um dos seus pontos, a curva pode também caracterizar um dado contorno de entoação. Por outras palavras, os segmentos que precedem e se seguem a um ponto preciso da curva melódica são automaticamente determinados pela necessidade de ligar os tons pontuais entre si. Por conseguinte, não são pertinentes. Diz-se que os tons são melódicos quando o seu traço pertinente é a direcção de uma parte da curva melódica: ascendente, descendente ou plana. Os tons opõem-se também como unidireccionais e pluridireccionais. Assim, em sueco, um tom que seja indiferentemente ascendente ou descendente opõe-se a um tom ascendente-descendente. Os tons pontuais opõem-se como alto a baixo ou alto a médio e a baixo. Os tons melódicos, isto é, direccionais, podem também opor-se como alto e baixo e os locutores distinguem, por exemplo, entre ascendente alto e ascendente baixo ou plano alto e plano baixo. Como já referimos anteriormente, tons glotais podem opor-se a tons não-glotais. A glotalização é ora um dos traços distintivos de um ou vários tons, como em vietnamita, ora a única característica pertinente de um tom, como em dinamarquês.

 O segmento caracterizado por um tom pode ser mais pequeno que o fonema e chamar-se-á então uma mora. Em numerosas línguas dotadas de tons pontuais, uma sílaba do tipo /ta/ pode ter um tom alto na primeira metade de /a/ e um tom baixo na segunda. De um ponto de vista físico, a sucessão alto + baixo pode ser descrita como descendente. Mas a análise em dois tons pontuais nas duas moras sucessivas apresenta-se, melhor, impõe-se pelo facto de, na língua, a maioria das sílabas ter um tom pontual, isto é, existir apenas uma mora por sílaba. Na maior parte dos casos, o quadro em que aparece uma oposição tonal é a sílaba, ou, mais precisamente, o seu núcleo vocálico, isto é, o fonema silábico acompanhado ou não de uma "soante" sonora. Em lituano e em grego clássico, por exemplo, a distinção entre descendente e ascendente pressupõe um ditongo composto por vogal + soante ou o seu equivalente prosódico, uma vogal longa. Em sueco e em norueguês, o quadro tonal é a palavra polissilábica. Nas línguas que combinam acentos e tons, as oposições tonais limitam-se frequentemente às sílabas acentuadas, de tal forma que é possível mesmo estabelecer um paralelo com o quadro tonal da unidade acentual tal como esta será definida ulteriormente.

A função dos tons é decisiva, como a dos fonemas e traços fonemáticos distintivos. Ou seja, basta uma diferença tonal para identificar um monema ou uma unidade significativa maior, opondo-a a todas as outras unidades da mesma classe. Poder-se-ia estabelecer um paralelo interessante entre a conservação em sílaba não acentuada das diferenças de tons em chinês mandarim e do timbre vocálico em inglês. No quadro seguinte, as sílabas acentuadas estão em maiúsculas, as sílabas não acentuadas em que subsiste a distinção de tom em chinês e de timbre vocálico em inglês aparecem em caracteres romanos minúsculos, as sílabas não acentuadas com confusão das distinções de tons ou de timbres estão em itálico. Os números em expoente indicam o tom.

CHINÊS		INGLÊS	
WO^3 - *men*	"nós"	PLAY - *er*	"jogador"
WO^3 - *men* - *ti*	"nosso"	COMM - *on* - *er*	"plebeu"
LAO^3 - *ye*^{2}	"senhor"	PLAY - ground	"terreno de jogos"
LAO^3 - *ye*^{2} - *men*	"senhores"	PLAY - go - *er*	"amante de teatro"
HAO^3 - k^{h}an^4 - *ti*	"belo"	ok - TO - *ber*	"outubro"
FA^4 - *kwo* - ˇen^2	"francês"	PIN - e - fore	"bibe"

4.2.2. *O acento*

Podemos sublinhar uma sílaba pronunciando-a com uma intensidade maior, uma precisão maior, num registo mais elevado ou aumentando a sua duração. Tratando-se do inglês, o acento chama-se em geral "stress", o que reflecte o ponto de vista comum segundo o qual se faz normalmente sobressair a sílaba através de uma maior tensão dos órgãos da fala. Mas trabalhos recentes demonstraram que a altura desempenha também um papel. Além disso, em inglês, uma sílaba acentuada não pode terminar em vogal (a sílaba acentuada de *protestant* é *prot* — e não *pro* —), o que indica que a extensão também contribui para pôr em relevo a sílaba. Todavia, isto não é uma verdade universal: em castelhano, a sílaba acentuada é, por vezes, tão curta como as sílabas não acentuadas que a rodeiam ou mesmo mais curta do que elas. A intensidade articulatória, como elemento constitutivo do acento, tende a diminuir quando as distinções tonais se combinam com o relevo conferido pelo acento.

O acento pode ser concebido como forma de assinalar uma palavra na cadeia falada. Claro que muitas palavras nunca são acentuadas na linguagem normal e algumas palavras longas — as palavras compostas, por exemplo — podem ter mais de um acento. Dada a ambiguidade do termo "palavra", será preferível falar em "unidade acentual" e convém defini-la, para cada língua, como o segmento caracterizado pelo relevo efectivo ou virtual de uma e uma só das suas sílabas. Compostos como ingl. *musk-deer* ou *multiplication* e derivados eruditos tais como *energetic* ou *elemental* contêm duas unidades acentuais cujas fronteiras podem ou não coincidir com as dos monemas que os constituem.

Um dos erros mais graves que os principiantes cometem consiste em utilizar a expressão "acento distintivo". Por natureza, o acento não poderia nunca ser distintivo. A sua função essencial e constante exerce-se na cadeia. Assinala a existência, num ponto do enunciado, de uma unidade significante que contém a quantidade de informação provável de uma unidade lexical. Quando se quer dar especial ênfase, podemos acentuar determinadas unidades gramaticais; e algumas unidades lexicais, normalmente acentuadas, podem também ser sublinhadas de forma suplementar. Se empregarmos o termo "oposição" para designar a relação entre uma unidade efectivamente presente no enunciado e qualquer outra que pudesse figurar no mesmo lugar da cadeia — sendo a mensagem diferente — então poderemos usar o termo "contraste" para designar a relação entre as unidades efectivamente presentes no enunciado. Nestas condições, pode dizer-se que a função do acento é contrastiva. Se, como acontece em algumas línguas, o acento caracterizar automaticamente a primeira ou a última sílaba da unidade acentual (em geral, "palavras"), adquire então uma função demarcativa, isto é, assinala o princípio ou o fim das palavras. Nas línguas em que o lugar do acento na unidade acentual não depende da sua constituição fonemática, este lugar pode ter uma função distintiva, como acontece em português, em que distinguimos, por exemplo, *ânimo* e *animo* (_´ _ _ / _ _´_), *sentiram* e *sentirão* (_ _´_ / _ _ _´). Porém, mesmo se o lugar do acento for distintivo, o *acento em si* não pode ser senão *contrastivo*.

4.2.3. *A entoação*

Podemos definir a entoação, do ponto de vista físico, como o que resta da curva melódica uma vez providas as necessidades de ordem tonal e acentual. É, pois, essencialmente melódica, embora não se devam excluir os traços de intensidade, duração e pausa, se quisermos fazer da entoação o termo genérico para tudo o que pode adquirir uma significação linguística, uma vez que nos tenhamos abstraído dos fonemas, tons e acentos.

Na medida em que é possível identificar estruturas de entoação específicas, atribuímo-las geralmente aos segmentos de fim de enunciado, mesmo se caracterizarem o enunciado no seu conjunto como pergunta, constatação ou ordem. Contudo, a importância dada ao conteúdo final não deve fazer-nos esquecer os casos frequentes em que uma estrutura de entoação afecta uma parcela menor do enunciado, como uma proposição ou até mesmo um sintagma. É necessário conservar sempre presente que a entoação, contrariamente aos tons e ao lugar do acento, nunca pode afectar a identidade de um monema ou de um sintema (isto é, um composto ou um derivado) enquanto tal.

A melhor característica da entoação é, sem dúvida, a que a apresenta como um movimento glotal que acompanha o enunciado linguístico e por vezes o completa. A observação de línguas que não possuam tons nem qualquer espécie de relevo acentual, e nas quais o conjunto da curva melódica puder ser atribuído à entoação, mostra bem que, na maior parte dos casos, a forma desta curva é condicionada, no início, pela fisiologia dos órgãos da fala e, em particular, pelo aumento progressivo da frequência das vibrações da glote, que provoca uma subida melódica. Para o fim do enunciado, logo que se apercebe de que a mensagem foi transmitida, o locutor deixa decrescer naturalmente a tensão da glote, reduzindo assim a frequência das vibrações, o que tem por sua vez como consequência uma queda da curva. Todavia, dado que esta queda é facilmente interpretada como um sinal de finalidade, os locutores, por fim, recorrerão a uma entoação final não descendente ou ascendente para indicar a ausência de finalidade e as suas variantes: a incerteza, a hesitação, a interrogação. Uma ligeira subida indicará também que uma pausa, como a que se observa na escrita para uma vírgula, não marca o fim do enunciado.

Quanto mais rápida for a subida, tanto mais categórica será a asserção. O estabelecimento de um número definido de contornos diferentes deve ser interpretado não tanto como identificação de unidades de entoação discretas, mas mais como um esforço para marcar algumas amplitudes do leque de contornos possíveis num ponto. Ainda que todas as línguas pareçam ter características comuns no que diz respeito ao funcionamento da entoação, a presença em algumas de tons e/ou de um acento que utilizam as mesmas componentes fisiológicas entra em conflito com a utilização livre da curva melódica e pode provocar desvios em relação ao que se poderia considerar como o funcionamento normal da entoação. Por várias razões, algumas línguas, ou, mais frequentemente, algumas variantes sociais ou regionais de uma língua favorecem um contorno específico, cuja frequência anormal se torna assim característica dessa língua ou dessas variedades. Assim acontece com a entoação final sem descida, que se encontra em muitos britânicos cultos.

De maneira geral, a entoação não faz na verdade parte da mensagem, mas fornece indicações sobre a forma como o locutor reage em relação à experiência que a originou e pode ainda dar informações sobre a sua personalidade, o seu carácter, a sua origem social ou geográfica. Um contorno final ascendente pode implicar uma pergunta, tal como *do* em inglês, *est-ce que* em francês ou *-li* em russo.

Considera-se muitas vezes a prosódia como o capítulo mais complexo da fonologia. A razão é evidente: quem estuda as línguas sente-se naturalmente tentado a *fundamentar as suas análises e as suas classificações na natureza física do corpus recolhido. Tal forma de agir*, já confusa em fonemática, *provoca uma confusão total* quando — como acontece na prosódia — uma mesma realidade física, a melodia da língua, é utilizada para três fins diferentes, pelo menos nalgumas línguas. A perspectiva funcional constitui o único método adequado para a compreensão dos fenómenos prosódicos, o seu tratamento científico e a sua descrição.

NOTAS

1. Foi voluntariamente que não se retomou aqui o termo desastrado de "morfonologia" (por "morfofonologia", que fez fortuna para designar o estudo das alternâncias dos fonemas. Trata-se, em todos os casos, de morfologia. Cf. André Martinet, *De la morphonologie*, *La Linguistique*, 1, fasc. 1, 1965, pp. 15 - 30.

2. A noção de flutuação foi entrevista na *Description Phonologique*, Paris - Genève, Droz, 1956, p. 57, por André MARTINET, e designada assim, por sua sugestão, por MARY RITCHIE KEY, em "Phonemic pattern and phoneme fluctuation in Bolivian Chama (tacanan)", *La Linguistique*, fasc. 2, 1968, pp. 35 - 48. Será retomada, no plano teórico, por Christos CLAIRIS, em "La fluctuation des phonèmes", *Dilbilim*, VI, pp. 99 - 110.

5.
AS UNIDADES SIGNIFICATIVAS

Uma análise funcional dos enunciados que pretenda identificar unidades dotadas de sentido opera por meio da comutação. Por outras palavras, identifica uma dada unidade quando um traço de sentido corresponder a uma modificação formal do enunciado. No caso mais simples, essa modificação corresponde à substituição de um segmento do discurso por um outro: *ele* vende *o livro* em vez de *ele* compra *o livro*. No entanto, não é de modo algum invulgar que a atribuição de um e apenas um valor de sentido a um segmento seja impossível ou arbitrária: é impossível no caso do português *aos*, que se pronuncia [aus], e que equivale ao mesmo tempo a "a", "definido" e "plural"; arbitrário como quando procurarmos isolar, em *animais*, o que quer dizer "animal" e o que quer dizer "plural". Não poderemos nunca atribuir um valor linguístico a uma diferença de sentido que não seja acompanhada por uma diferença de forma, uma vez que essa diferença de sentido já não seria então perceptível — e portanto também não seria comunicável — e por considerarmos que uma língua é, antes de mais, um instrumento de comunicação. Contudo, uma vez assegurada a diferença formal, o que conta para uma unidade significativa é o seu sentido. É por este motivo que não designamos essa unidade, quando mínima, como um "morfema" — porque esta palavra evoca uma forma — mas sim como um "monema", termo que recorda a sua unicidade semântica. Este termo aplica-se tanto a *compr-* e a *vend-*, facilmente isoláveis em *comprar* e *vender*, como ao plural — que não se pode isolar em *animais*, que se insere no adjectivo *quaisquer* e que, em *lêem*, apenas se identifica pelo /AjN/ (*-em*) final da forma verbal (cf. *lê*).

Porém, se, no caso de *os pais lêem* — /uS´pajS´leAjN/ — um só monema, "plural", deixa três marcas (/... S ... S ... AjN/) em três palavras diferentes da grafia, como é possível coexistirem as duas noções de "monema" e "palavra"? Dito de outro modo, a noção de "monema" põe em causa a de "palavra", o que constitui o tema das secções 1 e 2 do presente capítulo. A noção de "silema", que a seguir se introduzirá, não se afigura como indispensável à análise do enunciado, mas única e exclusivamente como a noção que poderia permitir a reintrodução do conceito de "palavra" na análise funcional. Pessoalmente, não vejo qual o interesse disto. Redefinida para cada caso, a palavra poderá ajudar a identificar certos agrupamentos de monemas em línguas como o latim ou em antigas formas do alemão, para as quais tinha sido isolada e identificada como *uerbum, word, Wort* .

Faltava ainda encontrar um termo para designar as combinações de monemas empregues com referência a entidades únicas e cujos monemas componentes, por conseguinte ainda identificáveis, não pudessem ser determinados individualmente. Por exemplo, *lavrador, chemin de fer* "caminho de ferro", *avenue de la Gare* "avenida da Estação" podem ser analisados por comutação, mas qualquer tentativa para determinar os seus componentes resulta na sua destruição: um *caminho longo de ferro forjado* já não é um caminho de ferro. Para designar estes conjuntos, foi escolhido o termo de "sintema"; serão, como é evidente, estudados pela "sintemática", de que falaremos na secção 3.

Nas secções 4 e 5 reencontramos a sintaxe, que havíamos deixado no fim do primeiro capítulo. Os textos escolhidos têm como fim afastar o leitor dos seus hábitos, pondo em causa a noção tradicional de "sujeito". Só se conservará este termo sob reserva de uma redefinição precisa, condição essencial de uma análise que não pretenda atribuir às estruturas da língua descrita as estruturas da língua de quem a descreve.

5.1. Que fazer da palavra?*

O *Petit Larousse Illustré*, na sua edição de 1972, diz, a respeito do *mot* "palavra", que designa "um som ou um grupo de sons que servem para designar um ser, uma ideia" e, mais adiante, "uma letra ou um conjunto de letras delimitadas por dois espaços que representam esse som". Como é sabido, existe a possibilidade de contradição entre os dois elementos da definição: um *caminho de ferro* designa um objecto bem definido, que corresponde a uma ideia única, no sentido em que não seria possível definir qualquer um dos componentes do significante sem destruir o conceito: um **caminho longo... de ferro*, *um caminho de ferro forjado*. No entanto, é composto por três palavras separadas por espaços. Como esta definição corresponde, de facto, ao uso, temos então de diagnosticar aqui um caso de polissemia, o que aliás está indicado pelo próprio dicionário em causa, colocando uma barra vertical entre os dois elementos da definição.

A polissemia é uma condição *sine qua non* da utilização da linguagem humana: esta, como é sabido, deve permitir comunicar uma infinidade de experiências diferentes por meio de um vocabulário limitado. Assim, é necessário adaptar o vocabulário às necessidades, confiando a cada unidade significante

---

* Publicado em *Mot et parties du discours, La pensée linguistique 1*, dir. Pierre Swiggers e Willy van HOECKE, Leuven University Press, 1986.

o cuidado de significar o que for parcialmente diferente, buscando apoio no contexto para orientar o auditor ou o locutor. Não parece possível recusar essa possibilidade da língua aos que expõem os resultados da sua investigação. Uma objecção que me puseram foi que, nos *Elementos de Linguística Geral*, utilizei o termo "função" com valores muito diferentes: por um lado, com o seu valor habitual, em *função comunicativa da linguagem*; por outro, em *função gramatical*, para me referir, por exemplo, ao sujeito ou ao objecto. No entanto, não considerei aconselhável modificar nesse ponto a minha terminologia, pois creio que, no caso em questão, os contextos permitem sempre evitar a ambiguidade. Falar em "caso" para "função gramatical", como fazem alguns, é extremamente confuso para quem espera de um caso que se manifeste necessariamente por meio de uma desinência. Não é desta forma que se poderá eliminar a polissemia, a menos que se retire a "caso" o valor normal de ocorrência, o que é de facto impensável.

Por conseguinte, se o problema levantado pela "palavra" tivesse que ver unicamente com os dois empregos, eventualmente contraditórios, assinalados supra, poder-se-ia resolver com facilidade, recomendando a junção de "por escrito" ao segundo, em todos os casos onde o contexto não explicitasse a ambiguidade.

O verdadeiro problema da "palavra" não é este, mas sim a impossibilidade de definirmos exactamente, em primeiro lugar, o que é ou o que são uma ou várias palavras na cadeia do discurso — isto é, em sintagmática — e, em segundo lugar, o que é ou o que são uma ou várias palavras no léxico, isto é, em paradigmática.

Afirma-se que a palavra serve para designar "um ser, uma ideia". Como todas as definições dadas em termos semânticos, esta torna-se inutilizável na prática, a menos que dela deduzamos as implicações que nos permitirão pronunciar-nos numa dada situação. Quer se trate da designação de um referente particular e único na realidade perceptível (um "ser" na definição do *Larousse*) ou da forma como concebemos qualquer coisa de particular e de único existente ou imaginado ("uma ideia", na mesma definição), a tónica será sempre colocada na unicidade do significado. Esta unicidade implicará necessariamente que uma determinação, num contexto de linguagem, apenas possa abranger esta designação como um todo, e nunca um aspecto particular da entidade em causa. Isto também é válido quando a designação comportar elementos a que seria possível atribuir um sentido particular se apenas se limitassem a delimitar a individualidade do significado: se eu falar em *operação piloto*, não me refiro a dois objectos distintos, uma operação e um piloto, mas a um só, a uma operação de um tipo particular para a qual não encontro qualquer designação simples na língua, sendo portanto obrigado a construir uma através da determinação de um termo por outro. Assim que o tiver feito, porém, já não será de forma alguma possível dissociar os dois termos sem destruir a nova designação. A marca mais decisiva de tal dissociação seria a determinação individual de cada um dos seus elementos, como, por exemplo, em "uma operação de alto risco e piloto", em que restabeleceríamos a unidade distinta da operação e da noção de piloto. O teste da ausência de determinações particulares estabelece o carácter de "palavra" do conjunto *operação piloto*. Mesmo sem o hífen que dele faria uma "palavra escrita", pode-se caracterizar esta conjunto como uma "palavra composta", com o mesmo estatuto de *auto-estrada* ou de *timbre-poste* "selo de correio".

Este teste da não-determinação também é válido, como é óbvio, para os derivados e para os compostos. Dificilmente se poderá determinar um afixo que, de origem por assim dizer, apenas terá utilidade pela sua contribuição para o valor de um conjunto. Sem dúvida que não se pretende aqui que este teste sirva de forma infalível para distinguir "palavra composta" e "combinação de palavras". Não temos dúvidas no caso de *pomme de terre* "batata" ou de *chemin de fer.* Para um complexo *général de brigade,* lit. "general de brigada", "brigadeiro", a que o teste igualmente se aplica, alguns poderão contrapor que, uma vez que o sentido do conjunto se deduz de forma total da soma dos seus três elementos — o que não acontece nos dois casos precedentes —, não será necessário criar uma rubrica especial no dicionário. Mas também aqui o critério semântico se afigura demasiado difícil para preterirmos o teste da não-determinação. O caso de *corne de l'Afrique* corno de África aplicado à Somália e países vizinhos ilustra bem certas situações que não são raras e em que, na falta de um critério formal como a ausência de artigo antes do segundo elemento, poderemos ser levados a falar em palavra composta até virmos eventualmente a encontrar, escrito pelo próprio punho de um jornalista, *la corne orientale de l'Afrique* "o corno oriental da África", com uma determinação particular de *corne* que volta a pôr o problema. Não quer isto dizer que o critério não seja válido, mas sim que a reacção dos utentes da língua não é uniforme: existe, para uns, "palavra composta"; para os outros, uma combinação livre de elementos independentes.

Por consequência, não é a existência da combinação, numa só unidade, de elementos (independentes noutros contextos) que nos permitirá pôr em dúvida a validade da definição proposta como termo de partida. O que impede, de facto, qualquer possibilidade de adesão é a constatação de que, no uso corrente do termo "palavra", esta pode implicar não apenas a designação de um "ser" ou de uma "ideia", mas igualmente modalidades diversas que determinam esta designação. Poderá mesmo implicar a indicação das relações que a entidade em causa mantém, na experiência do locutor, com os outros elementos dessa experiência: em latim, *rosarum* "das rosas" é uma "palavra", mesmo se chegarmos a ouvir dizer que é "a mesma palavra" que *rosa* "a rosa" ou *rosis* "às rosas". Ora acontece que, além de podermos identificar o lexema "rosa", podemos também identificar a modalidade "plural" e o conector funcional "genitivo", que indica a natureza particular das relações entre a rosa — na ocorrência — e o resto da experiência. No dinamarquês *byernes* "das cidades", encontramos, além do lexema *by-* "cidade", uma modalidade *-er-* de plural, uma modalidade *-ne-* de definido, e um conector *-s* de genitivo, tudo junto na mesma palavra. Mas, no equivalente português *das cidades*, o genitivo está marcado por uma "palavra escrita" distinta, *de*, amalgamada ao definido *a*, que participa também na escolha do substantivo, e um *-s-*, que retoma a modalidade plural, explicitada pelo *-s* final de *cidades*. Por outras palavras, temos duas "palavras escritas" para o equivalente exacto da "palavra escrita" única do dinamarquês. Vamos supor que consideramos "palavra$_1$" e "palavra$_2$ (escrita)" como sendo dois polissemas distintos. Vamos correr então o risco de afirmar que temos uma só "palavra" em *das cidades*, tal como em *byernes* ? Ou será antes de defender que a anteposição das modalidades e do conector altera completamente os dados?

Hoje em dia, é bem conhecido o motivo que leva os elementos "gramaticais" pospostos a amalgamarem-se ao seu núcleo lexical, enquanto se demarcam formalmente quando antepostos. É que a identidade do núcleo lexical manifesta-se, prioritariamente, nos seus elementos iniciais — que são, como é natural, percebidos em primeiro lugar — e que, devido à redundância inerente a cada língua, serão suficientes para permitir o seu reconhecimento sem intervenção dos elementos finais: em *dicionário*, *dicion-* é suficiente para identificar a noção, e pouca importância terá que o fim do núcleo se amalgame mais ou menos com os elementos gramaticais pospostos. No caso inverso — e dado que o início do núcleo é indispensável à sua identificação — os locutores tomarão todas as precauções no sentido de preservar as suas particularidades, nomeadamente inserindo outras determinações — epitéticas, por exemplo, entre os elementos gramaticais e o núcleo: ptg. *os grandes dicionários*. É claro que existem excepções à regra da conservação da identidade da parte inicial do núcleo: são bem conhecidas as alternâncias iniciais das línguas célticas e as suas equivalentes francesas, representadas pelas ligações. Com modalidade anteposta, podemos citar o caso do aumento grego de ἔλαβον , por oposição a λαμβάνω. No entanto, estas excepções são suficientemente estranhas aos olhos de quem as encontra pela primeira vez para que possamos reconhecer o seu carácter marginal.

Será que devemos, então, definir "palavra$_1$" como sendo o conjunto composto por um núcleo (que obedeça ao teste de não determinação das suas eventuais modalidades) e seu conector, mas apenas na medida em que este — ou outros conectores — estejam colocados posteriormente na cadeia falada? Mesmo se acontecer então que o caso de ἔλαβον não se encontre abrangido? É pouco provável que isso venha a acontecer. Quando tentamos encontrar, para além das diferenças puramente formais, a identidade de *byernes* e de *das cidades*, é provável que hesitemos perante uma definição onde intervenham apenas elementos de pura forma, os quais, em última análise, não são pertinentes quando se trata de unidades de sentido.

O que poderia levar-nos a conferir aos complexos que acabámos de ver o mesmo estatuto que aos da composição e da derivação é a constatação que as modalidades implicadas, tal como os elementos individuais dos compostos e derivados, não são susceptíveis de determinações individuais. Em linguística funcional, as modalidades são definidas com grande precisão como monemas não determináveis. Os dois casos são, porém, muito diferentes: quando acrescento a *as rosas* uma determinação, como o epíteto *bonitas*, esta determinação tem como ponto de incidência *rosa-* e não a pluralidade das rosas, mesmo se a concordância me obrigar a acrescentar um *-s* a *bonitas*. Se acrescentar uma determinação ao derivado *lojista*, como, por exemplo, *rico*, não é a loja que é afectada, mas o conjunto, isto é, um indivíduo particular que possui uma loja. Se acrescentar *rich* ao equivalente inglês *shopkeeper*, não é apenas o núcleo - *keeper* que será assim caracterizado, mas também, da mesma forma, o determinante *shop-* , que reenvia ao que é sem dúvida a fonte da riqueza.

O caso do conector genitivo em complexos como *rosarum* ou *byernes* é um caso à parte. À primeira vista, seria tentador assimilá-lo ao das modalidades: seria igualmente um elemento não determinável, não afectado pelas eventuais determinações do núcleo. Podemos, todavia, perguntar-nos também se, num complexo como o alemão *in den Hof*, não haverá determinação do acusativo pela preposição *in*, uma vez que o acusativo que marcava a noção central de movimento (lat. *Romam* "a/para Roma") sofreu, no decurso da evolução da língua, uma precisão por meio de advérbios que especificavam a interioridade (*in*) ou o contacto (*ad*). Em sincronia pura, porém, poder-se-ia defender que a noção de interioridade é central e a distinção entre "movimento para" e "presença em" marginal. Pela nossa parte, bastará recordar que uma determinação do núcleo não afecta mais o conector — quer este seja determinável quer não — que as modalidades.

Um dos elementos do problema, que não intervém na definição do *Larousse*, é o estatuto prosódico da palavra, o que pode ter a ver com o facto de, pelo menos em francês, esse estatuto se apresentar de forma bastante imprecisa. O que se designa tradicionalmente nesta língua por acento parece caracterizar a parte tradicional de um complexo que não se confunde de forma alguma com a "palavra$_1$", isto é, a designação de uma identidade única. Pelo contrário, a utilização dos traços de ligação para unir o que se pode considerar como enclíticas finais ao seu núcleo respectivo, como, por exemplo, em *dites-le-lui* "digam-lho", conduziria a uma identificação entre "palavra prosódica" e "palavra gráfica". No entanto, se deixarmos de lado o caso um pouco marginal do francês e se examinarmos antes o latim, constataremos que, com a excepção de algumas enclíticas, existe uma correspondência notável entre o complexo formado pelo núcleo lexical e os seus anexos gramaticais pospostos, por um lado, e, por outro, o segmento no interior do qual o condicionamento do lugar do acento exerce a sua acção. Não é provavelmente por acaso que a noção de palavra, em latim *uerbum*, em francês *mot*, em ingl. *word*, em alemão *Wort*, adquire sentido num estado particular da evolução das línguas indo-europeias do Ocidente. Com efeito, é com referência aos dados acentuais que talvez seja mais recomendável conservar o termo "palavra", isto se não fosse de temer um encorajamento a perpetuar empregos mal definidos, os quais pretendemos prevenir no presente contexto. Seria menos perigoso empregar em todos os contextos o conceito de unidade acentual para designar o segmento de discurso em que a posição do acento pode ser definida. Quem quer que descrevesse o latim estaria assim totalmente à vontade para chamar "palavra" à unidade que, nesta língua, fizesse coincidir a unidade acentual e o núcleo lexical acompanhado pelos seus satélites, se não acontecesse que antigos advérbios estivessem já em vias de se tornar preposições, isto é, conectores que, pela sua anteposição, deixassem de fazer parte dos elementos amalgamados do sintagma nominal.

A prática funcionalista, ou, pelo menos, a que se encontra na *Grammaire fonctionnelle du français*, conserva a palavra apenas em referência a palavra gráfica, nas partes que tratam da forma escrita da língua. Em todos os outros casos, a unidade significativa de partida é o monema, isto é, o signo mínimo, o ponto do discurso em que coincidem um sentido distinto e uma diferença formal para constituir uma unidade de sentido não susceptível de análise em unidades de sentido mais pequenas. A diferença formal corresponde muitas vezes a um segmento distinto, mas também pode apresentar-se com uma forma descontínua, como no caso da concordância, por exemplo, com o monema "plural" em português, *os grandes animais* /uS'gRANdeS ani´majS/, por oposição a *o grande animal* /u 'gRANde animAL/. Também pode assumir uma forma variável conforme os contextos, como o monema plural do inglês, em *cups* /-s/, *ribs* /-z/, *brushes* /-iz/, *oxen* /- n/, *deer* (zero), etc. Pode ainda estar amalgamada com os significantes de outros monemas, como o monema plural do latim em *uiri* / -i /, *uiros* / -os /, *uirorum* /-orum/, *uiris* /-is/.

Chama-se *sintema* qualquer combinação de monemas que tenha exactamente o mesmo comportamento sintáctico que os monemas de uma dada classe, o que abrange o derivado, o composto e as cristalizações do tipo *jeune fille* "rapariga" ou *avoir l'air* "aparentar", por exemplo. Os monemas que compõem um sintema chamam-se "conjuntos". Os outros chamam--se livres, mesmo se estiverem ligados, ou até amalgamados a outros na grafia. Na verdade, a liberdade que possuem é a mesma que possuem os locutores para os empregarem individualmente a fim de comunicar a sua experiência. Quem diz *rosarum* escolheu, de facto, usar o genitivo e não o acusativo ou o dativo, mesmo se for incapaz de explicar onde se encontra o genitivo.

As combinações de monemas do tipo dos particípios têm um comportamento sintáctico particular pelo facto de "participarem" nas compatibilidades de diversas classes. Podemos designá-las como complexos *parasintemáticos* ou *parasintemas*.

No uso saussuriano, o termo "sintagma" abrangia o que designamos por sintemas. Tendo posto estes de parte, podemos definir o *sintagma* como o conjunto formado por um núcleo, os seus determinantes e, eventualmente, o conector que liga esse conjunto ao resto do enunciado. A frase, com o seu núcleo predicativo, é naturalmente um sintagma sem conector.

Para nos aproximarmos o mais possível do que se designa tradicionalmente por palavra ("palavra$_1$"), fomos levados a propor o termo *silema*, tendo como referência um sintagma em que apenas os determinantes são modalidades, isto é, determinantes não determináveis, ou, como se poderá dizer numa linguagem mais pitoresca inspirada numa visualização sintáctica, extremidades de ramificações. Um silema será, portanto, um núcleo acompanhado pelas suas modalidades e, eventualmente, por um conector: no sintagma *com as suas pesadas malas, com as suas... malas* é um silema. Um silema cujo núcleo se apresente em primeiro lugar corresponde frequentemente ao que a tradição designa por palavra.

Até aqui, limitámo-nos a questionar o problema da identidade sintagmática da "palavra". Falta considerar o problema da sua identidade semântica. O ideal seria, naturalmente, que toda e qualquer unidade de sentido tivesse sempre a mesma forma e que essa forma fosse distinta da de todas as outras unidades significativas da língua. Ora acontece que este ideal não existe em parte nenhuma. Encontram-se constantemente homónimos, isto é, uma mesma forma que corresponde a sentidos totalmente diferentes. A comunicação linguística não será afectada por isso se os homónimos não aparecerem nunca exactamente no mesmo contexto e exactamente nas mesmas situações. Veja-se o caso dos dois homófonos portugueses *coser* e *cozer*. Com um pouco de imaginação, é possível fabricar contextos em que não se saiba qual dos dois deve ser compreendido, mas nunca passaremos dos trocadilhos. Os produtos da polissemia são, à partida, bem diferentes dos homónimos. Não é por acaso que a "palavra" *tábua* tanto designa um pedaço de madeira como uma lista de fórmulas matemáticas. (*TÁBUA de calcular*). Quem conhecer todos os sentidos de *tábua* poderá entrever as condições que fizeram derivar estas significações de um e um só valor primitivo. Mas muitos utentes da língua apenas conhecem a forma em contextos como *pega nessa tábua, vê na tábua*, que, por si sós, não permitem encontrar esse valor. Assim, existem para eles dois homónimos de *tábua* que poderão usar durante toda a vida sem nunca se lembrarem de os aproximar um do outro.

A conservação da polissemia justifica-se pelas mesmas razões invocadas para explicar a possibilidade da homonímia: nos dois casos, os contextos são diferentes e impedem qualquer ambiguidade. No caso da polissemia, é o emprego da forma num contexto particular, um pouco forçado à partida, que alterou o sentido, e é a presença desse contexto que preserva e acaba por acusar a diferenciação semântica.

Em certos casos, o fenómeno é de tal forma flagrante que os próprios etimologistas não sabem se certas identidades formais se devem ao acaso, graças a influência do que se chama a atracção paronímica — isto é, o fenómeno da identificação total de formas que à partida eram um pouco diferentes e em que uma seria pouco habitual — ou se resultam de uma expansão polissémica. É o que se passa, em francês, com *fraise*, que tem quatro ou cinco sentidos diferentes ("espécie de colarinho", "membrana do intestino da vitela e do cordeiro", "monco do peru", "broca", "morango") e várias etimologias duvidosas, e, em português, com a palavra *peru*, com pelo menos dois sentidos diferentes e várias etimologias duvidosas [1].

Como é evidente, não somos de forma alguma obrigados a pôr o problema em termos de "palavras". Trata-se, em todos os casos, de valores diferentes atribuídos a uma mesma forma. Contudo, homónimas ou polissémicas, todas as formas acima citadas são monemas. Ainda que fossem sintemas, como *centenário* (de um acontecimento) e *centenário* (um indivíduo), a situação seria idêntica: estaríamos perante unidades sintacticamente simples e não perante sintagmas constituídos por um núcleo e por satélites. Por conseguinte, não há qualquer razão para invocar aqui senão o monema concebido naturalmente como estando relacionado, no seu funcionamento, com todos os sintemas que pertençam à mesma classe.

A linguística funcional não só não traz qualquer resposta à questão de saber se duas formas idênticas são o mesmo monema ou dois monemas diferentes como preconiza mesmo que, de um ponto de vista estritamente sincrónico, não há qualquer resposta possível. Cabe a cada lexicógrafo decidir, fazendo intervir a etimologia, se o desejar, e no caso de esta se encontrar disponível. Tentará, na medida do possível, ordenar os diferentes valores de maneira a que se imponha a possibilidade ou até a justificação da passagem de um para outro valor. Talvez comece por apresentar um que já não pertença aos valores sincronicamente atestados, como "superfície plana" para *tábua*, se este por sua vez permitir ao utilizador do dicionário unificar os valores divergentes.

Existem fortes probabilidades para que o ponto de vista adoptado seja mais prescritivo que científico, o que põe a questão de uma descrição perfeitamente objectiva dos usos lexicais: de que maneira se comportam realmente os sujeitos falantes nesta matéria? E, quando falamos em "sujeitos" não estamos necessariamente a pensar em pessoas cultas e instruídas, mas nos mesmos informadores que serviram para separar a fonologia e a gramática dos seus usos particulares. É bem conhecido o tempo que foi necessário para que os linguistas se decidissem a apresentar a pronúncia de uma língua, ou antes, as pronúncias reais e susceptíveis de registo, em vez de uma ideia feita a respeito da norma. Sem chegar ao ponto de reclamar um dicionário dos usos lexicais reais de uma comunidade linguística, não será pelo menos possível pensar na descrição de um idiolecto em que se distingam os empregos activos e as identificações passivas, as condições de emprego de cada unidade e o que ela sugere com alguma exactidão? Por exemplo, para *pisco*, a indicação do que representa o termo para a pessoa em causa, isto é 1. ?; 2. "um pássaro"; 3. "um pássaro muito comum"; 4. "um pássaro castanho", etc. Numa primeira fase, deveríamos limitar-nos a abranger um domínio particular, por exemplo, os animais e os vegetais. Será demais pedir que os princípios da investigação desapaixonada incluam também o estudo do léxico — mesmo se este deixar de pertencer aos signos discretos a partir do momento em que o sentido intervier? Quando estivermos convencidos que "desapaixonada" não significa "irresponsável" e que esta investigação deve ser feita em nome de uma pertinência científica, com a preocupação constante de definir os termos utilizados, teremos encontrado as bases reais de qualquer investigação científica.

Bibliografia da secção 5.1.

Não seria sequer possível tentar fornecer uma bibliografia que abrangesse o conjunto dos problemas relativos à "palavra". Na perspectiva particular acima adoptada e segundo a qual o termo só deverá ser conservado com referência a situações bem definidas, reenviamos a exposições do mesmo autor, nomeadamente àquelas em que se encontra discutida e afastada a ideia do paralelismo entre o fonema como soma de traços distintivos e a palavra como soma de traços de sentido, inclusive os traços das modalidades e do conector eventual; "Le mot", *Diogène*, 48, 1965, pp. 39 - 53, especialmente p. 47, reproduzido em *Problèmes du langage*, Paris, NRF, 1965, mesmas páginas, e, em inglês, "The Word", *Diogenes*, 51, pp. 38 - 54) e *Syntaxe Générale*, Paris, Armand Colin, §§ 3.44 a 3.61, especialmente 3.53 e 3.54; cf. igualmente "Monema e sintema", §§ 3 - 1 a 3 - 10.

5.2 **Do silema** *

Mesmo entre os linguistas que participaram no projecto estruturalista, existem muitos que se contentam de boa vontade com simples aproximações em matéria terminológica. Encontram-se, frequentemente, nas suas publicações, termos como

---

* Publicado no tomo XXV, 1980, nº 5 da *Revue Roumaine de Linguistique*, Hommage à A. Rosetti, pp. 551 - 554.

"morfossintaxe". Estes termos comprovam um desejo de distância em relação a uma tradição que distinguia entre morfologia e sintaxe, mas também comprovam uma hesitação perante o esforço que exigiria uma redefinição precisa dos termos.

Esta hesitação é particularmente frequente quando se trata da "palavra". Não existe nenhum linguista, de entre os que consagraram uma parte da sua atenção aos problemas de linguística geral, que não esteja consciente das dificuldades em fazer coincidir uma definição precisa deste termo com os seus diferentes empregos na linguagem de todos os dias e na prática escolar. E, no entanto, é possível constatar em quase todos um apego à "palavra", ou até mesmo tendências para os defender contra os que denunciaram as suas consequências nefastas[2].

O que explica esse apego é, além do desejo muito natural de não colocar permanentemente todas as questões em causa, o facto de que muitos não vêem razões para substituir esta noção. Os estruturalistas em geral trabalhavam com o "morfema", considerado, de uma forma ou de outra, como o signo mínimo, mas nunca alcançaram nenhum acordo a respeito da maneira como deveriam delimitá-lo. O próprio termo sugeria uma identidade formal, ou, pelo menos, uma certa similitude, de tal forma que havia hesitação ou mesmo recusa em identificar como o mesmo "morfema" o *-en* de *oxen* e o *-es* de *brushes*. A impossibilidade de um acordo nesta matéria contribuiu por certo para desacreditar, no espírito de muitos, qualquer tentativa de analisar o enunciado nos seus últimos componentes significantes.

Foi a convicção de que não se deveriam sacrificar as conquistas das investigações estruturalistas neste domínio que me levou a apresentar, sob o termo de "monema", uma nova versão do signo mínimo, identificado pela base do seu significado e sem ter em conta as variantes do seu significante: *oxen* e *brushes* comportam, tanto um como o outro, um mesmo monema plural, correspondente, em cada um dos casos, a um segmento distinto: -*en* e -*es*, mas igualmente presente nos amálgamas formais *men* e *children*, em que a segmentação é difícil ou impossível.

Desejoso de especificar a minha posição em relação a uma tradição terminológica francesa à qual atribuía erradamente uma certa vitalidade, pensei ser aconselhável conservar, nas primeiras edições dos *Elementos de Linguística Geral*, o termo "morfema" para designar as unidades gramaticais mínimas. Tal facto impediu-me de explicitar correctamente as diferenças entre o monema, redefinido por mim, e o "morfema" da prática pós-bloomfieldiana; os meus leitores podem ter sido induzidos a pensar que a escolha do "monema" reflectia o desejo de me demarcar dos meus colegas através de uma inovação estritamente formal. Além disso, também teria sido de assinalar que eu retomava o termo usado por Henri Frei, sem o valor que lhe atribuía o mestre genovense[3].

Quando trabalhamos com o monema, como fizemos na *Grammaire Fonctionnelle du français*, não há qualquer necessidade de reenviar à palavra, a não ser quando se trata da forma gráfica dos enunciados, em que a palavra se define como o segmento compreendido entre dois espaços, ou, por exemplo, em francês, um espaço ou um apóstrofe ou *vice-versa*.

Entre o monema e a frase, encontramos duas unidades. Em primeiro lugar, o sintema[4], que é a combinação de dois ou de mais de dois monemas, revelados pela comutação, e que tem exactamente o mesmo comportamento e as mesmas latitudes sintácticas que os monemas de uma classe determinada. Trata-se portanto do que a tradição designa por derivados (por exemplo, *lojista*), compostos (por exemplo, *auto-estrada, mala de mão*) ou cristalizações (por exemplo, *avoir l'air* "aparentar" *finir en queue de poisson* "acabar mal").

Em segundo lugar, o *sintagma*[5], conhecido pelo ensino de Saussure, mas nunca definido por ele, que não o distingue, no *Curso de Linguística Geral*, do sintema. É geralmente aceite

217

como um segmento do enunciado em que todos os elementos têm entre si uma ligação sintáctica mais estreita do que com os outros elementos do mesmo enunciado. Propomos uma definição mais precisa, segundo a qual um sintagma é composto por um monema central (ou vários monemas centrais coordenados), diversas determinações do elemento central e, eventualmente, monemas funcionais que marcam as relações do complexo assim constituído com o resto do enunciado. Numa frase como *Le garçon de l'hôtel entra avec deux très lourdes valises* "O empregado do hotel entrou com duas grandes malas", podemos distinguir os sintagmas: *le garçon* (núcleo *garçon*), *l'hôtel* (núcleo *hôtel*), *le garçon de l'hôtel* (núcleo *garçon*), *entra* (núcleo *entr-*), *avec deux valises* (núcleo *valises*, funcional *avec*), *très grandes* (núcleo *grandes*), *avec deux très lourdes valises* e, como é óbvio, a frase completa com o núcleo *entr-*, isto é, ao todo, oito sintagmas.

A partir das três noções de monema, sintema e sintagma, é possível tentar delimitar o que, na prática, se encontra abrangido pelo termo "palavra".

Muitos sintemas são "palavras", ou, pelo menos, partes não flexionadas de "palavras", isto quer se trate de compostos quer se trate de derivados. Contudo, é frequente que os hábitos ou as prescrições ortográficas, que impõem espaços (ou, no caso do francês, espaços ou apóstrofes) no meio de sintemas (*pomme de terre* "batata", *peinture à l'huile* "pintura a óleo"), se oponham, no espírito dos utentes, à identificação dos complexos em causa como "palavras compostas". Por outro lado, quem aceitaria reconhecer uma só palavra na cristalização francesa *finir en queue de poisson* "acabar mal"? A flexão de *finir* (*il finirait em queue de poisson* "ele acabaria mal"), que conserva, bem no meio do complexo, uma zona de variações formais, seria suficiente para desencorajar qualquer tentativa nesse sentido. Em português, o caso de *cãozinho — cãezinhos*, com flexão interna, é demasiado isolado para criar um precedente válido.

Se lembrarmos ainda que, segundo a definição, *Monsieur Jean Durand* "o senhor Jean Durand" e *le carnaval de Nice* "o carnaval de Nice" são sintemas, perceberemos então a impossibilidade de ver palavras ou bases de palavras sem a sua flexão em todos os sintemas.

Com o sintagma, aproximamo-nos um pouco mais do nosso objectivo: é por demais evidente, logo à primeira vista, que nem todos os sintagmas são "palavras", uma vez que a frase é um sintagma. Mas não seria possível ver na "palavra" qualquer coisa como um sintagma mínimo, que se compõe de um núcleo determinável (monema ou sintema), dos seus determinantes imediatos quando estes não são determináveis e, eventualmente, de um monema funcional de ligação ao resto do enunciado? Estes monemas não determináveis constituem o que em linguística funcional se considera como modalidades. Uma forma latina como *rosarum* é um bom exemplo de um sintagma mínimo desse tipo: à volta de um núcleo de significado, "rosa", encontramos uma modalidade, o "plural", e um funcional, o "genitivo". Para facilitar a discussão, pareceu-me útil criar uma designação menos ambígua que "sintagma mínimo". Assim, proponho chamar-lhe *silema* (de um elemento grego * *sullema*, de *sun-*, mais a raiz de *lambano*, "tomar", mais o sufixo *-ma, -matos*).

Felizmente, muitos silemas coincidem de forma agradável com o que a tradição identifica com "palavras" (no sentido sintagmático do termo, segundo o qual *rosarum* é uma palavra diferente de *rosas*, quando *rosarum* e *rosas* representam, no plano sintagmático, uma só palavra). Contudo, isto nem sempre acontece. Mesmo em latim, a língua a que ficamos a dever o conceito de "palavra[6]", não seria possível excluir, em *in rosas* , o funcional *in* do silema. Mas que dizer no caso das nossas línguas contemporâneas, em que determinantes não determináveis (as nossas modalidades) precedem muitas vezes os substantivos e se escrevem então normalmente à parte, tal como as preposições? Em português, *os pássaros* /uS ´pa̠saruS/ é um silema com duas modalidades, "definido" e "plural", que são ouvidas com a palavra núcleo e que, agrupadas na grafia sob a forma *os*, se encontram com frequência separadas do seu determinado por um epíteto.

O que mais vezes se constata é que, quando as modalidades e o funcional se seguem ao núcleo no enunciado (caso de *rosarum*) a tradição os agrupa com o núcleo numa só palavra. A razão para este facto é que não se pode então inserir nenhum elemento entre núcleo e anexos, ao passo que, se as determinações e o funcional precederem o núcleo, as inserções são normalmente possíveis. Isto não suscita de forma alguma uma escrita contínua.

A razão para esta diferença de comportamento é clara e foi apresentada muitas vezes[7]: quando se articula um monema lexical com uma certa amplitude, há fortes probabilidades para que, com a ajuda do contexto e da situação, o ouvinte tenha identificado o monema assim que tivermos atingido dois terços do seu significante. Um termo como o português *dicionário* /disiuna̠riu/ é suficientemente redundante para que seja identificado sem risco de erro assim que o sete primeiros fonemas tiverem sido produzidos. Os locutores terão portanto a tentação consciente de prestar atenção à produção dos elementos iniciais e de negligenciar um pouco a parte final. É bem conhecida a frequência da neutralização das oposições fonológicas nesta última posição. Ora acontece que dois monemas submetidos a um contacto constante serão, no decorrer do tempo, também submetidos a assimilações que modificarão a sua identidade formal: /… k + i … / passará provavelmente a /… c + i … /, etc. Se for necessário manter a identidade formal dos dois monemas sucessivos, será aconselhável inserir entre eles, sempre que for possível, um monema intercalar, adjectivo, advérbio ou outro. É o que acontece entre as modalidades e os funcionais antepostos e o seu núcleo, mas não quando estiverem pospostos, uma vez que é de esperar que se encontrem mais próximos desse núcleo que determinam.

A natural consequência destes factos é que os silemas cujas modalidades se encontrarem pospostas terão mais probabilidades de formar com o seu núcleo um todo onde nada poderá ser inserido. Isto tem como consequência o que se designa como "palavra" e que se escreve sem levantar a caneta na escrita alfabética: por oposição ao português *o nariz, o grande nariz*, ao inglês *the nose, the big nose*, encontramos o romeno *nasul* e o dinamarquês *næsen*.

Pareceria portanto impossível recuperar a noção de "palavra", em linguística geral, definindo-a como um silema de satélites pospostos. Porém, poderemos estar certos que se encontrariam disseminadas um pouco por toda a parte situações em que a prática levaria a falar em "palavra" mas onde a nossa definição não se aplicaria.

Vem-nos imediatamente à ideia o *aumento* indo-europeu, na origem provavelmente um advérbio, mas com toda a certeza uma modalidade em grego clássico, isto é, determinante não determinável do núcleo verbal, anteposto em relação ao núcleo, certamente susceptível de separação numa época muito recuada, mas que surge nos textos devidamente soldado ao monema ou sintema verbal.

Um outro caso indiscutível é o do verbo basco, em que, numa forma como *dakart*, "levo-o", por exemplo, *da-* é uma modalidade pronominal anteposta ao radical *-kar-* e não pode ser separada. Desde há muito que alguns linguistas se sentiram tentados a tratar como uma só "palavra" um sintagma verbal francês como *je le leur donne* /ž llœrdon/.

Nestas condições, é lícito perguntar se se deverá tentar recuperar a "palavra" e até sobrecarregar a terminologia linguística com um novo elemento, o silema, que, conforme o precedente aberto pela *Grammaire fonctionnelle du français*, é dispensável, tal como o conceito de "palavra". Eu sentir-me-ia tentado a conservá-lo, a título pedagógico, mesmo sem o usar na apresentação das línguas. A experiência mostra, todos os dias, que o que só podia complicar a exposição no caso de determinadas estruturas linguísticas pode tornar-se, noutros, fonte de esclarecimento. Existem, sem dúvida, circunstâncias em que o tipo particular de sintagma que designei por silema ganhará em ser identificado e isolado. Compete a cada um em particular decidir como o deve utilizar.

5.3. A sintemática*

No uso internacional, não existe um termo que seja uniformemente reconhecido para designar a criação lexical resultante da combinação de várias unidades de sentido. Este termo, que corresponderia ao alemão *Wortbildung*, abrangeria quer a cristalização (francês *jeune fille* equivalente ao inglês *girl* ou ao português *rapariga*) quer a composição e a derivação. Propus, para designar esse conceito, o termo de sintemática, derivado de *sintema* , que designa qualquer produto da actividade sintemática. Em sintema temos *syn-* , como em *sintagma*, com o valor de "com", o sufixo *-me* que se transforma em *-mat-* como base da derivação, e designa o produto de uma actividade e, no centro, o núcleo *-thé-* "colocar". O sintema é, portanto, o produto da conjunção de vários monemas. Pressupõe uma combinação mais íntima dos elementos em causa que o *sintagma* , em que o núcleo *-tag-* implica o alinhamento de unidades que conservam a sua identidade.

É bastante fácil delimitar o sintema. A comutação revela que se trata de um signo linguístico composto por dois ou mais

---

* Texto de uma conferência pronunciada em Ankara (Sociedade da língua turca) a 10 de Outubro de 1980, publicado em *Dilbilim* , VI, Istanbul, pp. 84 - 98, com um resumo em turco.

elementos significantes distintos, mas que tem exactamente as mesmas compatibilidades que certos signos mínimos da língua: os signos complexos *tire-bouchon* "saca-rolhas", em que *bouchon* pode comutar com *botte* para se obter *tire-botte* "calçadeira", e *guarda-chuva* em que *chuva* pode comutar com *sol* para se obter *guarda-sol* são, em ambos os casos, compostos por dois elementos semanticamente identificáveis. Porém, conservam, no enunciado, as mesmas relações com as diferentes classes de unidades significantes que os signos não analisáveis *bouchon* ou *chuva* possuem: podem ser determinados pelos artigos (*un tire-bouchon* como *un bouchon* "rolha", *um guarda-chuva* como *uma chuva*), pelo plural (*les tire-bouchons* como *les bouchons*, *os guarda-chuvas* como *as chuvas*), por um adjectivo com função epitética (*un grand tire-bouchon* como *un grand bouchon*, *um grande guarda-chuva* como *uma forte chuva*), podem estabelecer diferentes relações sintácticas com um verbo (*j'ai acheté un tire-bouchon* como *j'ai acheté un bouchon* , *apanhei com um guarda-chuva* como *apanhei com uma chuva*).

É necessário insistir num ponto: quando se fala nas mesmas compatibilidades, trata-se de relações de classe para classe, e não de relações entre as unidades individuais: *bouchon* pode encontrar-se muitas vezes determinado, especificado, por *liège* (*bouchon de liège* "rolha de cortiça"), tal como *chuva* (*chuva de Verão*), o que é totalmente impossível para *tire-bouchon* ou *guarda-chuva* . Note-se que *tire-bouchon de liège* como *guarda-chuva de Verão* estariam gramaticalmente correctos, se bem que dificilmente correspondam a uma realidade perceptível. O que importa, na sintemática como na gramática, é que exista, por exemplo, em *bouchon* e *bouchon de liège* como em *chuva* e *chuva de Verão* , a mesma amplitude para receber uma determinação substantival introduzida por *de: tire-bouchon de fer* "saca-rolhas de ferro" como *bouchon de liège* "rolha de cortiça", *guarda-chuva de seda* como *chuva de Verão* , ou uma determinação adjectival: *vieux* "velho", *bon* "bom", *mauvais* "mau".

Por outro lado, a forma como se manifestam, na grafia ou na oralidade, os determinantes do monema e do sintema não tem, neste contexto, qualquer pertinência: o plural que determina o monema *papier* "papel" provoca o acrescentamento de um *-s* à forma escrita deste monema (*papiers*) e, no caso de determinar o sintema *coupe-papier* "corta-papel", afecta apenas a grafia do artigo que o acompanha (*les coupe-papier*). Contudo, temos nos dois casos a mesma estrutura gramatical: determinação de um nome por uma modalidade de número. É ainda a mesma estrutura gramatical que encontramos, por exemplo em *les bonshommes* "os homenzinhos", em que uma marca oral do plural se encontra inserida entre *bon-* e *-homme*, embora o conjunto se escreva todo pegado e a unidade semântica de *bonhomme* não se encontre afectada (cf. ptg. *qualquer / quaisquer*). Ou ainda em *les sacs à main* "as malas de mão", em que a grafia introduz um *-s* mudo no que é um composto com o mesmo estatuto do inglês *handbag* ou do alemão *Handtasche*. É fácil de ver, por estes exemplos, que a unidade linguística do sistema não é afectada pela inserção, na oral ou na escrita, de um elemento estranho no interior do complexo. Existem, pois, sintemas de significante descontínuo.

O que acabamos de afirmar a respeito das relações do monema e do sintema com o plural implica naturalmente uma abstracção total da noção de palavra concebida como a parte do texto separada do resto por dois espaços ou caracterizada por um comportamento acentual particular. A nossa análise é idêntica para o francês *le nez* "o nariz", em que, respectivamente, *le* e *nez* se podem separar (*le grand nez* "o grande nariz") e o romeno *nasul*, com o mesmo sentido, em que o nome e o artigo são formalmente indissociáveis. Uma vez abordado o exame das unidades de sentido no enunciado, apenas devem constituir objecto de interesse as compatibilidades mútuas das classes a que pertencem, isto é, a aptidão dos monemas de cada classe para se determinarem uns aos outros. A forma como se combinam materialmente, afectando a forma dos monemas que estão próximos na cadeia deve ser relegada para um capítulo particular. Esse capítulo é considerado como marginal quando se trata de observar a maneira como a língua permite a análise da experiência de cada um para a tentar comunicar a outrem. O capítulo em que tratamos das limitações formais provocadas pelas alternâncias, pelas concordâncias e pelos amálgamas constitui o que os primeiros gramáticos designaram como o estudo das formas ou morfologia. Se, como proponho, conservarmos este termo com este fim, constataremos que a morfologia se ocupa dos pontos em que a tradição linguística da comunidade impõe aos jovens falantes o emprego de formas diferentes para um mesmo valor de sentido. É perfeitamente claro que a aprendizagem linguística apenas estará concluída quando a criança se tiver habituado a reproduzir todas as formas inabituais — mesmo as mais disparatadas — que lhe são impostas, e é bem sabido como um hábito se pode tornar numa segunda natureza. Essas formas inabituais — digamos, por exemplo, em francês, *il va, nous allons, il ira* , ou, em português, *ele vai, eu fui, nós fôssemos* — não deixam por isso de ser, à partida, outros tantos entraves à comunicação linguística da experiência.

 Deve ficar desde já bem claro que o que interessa à sintemática é a constituição do que se chama tradicionalmente radicais novos. A classificação desses radicais complexos entre os radicais préexistentes, simples se forem monemas, complexos se forem sintemas, faz-se naturalmente com referência às suas compatibilidades, isto é, às classes de monemas com as quais estabeleceram relações determinadas. De entre estas classes, existe a dos monemas gramaticais. Se, em francês, um dos nossos radicais entrar em relação de determinação com a classe que compreende os artigos, colocá-lo-emos entre os nomes. Se puder ser determinado pelos monemas da classe dos tempos, dos aspectos ou dos modos, colocá-lo-emos entre os verbos. Mas esta referência aos elementos com os quais se pode combinar não significa que esses elementos façam parte do sintema. Tomemos, por exemplo, o caso do monema francês *ouvr-* /uvr/ "abre". Tradicionalmente, é visto como a forma mais simples de uma palavra que pode assumir outras formas tais como *ouvrons* /uvrõ/, "abrimos", *ouvrions* /uvrjõ/, "abríamos", etc. Para nós, que não funcionamos em sintaxe com a noção de palavra, estas últimas formas são combinações de monemas. *Ouvrions*, por exemplo, combina o monema /uvr/ da classe dos verbos com o monema imperfeito, (que tem neste caso a forma /i/) da classe dos tempos, e o monema de 1ª pessoa /nuz ...õ/, de significante descontínuo, da classe dos pronomes pessoais. O monema *ouvre* /uvr/ faz parte do sintema *entrouvre* /ãtruvr/, que vai poder combinar-se exactamente com as mesmas classes de monemas, tempos, modos e pessoas que o dito monema *ouvre*. Para nós, não há palavra *ouvrir*, susceptível de assumir formas diversas ao combinar-se com desinências, existe antes um monema *ouvr-*, a que se opõem um certo número de sintagmas como *ouvrons, ouvrions, ouvrît*, etc.

Os monemas ditos gramaticais são, na maior parte dos casos, caracterizados pelo facto de serem determinantes não determináveis. No segmento de enunciado *le grand arbre* "a grande árvore", o nome *arbre* recebe dois determinantes, dois elementos que especificam o seu valor na ocorrência: *le* e *grand*. Entre estes dois determinantes há uma diferença considerável: *grande* é determinável (*très grand, assez grand*), mas o mesmo não acontece com *le*. Designamos pelo nome de modalidades os determinantes não determináveis. Note-se que, entre os determinantes dos verbos, figuram pessoais que não são modalidades por serem determináveis: *Nous, citoyens de ce pays, déclarons que...* " Nós, cidadãos deste país, declaramos que ...".

Para a interpretação dos valores do enunciado, é pouco significativo que a modalidade se apresente na grafia como uma "palavra" distinta separada do resto do enunciado por espaços ou por um apóstrofe (por exemplo, o *o* de *o caminho* , ou o *l'* de *l'animal*), ou que forme com o seu determinante um único complexo gráfico, como o artigo posposto do dinamarquês *bordet* "a mesa", ou o plural no inglês *tables*. Na realidade, estes traços da grafia implicam frequentemente, no enunciado oral ou escrito, a separabilidade ou a não-separabilidade dos elementos em questão: é possível dizer *le long chemin* "o longo caminho", *le bel animal* "o belo animal", mas não inserir qualquer coisa entre *table* e *-s* . A teimosia em trabalhar com a noção de "palavra" implica uma diferenciação fundamental entre *le nez* "o nariz" e o equivalente romeno *nasul*, entre *la table* "a mesa" e o equivalente dinamarquês *bordet*, que esconde a profunda identidade funcional dos elementos em causa.

A diferença abissal entre o monema e o sintema por um lado e a "palavra" simples, composta ou derivada por outro consiste em que esta última engloba os seus determinantes gramaticais, desde que estes se lhe sigam: *ouvraient* "abriam", com os seus determinantes *pospostos*, forma uma palavra, mas *les coupe-papiers* "os corta-papéis", com os seus determinantes *antepostos*, forma duas; um mesmo determinante, *nós... mos*, decompõe-se em *nós*, que é uma palavra, e em *-mos* , que é uma parte da palavra. O sintema, por sua vez, é concebido independentemente das suas determinações, estejam estas antepostas ou pospostas. Como é óbvio, isto também é válido para o monema. Quer se trate das formas francesas *il posait, il déposait* ou dos seus equivalentes latinos *ponebat* ou *deponebat*, temos um monema /poz/ e /pone/, um sintema /depoz/ e /depone/, um monema (modalidade) de imperfeito /ẹ/ e /ba/ e um pessoal de 3ª. pessoa /il/ e /t/. Este pessoal é uma "palavra" em francês falado, uma "desinência" em latim, mas isso pouca importância tem na nossa análise sincrónica, que visa isolar não os segmentos mas os *valores* componentes do enunciado.

A análise em monemas e em sintemas abstrai portanto das complicações formais. Isto implica que, em muitos casos, não se pode identificar um monema pela sua forma fónica ou gráfica: o monema imperfeito francês surge ora como /ɛ/ (*il était* "ele era"), ora como / j / (*nous étions* "nós éramos"); o conjuntivo, na mesma língua, pode não se manifestar como em *il chante* "ele canta", ou então pode revestir a forma [j] (*nous chantions* "nós cantemos"), que se confunde com a de imperfeito ou, de maneira mais decisiva, pode ser reconhecido através de uma forma particular do radical verbal (*il fasse* "ele faça"). Não deveremos, pois, hesitar em designá-lo por "conjuntivo", isto é, quando nos referimos ao seu significado, ao passo que deveremos utilizar o significante na sua forma oral ou gráfica quando tratarmos de monemas como *avec* "com", *château* "castelo", *chante* "canta", que poderemos assim identificar sem problemas.

É preciso compreender que, se por um lado é indispensável distinguir entre o monema *ouvre* e o sintema *entrouvre*, uma vez que a operação fundamental que é a comutação revela a unicidade do primeiro e a dualidade do segundo, por outro lado monema e sintema não se opõem necessariamente. No decurso do processo de comunicação linguística, é frequente que tanto o locutor como o receptor não se ocupem da análise dos elementos sucessivos do enunciado: a repetição de *Tragam-me as minhas pantufas* ao longo de trinta anos até está bastante longe de o implicar. Com mais fortes razões o mesmo ocorrerá quando se trata de um sintema que corresponde habitualmente a um elemento único da experiência. Quando se fala em *telefone* não se pensa sequer em *televisão* e em *magnetofone*, que serão sugeridos ao linguista pela análise em *tele-* e *-fone*. Mas isto também não implica que um utente um pouco mais ousado não possa utilizar estes elementos para formar novos sintemas. Assim, é indispensável distinguir entre sintema e monema se quisermos de facto relatar o funcionamento da língua. Existem no entanto casos em que é difícil emitir uma opinião. Um sintema de formação recente como *siglaison*, isto é, a criação de siglas como SNCF ou CNRS, mostra que o sufixo *-aison* é bastante produtivo. Mas, se a análise de *flottaison* "flutuação" (marít.) não apresenta dificuldades, a de *floraison* "floração", embora comprovada por *floral* "floral" em relação a *fleur* "flor", é bem menos evidente, e a de *fenaison* "colheita do feno" por oposição a *foin* "feno" apenas se impõe aos etimologistas. Não hesitámos em apresentar anteriormente *bouchon* como um monema. Mas, se o aproximarmos de *torchon* "pano de limpeza", não seria possível ver nele um sintema formado pelo sufixo *-on* com o sentido de "objecto que serve para" e pelo radical de *boucher* "tapar", tal como seria possível encontrar *torcher* "limpar" em *torchon*? Ou este tipo de análise é um exclusivo do linguista que nunca aflora à consciência dos locutores normais?

É necessário optar entre estas incertezas, que correspondem com bastante precisão às condições de utilização da linguagem pelos locutores. Parece-nos que seria útil encontrar um termo que servisse para designar o segmento do enunciado, quando não pudéssemos decidir se se trata de um sintema ou de um monema. No entanto, o de *tema*, proposto já há bastante tempo, parece não ter servido. Geralmente, fala-se em "sintema" sempre que houver uma sugestão de outra análise possível.

Assim, se por um lado existem claras vantagens em não procurar impôr uma oposição categórica entre sintema e monema, por outro é indispensável distinguir perfeitamente sintema e sintagma. Convém lembrar que a distinção não se encontra em Saussure. Quando se tenta ilustrar, no *Curso*, o que é um sintagma, é frequentemente de um sintema que se fala. Saussure tinha outros problemas a resolver. Não teve sequer o cuidado de especificar o que se devia entender por sintagma. Das suas palavras pode, todavia, depreender-se que um sintagma é formado por qualquer conjunto de unidades significativas mínimas (os nossos monemas) que mantêm entre si relações sintácticas mais íntimas do que com as restantes parte do enunciado. Eventualmente, também faz parte do sintagma qualquer unidade significativa (monema ou sintema) que ligue esse conjunto e a restantes parte. Isto implica que uma frase é um sintagma e que um sintagma pode ser constituído por vários sintagmas. No enunciado *Un très beau chêne ombrageait la cour* " Um belo carvalho dava sombra o pátio" encontramos, portanto, um sintagma que é o conjunto do enunciado, o sintagma constituído por *Un très beau chêne*, por sua vez formado por dois sintagmas — *un chêne* e *très beau* — e finalmente o sintagma *ombrageait* e o sintagma *la cour*. Alguns poderão ainda, por razões lógicas que não subscrevemos, acrescentar o sintagma predicativo *ombrageait la cour*. Em português, em *Ele vivia no seu quarto*, propomos que *no*, que liga o segmento *seu quarto* ao resto do enunciado, forme sintagma com este segmento. É evidente que, conforme a definição dada anteriormente e de acordo com o uso saussuriano, um adjectivo *montanhoso*, em que distinguimos entre o núcleo *montanh-* e o sufixo *-oso* formará um sintagma com o mesmo estatuto de *um caminho de montanha*. Ora acontece que — e é neste ponto que as nossas opiniões divergem — *montanhoso* é para nós um sintema e não um sintagma porque tem exactamente as mesmas compatibilidades de um adjectivo não derivado como *árduo* ou *difícil*.

É possível argumentar que o complexo *lourde pierre* "pedra pesada" pode aparecer em todos os contextos sintácticos em que se encontra *pierre* sózinho e que, por conseguinte, deveríamos considerá-lo, de igual modo, como um sintema. No entanto, esqueceríamos então que *lourde pierre* pode aparecer ao lado de *très* (*une très lourde pierre* "uma pedra muito pesada"), o que não é válido para *pierre* sózinho. Portanto, não existem compatibilidades idênticas. Isto leva-nos a precisar que os elementos constitutivos do sintema não são susceptíveis de receber determinações particulares distintas das que são válidas para o sintema por inteiro. Assim, é possível determinar o conjunto *caminho de ferro* (*caminho de ferro antigo*, por exemplo), mas, se arriscarmos um estranho *caminho comprido de ferro forjado*, com determinação distinta dos dois elementos lexicais, já não se trata de um caminho de ferro.

A aplicação de um e um só critério de não determinabilidade dos constituintes do sintema poderia levar a classificar entre os sintemas as combinações de um monema lexical com uma ou mais modalidades. Tomemos o caso de *ombrageait* do exemplo precedente. É evidente que o elemento *-ait* "-ia", significante do monema "imperfeito", não é susceptível de ser determinado. Recordemos que esta ausência de determinação possível faz parte da definição das modalidades. Se *ombrageait* se conserva como sintagma é porque este conjunto não tem as mesmas compatibilidades de um monema como *ombr-* (de *ombrer*) ou de um sintema verbal como *ombrag-* (de *ombrager*): é incompatível com um imperfeito (*ombrageai-ait) ou qualquer outro monema da classe dos tempos.

Convém ainda lembrar que uma modalidade é forçosamente indeterminável e que uma determinação do núcleo ao qual se encontra ligada não a afecta de forma alguma. Se acrescentar a *ombrageait* o determinante *imparfaitement* (aqui com o sentido de "parcialmente"), esta reserva aplica-se à forma de configurar a sombra e não ao carácter passado do fenómeno. O sufixo *-age*, por si só, não será afectado de forma precisa pelo determinante (tal como o português "-ecer"), mas sê-lo-à da mesma forma que a base *ombr-* . O que é *imparfait* "parcial" é a forma como a árvore assume a sua função de escurecer. Assim, em francês, *ombr[er]* (sem *-age-*) em vez de *ombrage[r]* significaria algo de totalmente diferente.

*
**

Qualquer definição da noção de sintema exige, portanto, o estabelecimento dos dois critérios: 1) da identidade das compatibilidades; 2) da não-determinabilidade dos constituintes.

Alguns linguistas poderão perguntar se, na impossibilidade de uma definição, não será possível pelo menos uma delimitação do conceito de sintema em termos semânticos. Poderemos, por exemplo, dizer que o sintema é uma parte do enunciado que se refere a um elemento da experiência concebido como um todo? É de certa forma o que fizemos a propósito de *telefone* : um *telefone* é um telefone e não um aparelho que produz sons (*-fone*) à distância (*tele-*). Diremos portanto, em termos muito simples, que não se deve confundir a palavra e a sua definição. Todavia, vêm-nos logo à ideia os casos — que não são excepcionais — em que um juízo complexo sobre um objecto, um indivíduo ou uma acção assume imediatamente a forma de uma criação sintemática: para retomar um exemplo de Saussure, tanto poderei dizer, para comunicar a minha reacção a outrem numa dada situação, que *Cet individu ne saurait être décoré sans scandale* "Este indivíduo não pode ser condecorado sem escândalo" como *Cet individu est indécorable* "Este indivíduo é incondecorável". É assim possível condensar num termo toda uma zona da nebulosa da experiência que também poderia ser debitada por uma série de elementos sucessivos. Poderemos, portanto, dizer que criar um sintema, nestas condições é reduzir a multiplicidade à unidade. É atingir — com a ajuda de uma estrutura linguística préexistente — a concepção como um todo, que uma análise mais tradicional da experiência teria apresentado sob a aparência de unidades sucessivas.

Não restam dúvidas de que dispôr de um sintema onde até agora nos tínhamos contentado com um sintagma facilita a tomada de consciência de certas realidades. Se uma descoberta, em ciência ou em poesia, é a aproximação inesperada de duas coisas ou de duas "palavras", então a criação de um sintema, ou seja, a de uma nova "palavra" pode abrir caminho a novas descobertas. É verdade que um sintema delimita um significado único, mas é necessário compreender que só o faz tornando impossível qualquer referência ao que representaria um dos seus componentes se estivesse isolado. Deste modo, a única definição correcta do sintema é a que faz referência à impossibilidade de determinar individualmente os seus constituintes. Como sempre, em linguística, é mais seguro evitar as formulações definitivas que fazem intervir a introspecção ou hipóteses relativas aos processos mentais dos locutores.

*
**

Seria perigoso imaginarmos que o sintema possui forçosamente a aparência de um composto ou de um derivado, tanto mais que a composição é encarada de forma bastante restrita. Muitos franceses, fiados na grafia, recusar-se-iam a ver palavras compostas em *pomme de terre* "batata", ou *sac à main* "mala de mão", uma vez que os seus elementos constitutivos estão, na escrita, separados por espaços.

A investigação em sintemática permitiu tomar consciência de um tipo de composição designado por *confixação*, em que nenhum dos elementos componentes figura como monema livre: *thermostat* e *agronome* "termostato" e "agrónomo" são ambos formados pelos confixos *thermo-, -stat, agro-* e *-nome*, que podem todos surgir noutras combinações como *thermomètre* "termómetro", *aérostat* "aerostato", *agro-alimentaire* "agro-alimentar" e *astronome* "astrónomo".

É evidente que as siglas, quer sejam soletradas como CP [ˈsɛˈpe] quer sejam lidas como UNESCO [uneʃku], obedecem aos critérios acima estabelecidos para a identificação dos sintemas. Outros sintemas são, por exemplo, os nomes das ruas, avenidas, instituições, aeroportos, que incluem como parte integrante do sintema os monemas *rue, avenue. école, institut* " rua", "avenida", "escola", "instituto" : por exemplo, *rua da Louça, avenida dos Estados Unidos da América, Instituto Superior Técnico, aeroporto de Faro* , ou ainda *carnaval de Nice, feira de Março, ministério dos Negócios Estrangeiros*, etc. A redução frequente de *Instituto Superior Técnico* para *Técnico* não é diferente da de *metropolitano* para *metro* ou *esferográfica* para *esfero*. Também são sintemas *Mme Durand*, "Senhora Durand", *o professor Oliveira* , bem como os nomes próprios de pessoa que combinam nome e apelido como *Henrique Saraiva* ou *Inês Duarte*. A redução na intimidade destes últimos para os monemas *Henrique* ou *Inês* é paralela à que elimina *Instituto Superior* em *Instituto Superior Técnico* .

A produção dos sintemas é feita antes de mais a partir de modelos préexistentes, combinando elementos que não podem ou já não podem formar sintagmas normais. É naturalmente o caso dos derivados, que comportam, por natureza, um elemento que apenas figura nos sintemas. Para os compostos, existem determinadas estruturas particulares como as que nos dão *tire-bouchon, pomme de terre* ou *sac à main*. Eventualmente, trata-se de sintagmas que foram normais numa dada época. Hoje, isso já não é verdade e os compostos deste tipo são realizados, no dia-a-dia, segundo modelos que já nada têm a ver com a sintagmática contemporânea.

A outra fonte importante dos sintemas é a cristalização, isto é, a redução progressiva a um todo indissociável do que era à partida um sintagma. É o caso de *jeune fille* "rapariga", que, em francês cuidado, é geralmente precedido pelo indefinido plural *des* quando é sintema (*des jeunes filles* — inglês *girls* , português *raparigas*) e pelo indefinido plural *de* quando é sintagma (*de jeunes filles* = inglês *some young girls*, português *algumas raparigas*). Esta diferença de tratamento é apenas a concretização da passagem — que pode dar-se a qualquer momento — de um tipo para o outro. No caso muito frequente de *Elle a l'air gentille* "Ela parece simpática", a concordância do adjectivo com o sexo de *elle* em vez do género masculino de *air* indica que *avoir l'air* é apreendido como um sintema de sentido análogo a *sembler, paraître* "parecer", o que exclui uma determinação do elemento *air*.

Apesar disso, é por um mero acaso que os traços formais assinalam a mudança do estatuto do complexo em causa. Muito mais frequentemente, o que permite emitir uma opinião a favor da cristalização em sintema é o sentimento que a junção de uma determinação a um dos elementos mudaria o valor do conjunto: em *Afrique noire* "África negra", que designa o sub--continente a sul do Saara, qualquer tentativa para determinar o adjectivo independentemente do todo devolveria a *Afrique* a sua liberdade e, como se diz, "partiria" o sintema. Todavia, como acontece sempre que não podemos basear-nos num critério formal, casos haverá em que será difícil optarmos por uma ou outra solução. A actualidade conseguiu, há alguns anos, fazer um sintema de *La corne de l'Afrique* "o corno de África" para designar as regiões da Somália, de tal forma que poderíamos admirar-nos por encontrar, na pena de alguns jornalistas, um sintagma como *la corne orientale de l'Afrique* "o corno oriental da África" com o mesmo valor. Mas estas diferenças ilustravam bem a instabilidade do estatuto sintemático do complexo.

Falta-nos examinar uma situação em que nos sentiríamos tentados a falar em sintema porque, num complexo formado por uma base e por um monema determinante, relevamos compatibilidades que lembram as das classes de monemas existentes, mas em que o conjunto das compatibilidades relevadas não se encontra em nenhuma dessas classes. Ora acontece que partimos do princípio de que existem sintemas apenas quando existem monemas de compatibilidades idênticas. Trata-se do que é designado em francês por "o verbo em modos não pessoais", o infinito e o particípio.

Para não tornar o assunto demasiado complexo, consideraremos apenas em pormenor o caso do particípio francês, dito "passado", que designaremos antes como o particípio perfeito simples e que implica uma acção terminada ou um estado atingido. Para a maioria dos verbos franceses, o significante do monema particípio é *-e* ou *-ée*. O que nos interessa aqui não é o monema particípio, mas o sintagma que forma com o monema verbal, ou seja, por exemplo, *chanté, chantée*, e é o que designamos infra como "particípio".

O que há de particular no caso do particípio não é que possa participar, *segundo os contextos*, nas compatibilidades de classes diferentes: isto acontece muito um pouco por toda a parte, os adjectivos têm as suas compatibilidades próprias que não são as dos nomes, mas, num contexto em que um nome desapareça, podem assumir sem dificuldades todas as compatibilidades destes últimos. Assim, se em *la classe des petits enfants* "o grupo da escola primária" desaparecer *enfants*, *petits* pode assumir todas as responsabilidades do nome ausente. Em francês, em *Je vote pour la dissolution* "Voto a favor da dissolução", a eliminação de *la dissolution* — dado que todos sabem o que é que está a ser votado — implica transformar o funcional *pour* em advérbio. Em todos estes casos falamos de transferência de classe para classe.

Com o particípio, não são os casos de transferências eventuais que nos interessam, mas o facto que, num dado contexto, um particípio possa assumir tanto o papel de um adjectivo como algumas das compatibilidades do verbo. Tomemos o caso de *bloquée* "bloqueada". Em *La voiture bloquée par la neige était celle de nos amis* "O carro bloqueado pela neve era o dos nossos amigos" tem a função de epíteto. Em *La voiture, bloquée par la neige, n'était pas disponible* "O carro, bloqueado pela neve, não podia ser utilizado" tem a função de aposto. Em *La voiture était bloquée par la neige* "O carro estava bloqueado pela neve" tem um emprego predicativo (tradicionalmente, fala-se, em França, em atributo). Nas três frases, o particípio comporta-se tal como um adjectivo, mas, além disso, é completado por *par la neige*, que é o que se espera do verbo *bloquer* na passiva.

Trata-se, pois, de um complexo, formado por dois elementos comutáveis *(bloqu ~ é bloquant; bloqu-é ~ chant-é)*, em que nenhum pode ser determinado independentemente do outro, e em que qualquer determinação se aplica ao conjunto como um todo (*un enfant très choyé* "uma criança muito amimada" como *un enfant très frêle* "uma criança muito frágil"). Isto lembra precisamente o que já encontrámos no caso dos sintemas e impõe uma nítida oposição entre o particípio e os sintagmas do tipo *mangeait* "comia", em que qualquer determinação afecta o núcleo verbal sem afectar a modalidade de imperfeito. Sentir-nos-íamos portanto tentados a ver no particípio um sintema adjectival, considerando como não decisiva para a sua identidade a função assumida pelos seus complementos (*bloqué par la neige, tombé de l'arbre* "caído da árvore"). Não nos recusamos a colocar na mesma classe de adjectivos *fou* e *bon* "louco" e "apto", embora se possa dizer *fou d'amour* "louco de amor" com *de* e *bon pour le service* "apto para o serviço" com *pour* .

Esta solução, aceitável para o particípio perfeito, não é válida para o particípio em *-ant* , em que é necessário distinguir entre o adjectivo em *-ant* do tipo *brillant* (com concordância em *-ante*), resultado de uma transferência não automática, e o particípio sem concordância, claramente distinto. É ainda mais inaceitável no caso do infinitivo, combinação do monema verbal e do monema infinitivo, que tem comportamentos em comum com o nome e o verbo, tal como acontece com o gerúndio de numerosas línguas.

Convém, evidentemente, postular a existência de unidades significativas não mínimas que formem classes. Por sua vez, essas classes deverão ser fundamentadas por critérios idênticos aos das classes de monemas que substituíram as tradicionais partes do discurso. Penso que não deveremos confundi-las com os sintemas e portanto poderemos designá-las por parasintemas. Penso ainda que, para as distinguir dos sintemas, não devemos argumentar que se formam automaticamente a partir de qualquer base adequada — neste caso um monema verbal — uma vez que o carácter automático do acrescentamento de um sufixo a algumas bases (por exemplo, *-ment* para os advérbios franceses, *-mente* para os portugueses) não afectaria o estatuto sintemático do produto obtido.

O exame funcional das estruturas linguísticas está longe de atingir o seu fim. Embora se proceda de forma dedutiva a partir de uma definição axiomática do conceito de língua, o estudo de qualquer nova língua é susceptível de revelar estruturas inesperadas que enriqueçam os nossos conhecimentos sobre a linguagem humana. Uma reflexão mais aprofundada poderá levar-nos a propor, para estruturas conhecidas, exposições novas que, mesmo se não forem aceites, poderão pelo menos sublinhar as vantagens dos quadros em que funcionamos. Apresentarei apenas um exemplo, o de silema. Propus que se chamasse silema ("produto do que é apreendido em conjunto") ao conjunto formado por um núcleo determinável, monema ou sintema, as modalidades que o acompanham e, caso seja necessário, o funcional que liga o conjunto ao resto da frase. Em numerosos casos, o silema assim conseguido coincide com o que se designa tradicionalmente por "palavra" do enunciado. Isto é válido para muitas "palavras" das línguas indo-europeias antigas, para as formas dinamarquesas como *byerne* "as cidades", *hænderne* "as mãos", ou italianas como *andiamo* "vamos", *sarebbe* "seria". Porém, como é óbvio, *les villes, les tables* do francês, "as cidades", "as mesas" do português, são igualmente silemas. Pela minha parte, não utilizo o silema, a não ser para ilustrar a impossibilidade de fazer coincidir os empregos normais do termo "palavra" com uma definição propriamente científica.

Ao terminar, quero retomar o título desta exposição. Deve ficar bem claro que a expansão lexical, numa língua, nunca se limita aos recursos internos, isto é, às criações sintemáticas. Existem sempre trocas entre comunidade e comunidade e estas trocas resultam em empréstimos de objectos, de noções e de vocabulário. As trocas são, assim, uma fonte de renovação do léxico cuja importância e estabilidade variam de forma considerável de uma língua para a outra. É frequente que a dinâmica sistemática contribua para eliminar certos empréstimos. Não compete ao linguista enquanto linguista pronunciar-se sobre a oportunidade de tais práticas. O linguista observa os factos e classifica-os, mas abstém-se de pronunciar juízos de valor, excepto, como é óbvio, quando o que se encontra em jogo é o sucesso da comunicação. A minha intenção era apenas a de mostrar o papel decisivo que a sintemática desempenha na dinâmica da língua.

5.4. Será necessário abandonar a noção de sujeito? *

O título desta secção não deve de forma alguma ser interpretado como uma recomendação diplomaticamente apresentada sob a forma interrogativa. Ao escrevê-lo, pergunto a mim próprio se poderíamos ou não obter uma maior clareza nas nossas relações entre linguistas se decidíssemos avaliar, segundo os seus próprios critérios, cada caso em que estamos habituados ou nos sentimos compelidos a utilizar a noção de

---

* "Should we drop the notion of 'Subject'?", *La Revue Canadienne de Linguistique*, 17, 1972, pp. 175 - 179, traduzida para o francês pela UER de linguística geral e aplicada, Universidade René Descartes, seminário de "3e cycle".

sujeito, e se tentássemos imaginar terminologias novas e menos ambíguas para cada conjunto específico de critérios sintácticos. No entanto, tendo em conta as dificuldades previsíveis para obter um acordo entre todos os especialistas em questão, não iríamos então aumentar a confusão em vez de a reduzirmos?

Esta sugestão lembrará certamente aos nossos leitores a de Charles Fillmore, que pretendia excluir o sujeito dos seus universos casuais. Embora as duas posições, a minha e a de Fillmore, derivem, no fim de contas, de uma experiência linguística comparável, alargada muito para lá dos estreitos limites de Port-Royal e do MIT, são fundamentalmente diferentes. Fillmore considera indiscutível que existam efectivamente sujeitos nas estruturas de superfície de muitas línguas, mas sugere que sejam todos interpretados como manifestações exteriores de casos diferentes de estrutura profunda.

Os funcionalistas como eu, que consideram não existir estrutura profunda mas antes graus de pertinência linguística, e consideram ainda que não há universais linguísticos para lá do implicado na nossa definição da "língua", estarão inteiramente de acordo com as reservas de Fillmore a respeito da universalidade do "sujeito", mas interrogar-se-ão sobre as possibilidades de existência de um acordo a respeito do que convém exigir a uma unidade linguística para fazer dela um sujeito. O que esperamos encontrar em cada língua que observamos é uma organização sintáctica específica, que pode ou não ter traços em comum com a que acabamos de estudar ou com a que vamos estudar. O que deve ser evitado a todo o custo não é apenas a afirmação cientificamente estéril e absurda da identidade de todas as línguas, mas também a tentação dicotómica de estabelecer duas e só duas estruturas sintácticas de base, isto depois de termos descoberto a existência de construções ditas ergativas que dificilmente se podem encaixar no modelo verbo-sujeito-objecto tradicional.

Em seguida, recusaremos obstinadamente a tendência para considerações de ordem lógica sobre a natureza do sujeito que menosprezem a existência, numa dada língua, da função gramatical formalmente indicada — quer por um indicador de função como, por exemplo, uma desinência casual, quer pela posição no enunciado. É obviamente possível que, em certos contextos ou situações, a marca formal da função sujeito desapareça ou se encontre misturada, confundida com a de uma outra função. Existem muitas línguas conhecidas em que não é necessário marcar o sujeito como sujeito por meio de uma etiquetagem ou de uma posição: por exemplo, se a acção de pastar implicar "vaca" e "erva" como participantes, uma vez que se pressupõe que a vaca pasta a erva e não o inverso. Porém, a partir do momento em que certos meios formais para marcar o sujeito se encontram disponíveis e são frequentemente usados, a ausência de distinção constitui então um caso de sincretismo ou de homonímia funcional que não deve levar-nos a afastar a existência formal do sujeito.

 O termo de "sujeito", um decalque do grego *hupokeimenon*, é tradicionalmente utilizado para descrever um tipo de relação gramatical que se encontra nas línguas clássicas e indo-europeias ocidentais. Existe um clube de linguistas bem convencido pelos lógicos e pelos seus confrades de que qualquer enunciado humano é necessariamente constituído por um sujeito e um predicado. Docilmente, esse clube procura um sujeito em qualquer língua estudada, mas sem conseguir, em muitos casos, alcançar um acordo sobre o que poderá receber esta etiqueta. Para a maior parte — os mais ingénuos — tudo o que seja sujeito numa tradução inglesa, francesa ou russa deve ser considerado sujeito. Para uma minoria de iniciados, o termo deve aplicar-se a tudo o que estiver marcado formalmente como acompanhante mais ou menos automático do predicado. No caso das construções ditas ergativas, o inconveniente do primeiro procedimento consiste em que o que se chama "sujeito" de um verbo intransitivo possui a mesma marca (ou ausência de marca) que o "complemento directo", o "objecto" de um transitivo, ao mesmo tempo que o sujeito de um transitivo possui uma marca casual específica. O inconveniente do segundo procedimento, que é sem dúvida mais correcto de um ponto de vista puramente linguístico, é o de que estabelece de uma vez por todas o critério da presença obrigatória como a marca decisiva do sujeito, sem ter em conta o sentimento enraizado nos locutores indo-europeus de que o sujeito é antes de mais "o que faz a acção" ou o actor.

De um ponto de vista funcional, o critério da presença obrigatória, a que Fillmore atribui pouca importância, é certamente o mais operatório no que diz respeito às línguas indo-europeias ocidentais. É por demais evidente que definir o sujeito como "o que faz a acção" não poderia aplicar-se ao caso do sujeito de uma construção passiva em geral. Mesmo se *John suffers* puder ser "transformado" em *John does (suffer)* , é difícil num caso destes considerar John como actor. Um sujeito, enquanto unidade obrigatória, é o elemento que não pode ser suprimido, mesmo se a mensagem não exigir a sua presença: quando ouvimos *chove* , ninguém pergunta quem chove.

Em resposta a este critério da presença obrigatória, foi muitas vezes oposto o facto que, num certo número de línguas bem conhecidas, muitos verbos transitivos — se não todos — não podiam ser utilizados sem "complemento", "objecto". O objecto seria, então, neste caso, obrigatório; não haveria meio para identificar o sujeito. Todavia, a situação é completamente diferente porque apenas alguns verbos, os transitivos, e, mesmo entre estes, só alguns dos transitivos, não podem funcionar sem objecto. Além disso, como o demonstram certas línguas — o francês, o inglês — omitir o complemento directo é inabitual mas não impossível. Veja-se, por exemplo, o caso de *Trenton makes, the world takes* ou *il dit et moi je fais* — "ele diz e eu faço", ou, melhor ainda, "a palavra dele é lei" —, ao passo que omitir o sujeito em *Trenton makes machines* "Trenton faz máquinas" mutila o enunciado e torna a identificação impossível.

Também raramente são decisivas as excepções muitas vezes invocadas para mostrar que existem proposições sem objecto em "línguas de sujeito". O latim *ambulat* compreende um sujeito pronominal óbvio, como a 3ª. pessoa do singular do alemão *wird* em *hier wird getanzt* "Aqui dança-se". O espanhol *quiere* "ele ama" podia ser considerado como tema nu se uma construção como *quiere a su madre* "ele/ela ama a mãe", com uma terceira pessoa do possessivo *su*, não fizesse sobressair uma terceira pessoa sujeito amalgamada em *quiere*. Da mesma forma, os reflexos de 2ª. pessoa constituem as provas de uma 2ª. pessoa sujeito num imperativo do francês como *va-t'en*. As "línguas de sujeito" podem desenvolver maneiras astuciosas de predicar a existência pura e simples: inglês *there is a man*, francês *il y a un homme* ... Tais processos implicam um sujeito formal que é ou o elemento cuja existência se encontra predicada como em inglês ou um pronome "vazio" como em francês.

No entanto, o francês põe em relevo um tipo de estrutura sintáctica em que um sujeito — isto é, uma determinação obrigatória do predicado — pode ser omitido no caso dos predicados de existência: apesar da grafia, *il y a* em *il y a un homme* como equivalente de *there is a man* é percebido como /ja/, o que não aconteceria se *il y a* significasse *il* (masculino) ou *il* (neutro) *a là* como em *il y a son argent (à la banque)* "ele tem o dinheiro no banco". Por conseguinte, *il y a* /ja/ pode ser interpretado como um utensílio gramatical para a produção de um certo tipo de predicados, conservando o seu antigo estatuto a possibilidade de modalidades temporais e modais (*il y avait* /javè/, *il y aurait* /jòrè/.

O caso de *voici* e de *voilà*, em que nenhum locutor de língua materna francesa identifica já o verbo *voir*, é ainda mais decisivo. Trata-se de um mero utensílio gramatical para actualizar um objecto. No entanto, se a unidade apresentada for um pronome, este estará no caso oblíquo (*me voici!*) e *voici, voilà*, poderão ser seguidos por uma conjunção que introduza uma proposição subordinada (*voici que*)...

A existência numa língua de predicados nominais sem sujeito não implica a negação da existência de sujeito nessa língua. Temos o direito de definir o sujeito como o complemento obrigatório dos predicados verbais. Mas indicará isto, sem qualquer sombra de dúvida, que se devem prever diferentes graus ou naturezas de presença obrigatória do sujeito e poder-se-à então dizer quando é que se deixa de falar em sujeito? Não seria preferível abandonar, ao mesmo tempo, o termo e a noção de sujeito para ter em conta apenas uma escala de presença obrigatória? Não seria preferível também colocar este facto entre os que poderiam caracterizar funções gramaticais umas em relação às outras — o grau de participação na acção, a generalização ou limitação a certos contextos, a natureza formal do indicador de função ou a distância gramatical em relação ao predicado?

Infelizmente, isto arrastaria sem dúvida uma inflação terminológica considerável, o que, como outras experiências o demonstraram, nunca é bem vindo.

Será preferível conservar o termo de "sujeito" com referência à expansão obrigatória do predicado verbal, que coincide muitas vezes com o actor. Nos casos em que não existisse uma tal coincidência, utilizar-se-ia um outro termo para a expansão obrigatória, como, por exemplo, "complemento central" ou "primeiro determinante" (do predicado). Isto aconteceria com muitas das línguas que se designam de forma vaga como "línguas de ergativo". É evidente que, se numa língua não for concedido qualquer tratamento preferencial a expansões formalmente identificáveis no que diz respeito à omissibilidade, então não servirá de nada empregar o termo de "sujeito". Além disso, designações específicas como "agente", "paciente", ou "beneficiário" devem ser empregues sem que o sintaticista se sinta compelido pelo preconceito indo-europeu a favor do agente a conceder a este último o título consagrado de "sujeito".

5.5. Agente ou paciente *

5.5.1. *Dois vocabulários*

Quando abordamos os problemas de sintaxe, pode ter a sua utilidade lembrar a necessidade de utilizar dois vocabulários diferentes conforme nos referirmos à experiência que constituirá objecto da comunicação ou à forma linguística correspondente. É necessário envidar esforços para as manter distintas, mesmo quando nos sentimos tentados a confundi-las no decurso da exposição.

O agente

Observemos, por exemplo, o termo de agente. Em princípio, refere-se a um traço da experiência a comunicar por meio da linguagem, anteriormente ao momento em que escolhemos esta ou aquela língua para o fazer. Suponhamos que a experiência que vamos comunicar seja o facto que uma criança matou um pássaro com uma fisga. A criança terá sido considerada como um agente antes mesmo de termos procurado... e encontrado as palavras para o dizer. Conforme a língua escolhida, conforme o desejo que o falante sentir em valorizar este ou aquele traço da experiência, a palavra que designa criança

---

* Publicado em *La Transitivité et ses correlats* (ciclo de conferências organizadas por Denise François-Geiger), Centre de Linguistique, Travaux nº 1, Université René Descartes, UER de Linguistique, 1987.

vai aparecer como sujeito — *a criança matou o pássaro* — ou como "complemento de um verbo passivo" — *o pássaro foi morto pela criança* . É frequente dizer-se, neste último caso, "complemento agente", mas também se poderia falar num ergativo. O que é necessário lembrar é que a criança, na realidade dos factos tais como estes são apreendidos *é* um agente, quer esteja linguisticamente representado por um sujeito quer por um ergativo — complemento agente.

Este exemplo ilustra a tendência natural mas perigosa para utilizar o mesmo termo — neste caso, agente — tanto em referência à realidade apreendida como em referência à forma linguística correspondente.

A transitividade

Tratemos agora da noção de transitividade, que faz parte do título desta série de exposições. Talvez não seja o melhor ponto de partida para o que quero expor hoje.

Antes de mais, a transitividade chama a atenção para um tipo particular de relação de um participante com a acção, ao passo que os valores linguísticos existem apenas por oposição e por contraste.

Por outro lado, parece apresentar-se como uma noção linguística quando é na verdade uma noção semântica que pode referir-se apenas a um traço da experiência vivida. Ou seja, a acção exercida sobre qualquer coisa, quer a relação em causa seja expressa por um caso ou por um outro, pela posição no enunciado — *prejudicar alguém* — ou por uma preposição — *gostar de alguém* .

Também aqui ganharíamos em opôr de forma clara uma terminologia "experiencial" que não pressupõe qualquer organização linguística particular e em falar, por exemplo, em agente e paciente por oposição a uma terminologia mais propriamente linguística que faça referência às unidades de uma dada língua, cada uma com o seu significante e o seu significado como "acusativo", "dativo", "perfeito", "médio". Como é evidente, conviria redefinir cada uma destas últimas para cada língua em particular.

Esta distinção entre duas terminologias é, ao mesmo tempo, bastante desejável e muito difícil de manter devido aos nossos maus hábitos. Na exposição que se segue, poderão sem dúvida ser encontrados casos de confusão.

O sujeito

Uma outra noção prejudicada pelo facto de se encontrar a meio caminho entre "experiência" e "linguística" é a de sujeito.

Em francês, por exemplo, o sentido primeiro, não linguístico, é o de tema, "aquilo de que se fala", por exemplo, *o tema desta conferência (le sujet de cette conférence)* ...

Linguisticamente, o sujeito é, regra geral, um complemento como qualquer outro, mas um complemento cuja presença é obrigatória, o que dá a impressão que é o sujeito do discurso. Na realidade, o sujeito do discurso, caso deva ser linguisticamente marcado como tal, é introduzido de forma explícita em francês por *c'est... qui...*

Com efeito, o sujeito é sentido semanticamente -isto é, não linguisticamente — como um agente, ao qual se refere sem dúvida na maior parte dos casos mas não em todos, como se pode constatar em *o homem sofre* e em qualquer construção passiva como *o pássaro foi morto*. Temos muitas vezes a tentação de afirmar que o sujeito se identifica pela concordância, isto é, o retomar do sujeito substantivo no verbo. Porém, muitas línguas não conhecem tal fenómeno: o dinamarquês, por exemplo, tem *jeg ser* "eu vejo", *du ser, han ser*, etc. Outras línguas como, por exemplo, o basco, conhecem a concordância para todos os seus participantes ou então, como o oubhik, para todos os complementos, o que não deixa de fazer lembrar enunciados como *elle le lui y portera, sa mère, ce paquet, Jean, à la gare* "A mãe, ela vai levar-lho à estação, ao João, o pacote". Estes enunciados apenas parecem cómicos ou inabituais por causa da menção explícita de quatro participantes ou circunstâncias e pelo seu retomar (ou concordância) no sintagma verbal.. Já a presença de dois em vez de quatro (*elle le lui a porté, sa mère, à Jean* "ela levou-lho, a mãe, ao João") seria considerada possível tanto em francês como em português, sem dúvida num nível bastante familiar, mas normal.

Na realidade, o sujeito é um complemento obrigatório em função de actualizador. Significa isto que a presença de um sujeito em conjugação com o predicado confirma, para o ouvinte, o que sugere já a sucessão de fonemas identificáveis como tais, a confirmação de que o que é produzido é com efeito linguagem, isto é, uma emissão duplamente articulada, em fonemas e em monemas.

Do simples ao complexo

Para melhor apreendermos a variedade das estruturas linguísticas, seria preferível não utilizar as noções de "transitivo" e de "intransitivo", que sugerem que a transitividade constitui a norma, enquanto a construção intransitiva seria algo de um pouco à-margem. É preferível partir da construção mais simples, de um único participante, a construção "intransitiva", e examinar em seguida as que conhecem dois ou três participantes, entre as quais se vai encontrar o que se poderia chamar a construção transitiva.

5.5.2. *Construção ergativa e construção acusativa*

Quando procuramos classificar as línguas com base nos traços fundamentais da sua sintaxe, somos logo levados a distinguir dois tipos: um primeiro no qual o *participante único* (PU) da acção ou do estado — designado por "sujeito do verbo transitivo" — tem a mesma forma ou a mesma posição no enunciado que o representado pelo *agente* (A) numa construção de dois participantes. Este, por sua vez, implica, além do agente, um paciente (construção transitiva). Um segundo em que o *participante único* tem a mesma do que o que representa o *paciente* (P).

O primeiro tipo encontra-se em latim, em que a função dos substantivos é marcada por um caso, e em francês, em que essa função é indicada pela posição relativamente ao verbo (V). Como, por exemplo (em primeiro lugar em francês), os dois enunciados seguintes:

l'homme est – parti   PU + V
l'homme a – vu le cheval   A + V + P

E agora o seu equivalente em latim:

uir profectus – est   PU + V
uir equo – m uidit   A + P + V

com um paciente marcado enquanto tal pela desinência -m de acusativo e um agente de forma nua idêntica à do participante único.

O segundo tipo encontra-se em basco, em que a função dos substantivos é marcada por um caso e onde o equivalente dos dois enunciados precedentes tem a forma

gizona joan – da   PU + V
gizona – k kaldia ikhusi – du   A + P + V

com um agente marcado como tal pela desinência -k de ergativo e um paciente com uma forma nua como a do participante único.

A "lógica" das duas construções

A reacção das pessoas que praticam o primeiro tipo é a de que o segundo é ilógico, uma vez que o homem "faz" a acção nos dois casos. A resposta dos que praticam o segundo poderia ser que de facto existem razões para identificar participante único (PU) e paciente (P) porque se trata, nos dois casos, do participante implicado de forma mais íntima e directa. Sem dúvida que em *o homem caminha*, *o homem* é um agente, mas na construção idêntica *o homem sofre, o homem* não é o agente mas o paciente. Nos dois casos, encontra-se implicado de forma muito directa. Acontece o mesmo com o paciente em *o caseiro mata o pato*, ou *a mulher lava a roupa*, em que, respectivamente, o pato e a roupa se encontram implicados de forma mais directa que o caseiro ou a mulher, cuja actividade é momentânea. Os equivalentes em termos nominais — *morte do pato pelo caseiro* ou *lavagem da roupa pela mulher* marcam bem a independência maior do agente.

Como é óbvio, ambos têm razão segundo o seu ponto de vista, que é ditado pelas formas que empregam.

Forma dos substantivos implicados

Os dois tipos são designados, respectivamente, como *a construção acusativa* (ou objectiva) e *a construção ergativa*, o que é justificado pela história da investigação, mas que possui o inconveniente de não sublinhar o essencial: a identidade com o participante único do intransitivo, do substantivo que designa o agente num caso e o paciente no outro. Por outras palavras, é precisamente o que não se encontra marcado como acusativo ou como ergativo. Conforme vimos, o acusativo latino está marcado por um *-m* e o ergativo basco por um *-k*. Por oposição a estas marcas, temos em latim *uir*, que é o radical da palavra, e, em basco, *gizona* e *zaldia* sem desinência. Esta forma, designada em latim como o nominativo — isto é, a forma que serve para nomear — recebe muitas vezes, para as línguas de construção ergativa, o nome de *absolutivo*, que é válido para "caso sem marca".

Posição dos substantivos implicados

No que respeita à posição respectiva dos elementos, é frequente que, na construção ergativa, a forma não marcada do paciente seja mais aproximada do verbo que o ergativo. É o caso do basco, como já vimos. Em tzutuhil, língua maia de construção ergativa, o substantivo correspondente ao paciente estará mais próximo do verbo do que o que marca o agente (Martinet, 1985, pp. 8 - 22).

O caso particular do latim

O que acabámos de dizer aplica-se mal ao latim. Acontece que *uir*, sem desinência, é mais uma excepção do que a regra. A maioria dos substantivos latinos apresenta no nominativo uma desinência em *-s* , como *dominus* "dono da casa", *ciuis* "cidadão", *manus* "mão", e certos acusativos como *mare* "mar", *iecur* "fígado", *animal* com o mesmo sentido não têm *-m*. Ou seja, exactamente o contrário do que seria de esperar de uma língua de construção acusativa — que é, no entanto, o caso do latim e das línguas românicas dele derivadas — se aplicarmos o critério da identidade formal do participante único e do representante do agente, acima descrito. E isto acontece mesmo se o substantivo empregue, neste caso, não tiver a forma nua do radical, o que seria de esperar num verdadeiro nominativo que serve para designar independentemente da sintaxe ou num absolutivo por definição — por assim dizer, sem marca casual. Em questões de posição, já vimos no exemplo dado supra que o acusativo se encontra mais próximo do verbo, o que pode marcar a maior intimidade das suas relações. Tudo isto poderia indicar que o indo-europeu, de onde deriva o latim, era, numa data muito recuada, uma língua de construção ergativa (Martinet, 1968, pp. 210 - 212 e 223 - 229).

Outras possibilidades

Os dois tipos que acabámos de expôr não constituem as únicas formas de ordenar, em relação ao verbo da proposição, os representantes linguísticos dos participantes da acção. Encontram-se línguas em que se distingue sintacticamente a construção empregue com os verbos que não implicam qualquer actividade real como *morrer* ou *ver* e aqueles que, pelo contrário, transitivos ou não como *olhar* ou *andar* pressupõem uma intervenção da vontade. Mas as ditas construções acusativa e ergativa são incontestavelmente as mais frequentes, sem que possamos à primeira vista dar a primazia a uma ou a outra. Além disso, podemos encontrar tipos intermédios ou mistos, como, por exemplo, no caso em que alguns verbos apresentam sempre uma construção, enquanto outros apresentarão outra diferente. Qualquer contabilização torna-se então naturalmente delicada. Aliás, é fácil de ver o antecedente que se pode estabelecer para os dois tipos, de forma que, por fim, a escolha por um ou por outro acaba por resultar do acaso.

Expressão facultativa das funções

Falta ainda muito para que, em todas as línguas, as funções de todos os complementos do verbo, isto é, a natureza da sua relação com o núcleo predicativo, estejam sempre claramente explicitadas. Mesmo onde houver um sistema perfeitamente coerente, existem sempre advérbios ou empregos adverbiais que implicam não apenas um lugar, um tempo ou um modo, mas igualmente a natureza local, temporal ou modal das suas relações com o verbo: *ontem* não quer dizer "o dia que precedeu aquele em que nos encontramos", mas esse dia enquanto tempo em que se desenrola a acção; *avenida da Liberdade* designa não a artéria em si, mas sim o local em que se produziu um dado acontecimento. Podemos, aliás, especificar dizendo *na avenida da Liberdade* .

Existem línguas onde a maior parte das palavras que indicam lugar tem um valor de complemento de lugar sem acrescentamento de um indicador de função. *Floresta* , por exemplo, tem esse valor em *na floresta*. Noutras línguas, a ausência de indicador pode estender-se a praticamente todas as palavras da língua. Na verdade, em *erva, vaca, come*, não existe qualquer dúvida em que o agente é a vaca e o paciente a erva. Em *Pedro agride Paulo*, se Pedro for conhecido como dado a lutas e Paulo como um pobre coitado, qualquer indicação de função é inútil quer se diga *Pedro Paulo agride* ou *Paulo Pedro agride*. Numa comunidade restrita em que toda a gente se conhece, pode não existir a necessidade de precisar automaticamente quam faz a acção e quem a sofre. Apenas seria necessário precisar o caso em que Golias não matasse David. Isto exige a existência de partículas facultativas que serão utilizadas no caso de uma eventual confusão.

Expressão obrigatória das funções

No entanto, se a comunidade se estender e as relações sociais ganharem em complexidade, um dia virá em que exista a tendência para empregar automaticamente as partículas, a fim de economizar qualquer juízo sobre a necessidade do seu emprego *hic et nunc*. Partindo do princípio que existe uma para marcar o agente e outra o paciente, poderemos talvez empregar regularmente uma *e* a outra, o que se encontra comprovado, por exemplo, pelo esquimó. Porém, será mais económico exprimir uma *ou* a outra. Se representarmos por A a partícula do agente, por P a de paciente, a experiência de Pedro que agride Paulo poderá assumir uma das duas formas:

1) Pedro + A + Paulo + agride
2) Pedro + Paulo + P + agride

Nos enunciados em que aparece apenas um participante, em *Pedro caminha*, por exemplo, não existirá nunca a necessidade de utilizar uma partícula de indicação de função, tal como não existirá para *Paulo* em 1) ou para *Pedro* em 2). Se, por fim, permanecer a construção 1), a língua apresentará uma construção ergativa. Se for 2), obteremos uma construção acusativa.

Passagem de um tipo para o outro

Como vimos supra ao evocar o caso do latim, a passagem de um tipo para o outro não é impossível. Podem mesmo imaginar-se a este respeito vários processos. Todavia, um deles parece estar em curso em tzutuhil. Nesta língua, referimo-nos ao paciente por meio do pronome pessoal e ao agente por meio do adjectivo possessivo: "ele mata-me" aparece como *mim-seu matar* e, paralelamente, "o homem mata o jaguar" será *o jaguar-matar do homem*. Contudo, se o paciente não entrar em linha de conta e se o agente se tornar, por esse motivo, o único participante, *matar* terá o estatuto de intransitivo — "ele mata" será então *lhe-matar* e "o homem mata" será *o homem matar*. No entanto, se depois de apresentarmos a experiência sob esta forma nos apercebermos que afinal de contas o agente não é assim tão indiferente como pensávamos, existe um meio para o explicitar por meio de uma partícula do tipo *quanto a*. Obteremos então qualquer coisa como *o homem — matar quanto — ao — jaguar* com o sentido de "o homem mata o jaguar", ou seja, uma construção de tipo acusativo, com o agente na posição central e o paciente introduzido por um indicador de função (Berthelot, 1986). Acontece que, no tzutuhil de hoje, este tipo de construção parece multiplicar-se. Muito embora, na ocorrência, a influência do espanhol numa população largamente bilingue não deva ser excluída, o processo em si resulta de facto da estrutura da língua.

Caso da posição como marca

Nos casos em que, como em francês, se distinguir numa construção transitiva a expressão do agente e a do paciente por meio da posição respectiva dos elementos do discurso — o absolutivo-sujeito e o acusativo-objecto depois do verbo — o absolutivo, sujeito de um verbo intransitivo, surge também no início. É por este motivo que colocamos o francês nas línguas de construção acusativa. Todavia, como é sabido, é frequente que o sujeito venha a seguir ao verbo intransitivo, o que pode fazer-se, como é evidente, sem perigo de incompreensão. Porém, se esta latitude se estender, se em metade dos casos encontrarmos com um intransitivo a posição inversa da que estava prevista, poderia parecer posto em causa o critério da identidade formal do participante único e do agente (para a construção acusativa) ou do paciente (para a construção ergativa). Assim parece acontecer em chinês, em que a expressão do paciente (P) se encontra posposta ao verbo, a do agente (A) anteposta, e a do participante único (PU) muitas vezes posposta mas também anteposta (Martinet, 1985, pp. 8 - 42). Neste caso, são a constante da expressão do paciente e a possibilidade de não exprimir o agente que permitem concluir pela identificação de P e de PU e pela classificação do chinês entre as línguas de construção ergativa.

Bibliografia da secção 5.5.

Berthelot, Jacques: 1986, "L'économie syntaxique en tzutuhil (Maya)", *La Linguistique* , 22/2, a publicar.

Martinet, André: 1985, *Syntaxe Générale* , Paris, Armand Colin, — 1986 — *Des steppes aux océans* , Paris, Payot.

NOTAS

1. Ver um desenvolvimento mais detalhado da questão da homonímia e da polissemia no capítulo 6 (N. da T.).
2. Pela minha parte, fi-lo com uma certa moderação em "Le mot", *Diogène*, 48, pp. 39 - 53, e, de forma mais veemente, nos *Eléments de Linguistique Générale* , Paris, Armand Colin, 1960, pp. 4 - 15 a 17. As

reacções a estes escritos levam-me a pensar que, se desejarmos perturbar a paz dos conservadores, mais vale mostrarmo-nos categóricos.

3. Tudo isto foi aperfeiçoado na *Grammaire fonctionnelle du français*, por André MARTINET e a sua equipa, Paris, Didier — Hatier, 1979, §§ 1 - 5 a 7, e na edição de 1980 dos *Eléments*, bem como nas versões islandesa e turca da mesma obra, e a partir da sua 10ª. edição, na versão portuguesa.

4. Sobre o sintema e sobre a sintemática, ver a quarta parte da *Grammaire fonctionnelle du français*, redigida por Jeanne MARTINET.

5. *Grammaire fonctionnelle du français*, §§ 1 - 31 e 32.

6. A existência do conceito e de uma mesma forma correspondente em latim (*uerbum*) e em germânico (ingl. *Word* , al. *Wort*) é um dos traços que sugerem uma indiferenciação, numa data recuada, do pré-itálico e do pré-germânico.

7. Sobretudo em "Le mot", cf. supra, Bibliografia da secção 5.1 e nota 2.

6.
O SENTIDO

Se, na presente obra, tratamos em separado as unidades significativas e o sentido, o facto deve-se a que as primeiras, devido à sua forma perceptível, conservam o carácter discreto que é próprio das unidades linguísticas. O sentido, por sua vez, quando não é um significado implicado por um significante, confunde-se com a experiência que cada um de nós tem do mundo. É certo que comporta tudo o que podemos querer comunicar por meio de uma língua, mas a questão que se põe para cada um de nós é a de fazer corresponder os elementos da nossa experiência individual aos valores atribuídos pela comunidade aos monemas da língua. Se se tratar da nossa experiência quotidiana, essa correspondência estará assegurada desde há muito. É quando queremos transmitir uma visão original do mundo ou de alguns dos seus aspectos — como acontece para o poeta, o investigador ou cada um de nós em certas circunstâncias — que se pode tomar consciência da inadequação do instrumento linguístico. É de algum modo a distância entre língua e realidade vivida que procuramos valorizar na primeira secção deste capítulo.

Na segunda, examinamos o que pode permanecer da experiência particular de cada uma das nossas reacções às unidades significativas da língua. Isto pode fazer com que se ponha novamente o problema das condições em que aprendemos este ou aquele elemento constitutivo do nosso léxico.

6.1. Uma língua e o mundo*

A minha intenção aqui não é a de retomar a tese segundo a qual a visão que cada um de nós tem do mundo é, em última análise, determinada pela estrutura gramatical e lexical da língua que aprendemos na infância. Esta tese, muitas vezes apresentada como o ponto de vista neo-humboldtiano ou a hipótese de Sapir-Whorf, continua a merecer toda a nossa atenção. Indubitavelmente, não convém exagerar o seu alcance: a visão do mundo que nos é imposta pela nossa primeira língua não nos impede radicalmente de adquirir uma outra pela aprendizagem de uma segunda língua. Traduzir de uma língua para a outra não quer dizer necessariamente trair, ou, para retomar um exemplo famoso, uma versão hopi da obra de Aristóteles não é de todo impensável. Mas ainda assim permanece a ideia de que qualquer transferência satisfatória de língua para língua exige um repensar e resulta necessariamente de um esforço individual para escapar às oposições muito fortes provocadas pela aquisição primeira da linguagem numa comunidade particular. O pensamento ocidental não seria o que é se Aristóteles tivesse concebido a sua obra em hopi.

Começamos finalmente — e não sem custo — a emergir do terramoto generatista, ineísta e universalista que postulava a identidade fundamental de todas as línguas. Junto dos incautos, o universalismo apresentou-se muitas vezes como um projecto igualitário que pretendia conceder a mesma dignidade aos falares de comunidades de pequenas dimensões desprovidas de prestígio e às grandes línguas da civilização. Na realidade, tratava-se de uma operação imperialista — inconsciente na maior parte das vezes — que visava convencer o público de que as estruturas encontradas nas "grandes línguas", em parti-

---

* Publicado em *Dilbilim* , 5, 1980, Istanbul, pp.1 - 12, com um resumo em turco.

cular o inglês, se encontravam em toda a parte sob formas superficialmente diferentes. Não se punha sequer a questão de saber, por exemplo, se a estrutura fundamental das línguas dominantes, com um sujeito (S) e um objecto (O) agrupados à volta de um verbo (V), era realmente universal. Afirmava-se com toda a tranquilidade que sim, reconhecendo apenas como latitudes as das posições respectivas dos três elementos — S, O e V. Para determinar, numa dada língua, quais os elementos que eram S, O e V, traduziam-se apenas os enunciados dessa língua em inglês, francês ou espanhol e designava-se como sujeito, objecto ou verbo o que assumia efectivamente na tradução esses valores ou essas identidades.

Ora acontece que se encontram línguas em que não se distinguem os verbos dos nomes — *courir* de *course*, *lavar* de *lavagem* -, ou seja, onde se tem de falar não em verbo mas em núcleo do enunciado. Por outro lado, existem, espalhadas pelo mundo, milhares de línguas em que *homem* em "o homem caminha" (= [existe] caminhar do homem) e em "vejo o homem" (= [existe] visão do homem por mim) tem a mesma função gramatical, a de determinante central do elemento que marca a acção. A tradução portuguesa, tal como a francesa, transforma-o no primeiro caso num sujeito, no segundo num objecto, atribuindo a um e a outro funções distintas. Fundamentar a análise da língua na tradução e falar neste contexto em S e O é pura e simplesmente impor à outra língua um traço da estrutura do português ou do francês. E, sobretudo, não se deve pensar que esta violação linguística se limita às operações do linguista fechado no seu gabinete: nas regiões bascófonas da Europa ocidental, professores primários hispanófonos ou francófonos sugerem todos os dias aos seus alunos as mesmas análises erróneas.

Divertir-se, como alguns o fazem há quinze anos, a classificar todas as línguas com base na forma como combinam S, O e V constitui, como é óbvio, não apenas impor arbitrariamente unidades a línguas que as não conhecem, mas também confundir posições pertinentes e outras que são apenas habituais. São pertinentes as posições respectivas do sujeito e do objecto em inglês, em português e em francês, uma vez que permitem localizar as duas funções no enunciado. São meramente habituais e submetidas a certos acasos as do sujeito e do objecto em latim, por exemplo, em que estas duas funções se podem identificar formalmente por desinências particulares.

Pareceu-me conveniente — antes de abordar o verdadeiro tema da presente exposição — lembrar como as línguas podem diferir umas das outras, mesmo quando devem servir para explicitar realidades que, num mundo a diminuir a cada dia que passa, tendem cada vez mais a identificar-se.

*
**

Como já recordámos anteriormente noutros termos, a cada língua corresponde uma análise particular dos dados da experiência. Os dados da experiência consistem no que se designa vulgarmente por mundo em que vivemos, o mundo que os nossos sentidos nos dão a conhecer, e os seus prolongamentos sob a forma das máquinas inventadas pelo homem. A unidade mais imediata dessa análise é o que se chama o signo linguístico, a coincidência de uma dada articulação vocal e da nossa reacção a uma realidade perceptível, por exemplo, os produtos fónicos /tablə/ /ˈmęza/ e a nossa percepção do objecto *table* "mesa", ou ainda o enunciado mais vasto /la tabl ę kasę/ /ąˈmęzaiʃˈtąpąRtida/, *la table est cassée* "a mesa está partida", e a nossa reacção à constatação de que a mesa já não tem serventia. Um enunciado deste último tipo é analisável em signos mínimos ditos "monemas".

Como é evidente, nem tudo é assim tão simples. Como se sabe, a face manifesta dos signos mínimos analisa-se por sua vez em fonemas, que participam portanto na identificação da unidade sem reenviar a qualquer realidade perceptível particular. Cada um desses fonemas representa um hábito articulatório distinto que, em princípio, não será afectado pelo chamado sentido do monema ou do signo mais vasto onde figura: a articulação do fonema /v/ do francês ou do português não será modificada de forma considerável pelas reacções particulares que podem suscitar, no locutor, as realidades correspondentes aos monemas *vent, violent, vaca, veneno.*

No plano dos monemas, é, desde já, necessário distinguir dois pólos: o primeiro é o das unidades que se aplicam a objectos ou situações muito específicas. Em primeiro lugar, os que se chamam nomes próprios e que, como tal, apenas designam uma unidade perfeitamente identificada. Depois, temos a massa dos monemas que correspondem a um tipo particular da realidade, estável ou móvel. É a esses que aludimos quando falamos em léxico. Trata-se de monemas muito numerosos, cuja frequência média nos enunciados é bastante baixa, dado que cada um deles só aparece quando surge a situação muito particular a que corresponde. O outro pólo é o dos monemas que, no decorrer do tempo, acabaram por designar realidades muito pouco específicas e de uma grande frequência como, por exemplo, o movimento em direcção a alguma coisa e o movimento a partir de alguma coisa — em inglês *to* e *from* — ou ainda, no espírito de quem fala, a dúvida representada por um monema conjuntivo que se opõe à certeza, quase sempre representada pela ausência de marca no enunciado.

Certamente que já foi possível identificar neste fenómeno a oposição entre léxico e gramática.

Não estará correcta uma oposição demasiado vincada entre monemas gramaticais e monemas lexicais. No mínimo, como acabámos de afirmar, existem dois pólos. Uma oposição bastante mais fundamental quando se trata de classificar os monemas é a que existe entre funcionais e não funcionais: os primeiros estão encarregados de marcar as relações e exigem,

261

para surgir no enunciado, a presença de dois elementos que devem ligar; os segundos podem aparecer como núcleo central do enunciado ou como determinantes de um outro monema. Se transcrevermos o funcional como F e o não funcional como A e B, diremos que as condições de aparecimento do funcional são a presença de dois outros elementos A e B, e portanto A + F + B (*[a] cabeça d [o] homem*, realizada igualmente sob a forma A + BF – latim *caput hominis* -, ou BF + A – latim *hominis caput*). Pelo contrário, o não funcional pode aparecer ou sozinho sob a forma A (*canta!*) ou B + A (*ele canta*). Um outro exemplo de B + A: *a cabeça*, e de A (+) B: inglês *heads*.

Não deixa por isso de ser verdade que, quando é necessário compreender as relações entre uma língua e o mundo, é com efeito na relação entre gramática e léxico que nos devemos fundamentar. As unidades gramaticais são, como vimos, as que se caracterizam por uma frequência média elevada: entre as preposições francesas, *de* é de uma frequência considerável nos enunciados, tal como sucede em português; *hors* (que o português traduziria por "fora de") é muito mais rara, mas *de* e *hors* pertencem, tanto num caso como no outro, à mesma classe de preposições, e é a frequência média das preposições[1] que devemos fixar na memória. As unidades gramaticais podem ser funcionais quer sejam monemas — como as preposições que acabámos de considerar — quer sejam funções — como o sujeito em francês, o complemento directo em português, marcados pela sua posição no enunciado. Podem igualmente ser não funcionais — como os tempos e os modos dos verbos, ou o número dos nomes. Estes últimos são normalmente modalidades, isto é, monemas caracterizados pelo facto de não poderem receber determinação[2].

Diz-se muitas vezes que as unidades gramaticais são as que pertencem a classes cujo número de efectivos é limitado. Isto é válido para as modalidades, mas, no caso dos funcionais, constatamos que aparecem constantemente outras unidades novas por cristalização de sintagmas diversos: em francês, por exemplo, *au cours de, histoire de, de telle sorte que* , ou, em português, "no decurso de", "a fim de", "de tal forma que". As modalidades — tempos, modos, aspectos, números, etc. — representam normalmente sistemas fechados que comportam um número determinado de unidades, unidades essas que por sua vez se excluem mutuamente.

Na tradição gramatical europeia pressupõe-se que existem, neste caso, sistemas delimitados, tal como acontece quando se exige que um verbo esteja forçosamente "num" tempo, "num" modo, "num" aspecto determinado, cada nome "num" número. Quando trabalhamos com monemas — isto é, com unidades caracterizadas por uma diferença formal e um valor de significado — dificilmente será possível pressupor (por exemplo, em francês) um monema "presente", um monema "indicativo", um monema "singular", uma vez que, em todos estes casos a diferença formal que corresponde à ausência de desinência verbal não é acompanhada por nenhum valor positivo acrescentado ao do monema verbal ou nominal. Em *(il) chante* "(ele) canta", a diferença formal de *(il) chantait* "(ele) cantava", *(il) chantera* "(ele) cantará", *qu'(il) chante* "que (ele) cante", não implica nenhum valor acrescentado ao de *chanter* "cantar". *(Il) chante* implica apenas cantar, sem implicar também dúvida ou inexistência real (= conjuntivo) e sem indicação positiva de tempo (*La semaine prochaine, il chante à Istanbul* "na semana que vem, canta em Istanbul", *En 1958, il chante tout l'hiver à la Scala* "em 1958, canta durante todo o Inverno no Scala"). Da mesma forma, a ausência de plural não implica a singularidade do nome — em português, *o lobo desapareceu das nossas florestas* . Pode acontecer que, pelo menos em certos contextos, um valor significado positivo esteja implicado pela ausência de qualquer marca perceptível — em russo, por exemplo, os dois monemas "genitivo" e "plural" só podem ser identificados na forma *ryb* "dos peixes" pela ausência de todo e qualquer elemento desinencial (cf. *ryba* "peixe", *ryby* "peixes"), mas não seria possível considerar a existência de um monema quando a um significado zero corresponder um significante zero[3].

Tudo isto não impede que a posição tradicional perante estes problemas corresponda de facto ao sentimento dos utentes: para um locutor francês ou português, o verbo impõe um determinado número de decisões relativas ao tempo a empregar e ao carácter real ou suposto do que é dito. O emprego do futuro e do conjuntivo é bem diferente da escolha de um ou de vários advérbios para especificar o valor do verbo. De um lado temos obrigações, do outro liberdades.

No plano das funções gramaticais, encontramos a mesma oposição entre obrigação e liberdade: por um lado, a obrigação da escolha de um sujeito e de certos complementos (ele mete o carro na garagem) e a decisão de fornecer ou não, depois de um dado verbo, um complemento directo ou um dativo; por outro lado, a latitude não restringida pelo contexto para empregar complementos de lugar, de tempo ou de modo.

Retomando a oposição entre gramática e léxico, podemos caracterizar a primeira como o domínio das escolhas limitadas e largamente impostas. Estas escolhas, no plano da economia geral da comunicação linguística, culminam numa certa automatização que reduz o número de decisões a tomar pelo locutor. Por outras palavras, os elementos gramaticais da língua apresentam-se, tal como os fonemas, como instrumentos, embora conservem — o que os distingue destes últimos — um certo valor significativo.

Por oposição ao bloco funcional representado pelos fonemas e pela gramática, temos toda uma massa — a dos elementos lexicais, entre os quais o locutor deverá efectuar selecções, a fim de comunicar a outrem, com um máximo de felicidade, a sua reacção ao mundo que o rodeia. É necessário que todos os utentes se imponham a todo o momento esta tarefa devoradora de energia. Na vida quotidiana, deixamo-nos todos guiar, em matéria de léxico como em matéria de gramática, por automatismos. A situações recorrentes correspondem enunciados repetidos centenas e centenas de vezes. Alguns cristalizam-se e tornam-se fórmulas. Outros permitem aos seus componentes serem substituídos, um a um, por outros da mesma classe, mas especificados pelo acrescentamento de um determinante. No entanto, também aqui nos limitamos a repetir enunciados já ouvidos ou previamente empregues.

Porém, paralelamente a situações em que as produções linguísticas têm uma densidade de informação tão fraca que un poucos de gestos poderiam com toda a facilidade desempenhar as mesmas funções, existem aquelas em que o desejo de partilhar os nossos pontos de vista ou de impor a nossa vontade é tão forte que nos esforçamos não apenas por procurar a expressão exacta — o que é ainda uma forma de procurar apoio no que nos precedeu, isto é, uma forma de assimilar a nossa própria visão à dos que nos antecederam —, mas também por combinar de forma original as unidades recebidas da tradição.

Quando juntamos pela primeira vez dois elementos A e B, é possível que o valor de A não seja modificado, mas antes especificado. Se falar numa *table trapezoïdale* "mesa em forma de trapézio", o acrescentamento do adjectivo em nada modifica o valor tradicional do nome, que é o de "tabuleiro sobre pernas". mas se falar em *océan de soucis,* "oceano de preocupações", confiro a *océan* um valor muito diferente do vulgar, o de "mar sem limites" — através desta decisão pessoal, preparo uma evolução do valor deste termo para o valor de "massa sem limites". Poderíamos, de facto, sentir a tentação de ver neste tipo de empregos uma prerrogativa dos poetas. Mas então seria necessário admitir que qualquer homem tem momentos em que pode ser poeta. Para isso, basta que a viva-

265

cidade das suas reacções lhe faça sentir a necessidade de se desviar do que lhe é proporcionado pela tradição linguística do seu meio.

A criação de novos contextos é fonte não apenas de novos sintagmas que podem evoluir para sintemas por cristalização, mas também de polissemia, essa latitude que todo e qualquer elemento lexical possui para alargar a pouco e pouco o domínio das suas referências, de tal forma que já não se sabe se ainda nos encontramos perante o mesmo monema ou vários monemas anónimos. Perante os quatro ou cinco valores distintos do significante francês *fraise* [4], e a julgar pelas incertezas etimológicas, é-nos muito difícil emitir uma opinião. Por outro lado, após reflexão, dificilmente se compreende como o homem poderia satisfazer as suas necessidades de comunicação linguística sem a polissemia: fazer com que coisas diferentes sejam ditas pelas mesmas formas conforme os contextos é um dos fundamentos de toda a economia linguística. O mundo — ou seja, obviamente, a percepção que dele temos — é um infinito que as unidades discretas das nossas análises não poderão nunca relatar na totalidade. Mas podemos aproximar-nos desse ideal se cada monema, unidade perfeitamente discreta como *significante*, puder adaptar o seu valor *significado* às necessidades do instante, ao sabor de combinações inesperadas.

Nestas circunstâncias, é fácil de explicar a razão pela qual os investigadores que, seguindo a lógica da linguística estrutural derivada da reflexão fonológica, haviam obtido êxitos assinaláveis desde que se ocupassem de unidades distintivas e de gramática, tiveram que renunciar aos métodos que lhes tinham sido tão úteis a partir do momento em que decidiram abordar o estudo dos valores significados do domínio lexical.

Não significa isto que seja sempre fácil delimitar os traços de sentido de certos monemas gramaticais: se, por um lado, conseguimos identificar e explicitar muito rapidamente os valores demonstrativos ou possessivos de certos actualizadores do nome, quer em francês como *ceci* ou *cela* , quer em português como "meu", "teu", avançamos com mais lentidão quando se trata do imperfeito ou do conjuntivo e, perante o "condicional", podemos com toda a legitimidade perguntar se não será preciso pressupor sincronicamente dois monemas homónimos distintos. Também não é fácil determinar quantas funções gramaticais diferentes se exprimem normalmente por meio de um simples *a*. Mas, se existem em gramática problemas de sentido difíceis de resolver, pelo menos é sempre possível formulá-los com clareza.

A questão é completamente diferente em matéria de léxico e, como vimos, não apenas por causa do carácter proteiforme dos significados que aí se encontram. Na realidade, já não sabemos agora qual o comportamento real sobre o qual deve incidir a operação. Em questões de fonologia e de gramática, é sempre possível operar a partir de um corpus que poderá ser relativamente curto no primeiro caso, um pouco mais extenso no segundo, mas um corpus que permita de certa forma esgotarmos o essencial. Um sujeito, escolhido como representativo do uso estudado, poderá fornecer todos os dados necessários. Nada disso acontece no que diz respeito ao vocabulário. Conforme o sexo, o grau de cultura, a variedade dos interesses, a profissão, o sujeito empregará este ou aquele termo, distinguindo-o de forma precisa de um outro, ou então poderá usá-lo de uma forma relaxada, ou ainda conhecê-lo de forma passiva e poderá identificá-lo como pertencendo a este ou àquele domínio, ou, por fim, poderá desconhecê-lo totalmente. Assim, acontece que, por acaso, eu não só sei que o verdelhão é um pássaro como além disso posso identificar um quando o vejo. Porém, para uma maioria de falantes, *verdelhão* será, na melhor das hipóteses, identificado como uma palavra existente, ou apenas como um vocábulo possível ao qual não se liga qualquer valor definido.

Sem dúvida que existe, em cada língua, um vocabulário de base e que podemos considerar que todos os utentes dessa língua estão de acordo para atribuir o mesmo valor ao mesmo termo. Mas, a partir do momento em que a investigação for um pouco mais aprofundada, com mais exigências, apercebemo-nos de quão limitado é o domínio lexical em que a concordância é na verdade geral.

Podemos distinguir, dentro do vocabulário, aquele que é conhecido sobretudo através do confronto com um objecto determinado ou uma experiência recorrente bem caracterizada, e o outro, mais abstracto, em que, em última análise, foram os contextos linguísticos que permitiram a delimitação do valor de cada termo. De um lado temos, por exemplo, *banana*, e, do outro, *democracia*.

O vocabulário do tipo *banana* mantém-se sob a dependência directa da experiência de cada um: para as crianças francesas, durante a segunda guerra mundial, a palavra *orange* "laranja" subsistia como um mito, mas, assim que o fruto reapareceu no mercado, foi apreciado como sendo "uma estranha maçã". Neste caso, o monema apenas se mantém, com o seu valor próprio, enquanto o objecto estiver presente.

O vocabulário do tipo *democracia* é, quanto ao seu valor significado, muito mais instável, uma vez que este depende dos contextos em que se encontra e que, na falta de qualquer objecto concreto de referência, estes contextos são susceptíveis de variar segundo as preferências e o temperamento de cada um. Como é evidente, é possível estabelecer um consenso que permitirá censurar certos contextos, mas subsistirão sempre por detrás conotações pessoais que se poderão manifestar, ao princípio com timidez, depois com uma certa segurança, e que poderão finalmente impôr-se junto dos locutores em quem provocarem um certo impacto.

Concreto ou abstracto, o léxico apenas poderá desempenhar cabalmente o seu papel se se adaptar desde logo às circunstâncias para cobrir todas as necessidades comunicativas. Pelo contrário, da parte dos fonemas e da gramática, é legítimo esperarmos que assegurem a continuidade no tempo. São eles os verdadeiros suportes da identidade da língua. A criança da Sabóia que declarava *abade bien les plotes pour camber le goillat* falava de facto francês e não o idioma local, do qual retirava todo o léxico (*abade* "afasta", *plote* "perna", *camber* "passar por cima", *goillat* "poça"), dado que usava estritamente os fonemas e a gramática da língua de prestígio[5].

Não se trata de forma alguma de afirmar que a fonia e a gramática não possam mudar no decurso do tempo. A linguística funcional foi, aliás, a primeira a mostrar que são as necessidades da comunicação as responsáveis, em última análise, pela evolução dos sistemas fonológicos, os que à primeira vista parecem menos expostos à pressão dessas necessidades. A fórmula "uma língua muda porque funciona" e que foi durante muito tempo considerada como uma brincadeira é válida em todos os planos. Mas isto não invalida a constatação de que o funcionamento de uma língua exige, à volta de um núcleo estreitamente estruturado e relativamente estável, a existência de recursos lexicais mais maleáveis, sempre disponíveis para tentar inflectir a infinita variedade das experiências humanas.

Por outro lado, a existência de vocabulários científicos com unidades perfeitamente definidas não implica que as relações entre uma língua e o mundo sejam diferentes do que acabámos de expôr. Uma ciência não pode constituir-se como sendo distinta de uma reflexão metafísica ou filosófica senão na medida em que escolher para si uma pertinência, um critério selectivo que lhe permitam precisamente relatar certos factos, mas que se oponha a toda e qualquer pretensão dessa ciência em apresentar o mundo, em toda a sua infinita variedade, na íntegra.

Os linguistas estão mais bem apetrechados que qualquer outra pessoa para tratar das relações entre uma língua e o mundo, isto é, para abordar os problemas lexicais e, de uma maneira geral, examinar a forma como se pratica, na realidade — e tendo ao mesmo tempo em conta todas as circunstâncias —, a comunicação entre os homens. Mas estariam equivocados se pensassem que é esse o fim último das suas investigações. A essência da linguagem humana consiste no núcleo estruturado, que o carácter fundamentalmente discreto torna original perante a diversidade sem limites da nossa experiência do mundo.

6.2. O que deve entender-se por comunicação? *

No uso mais propriamente internacional, *conotação* é um termo de lógica cujo valor exacto parece variar conforme os autores. É muitas vezes aproximado de *compreensão* e, como este último, o sufixo *con-* ou *com-* implica a constituição de um conjunto e não o acrescentamento de um elemento suplementar.

Para os linguistas e, por extensão, na linguagem do pensamento, divulgou-se um emprego do termo que parece comprovado em inglês desde o séc. XVII, e segundo o qual *conotação* designa um valor semântico adicional que se acrescenta ao sentido de base designado por *denotação*. Retirarei algumas ilustrações de um bom dicionário americano, o *Thorndyke Century Senior Dictionary*: os adjectivos ingleses *portly, corpulent, obese* têm todos o sentido de "gordo" quando se referem a uma pessoa, mas *portly* conota dignidade, *corpulent* a massa, *obese* um excesso de lamentar. A palavra *home* "lar" denota o local onde se vive, mas a essa denotação acrescentam-se múltiplas conotações como o repouso ou a segurança.

---

* Comunicação apresentada ao Colóquio de semiótica poética realizado no méxico em Novembro de 1979, e publicado nas *Acta pœtica* 3, 1981, Universidad Nacional Autonoma de Mexico, pp. 147 - 161, sob o título "¿Què debe entenderse por 'connotación'?".

Foi provavelmente Leonard Bloomfield quem, através do seu tratamento da conotação no livro *Language*, impôs este valor do termo à linguística contemporânea. Mas foi sobretudo Louis Hjelmslev que, na cena europeia, traçou o destino da conotação. As circunstâncias que o levaram a fazê-lo merecem talvez ser aqui recordadas.

Foi o estudo das primeiras publicações do Círculo Linguístico de Praga, empreendido por Hjelmslev no quadro de uma comissão nomeada pelo Círculo Linguístico de Copenhaga, que o levou, por reacção, a desenvolver, no decurso dos anos 30 e 40, a sua teoria linguística, conhecida pelo nome de glossemática. Uma leitura decididamente anti-substancialista do *Curso* de Saussure levou-o a assumir, em relação aos ensinamentos de Troubetzkoy, uma posição também decididamente negativa. O seu tratamento das conotações apresenta-se como um esforço — formulado noutros termos e integrado num quadro mais vasto — para afastar as teorias de Viena e de Praga relativas às variantes e ao que Troubetzkoy designa como a fono-estilística (*Lautstylistik*). Em França, o ensino de Hjelmslev relativamente às semióticas conotativas inspirou Roland Barthes nas suas tentativas para deduzir as ideologias latentes nos usos linguísticos.

No uso contemporâneo mais corrente, a conotação abrange o conjunto do que foi durante muito tempo designado, de forma mais ou menos vaga, como os valores expressivos dos elementos linguísticos. É, de facto, neste sentido que Bloomfield utilizou o termo e é também o que se pode depreender das observações abstractas de Hjelmslev. Mas tanto um como o outro alargam o valor abstracto do termo a tudo o que o discurso revela sobre a identidade e a personalidade dos interlocutores, sobre as suas relações mútuas e sobre as condições diversas do intercâmbio linguístico, para além do que a mensagem propriamente dita contém. Seriam portanto traços conotativos todos os que marcassem a classe social, a origem geográfica, o nível de cultura ou incultura, quer reflectissem a realidade quer o desejo do locutor de passar pelo que não é.

Podemos legitimamente perguntar se terá muita utilidade, para a investigação linguística ou semiológica, ordenar sob uma mesma rubrica factos tão díspares. É certo que falar num certo número de semióticas conotativas — como faz Hjelmslev — representa, neste ponto, um progresso em relação à enumeração pouco estruturada que nos é oferecida por Bloomfield.

Todavia, do ponto de vista do linguista — decisivo em matéria de factos que só ele está habilitado a classificar correctamente — é, sem dúvida, preferível classificá-los todos segundo uma escala hierárquica inspirada na que havia sido criada por Troubetzkoy apenas para os traços linguísticos, por sua vez directamente inspirada nos traços de Karl Bühler.

No topo da escala figuram as unidades discretas ou, se preferirem, as invariantes da língua. Seguem-se, de entre todos os traços reveladores do discurso, os que são apropriados para uma determinada língua, um determinado grupo de línguas ou um determinado dialecto.

De entre estes, será útil distinguir os que se encontram à disposição do locutor para introduzir cambiantes no seu enunciado e os que lhe são impostos por hábitos adquiridos: por exemplo, em francês contemporâneo, o *r* vibrado de ponta de língua. Utilizado voluntariamente, no palco, pelo cantor de ópera ou pelo cómico que imita os usos rurais pertence ao primeiro tipo; praticado pelo camponês incapaz de pronunciar o *r* gutural pertence ao segundo.

Variantes e invariantes reunidas opõem-se a todos os traços do discurso que não caracterizam um idioma particular, mas que estão condicionados pela natureza do ser humano na sua realidade fisiológica ou enquanto animal social. A competência do linguista não abrange estes últimos, como é evidente, a não ser para os caracterizar negativamente como não pertencentes ao seu domínio. O facto de as distinções aqui sugeridas não serem sempre fáceis de realizar na prática não significa que se deva renunciar a estabelecê-las.

Tradicionalmente, dispomos do termo de estilística para designar o tratamento das variantes escolhidas. Este termo não é mais legítimo do que qualquer outro. Falta encontrar um termo para o exame dos traços particulares de um idioma que se impuseram ao indivíduo no decurso da sua aprendizagem e que vão permitir aos auditores situá-lo no espaço social ou geográfico.

Por conseguinte, se nos recusarmos a caracterizar como conotativos todos os traços do discurso que não se integram nas invariantes da língua, o termo de conotação ficará disponível para uma outra designação. Trata-se de traços que, muito embora interessem directamente ao linguista — dado participarem, em certo sentido, na significação das unidades linguísticas —, estritamente falando, não fazem parte da língua concebida como um sistema de convenções comum a todos os membros da comunidade.

Trata-se assim de tudo o que evoca, para um dado indivíduo, este ou aquele signo da língua, para lá dos valores que todos os utentes da língua concordam em lhe atribuir. A existência de conotações assim definidas impõe-se à nossa atenção desde que tentemos representar mentalmente o que evoca para nós este ou aquele termo: *château* "castelo", por exemplo. É evidente que poderá ser a evocação de uma modesta moradia em tijolo, de um edifício medieval no cume de um monte, da residência dos reis de França em Chambord, ou de qualquer outra coisa, até ao infinito, conforme o que foi até aqui a nossa experiência neste campo. O que todos os francófonos e lusófonos terão em comum relativamente ao valor deste termo poderá sem dúvida resumir-se dizendo que se trata de um edifício mais amplo que uma casa e menos magnificente que um palácio. É este mínimo comum que recebe o nome de denotação.

É necessário sobretudo evitar o erro que consiste em identificar a denotação e um tipo de objecto. Um mesmo objecto pode ser designado tanto por *voiture* "carro", como por *bagnole* "banheira" ou *tire* "chasso". Na linha de Bloomfield e Hjelmslev, dir-se-ia que *voiture* não "conota" nada, *bagnole* "conota" a língua familiar e *tire* o uso do calão. Dentro do quadro terminológico acima proposto estamos perante três denotações perfeitamente distintas. Todos os utentes da língua estão de acordo em declarar que estes termos não se podem trocar uns pelos outros e os dicionários assinalam para cada um um nível de língua diferente. As conotações não têm nada a ver com isso.

Como muito bem diz Bloomfield, "o sentido de uma forma, para qualquer locutor, não é mais que o resultado das situações em que esse locutor ouviu essa forma". Isto implica que, como é evidente, se as situações forem distintas para dois locutores diferentes, os sentidos serão divergentes. O facto encontra-se amplamente comprovado: para um português, *manípulo* designa um instrumento que pode ser rodado sobre si próprio para abrir ou fechar e, para outro, o instrumento a que o primeiro chamaria *torneira* . No entanto, para a maior parte das palavras, o sentido resultante das situações vai ser especificado pelos contextos linguísticos em que a palavra foi encontrada. Nunca teremos a certeza de não nos depararmos com a incompreensão enquanto não empregarmos um termo em conformidade com esses contextos. Assim se aprende a sua denotação.

No entanto, ainda acontece que, perante os mesmo contextos linguísticos de uma dada comunidade que estabelecem a denotação, existam situações tão variadas quanto as circunstâncias de vida que, conforme as pessoas, poderão conferir a cada palavra uma aura diferente. Isto é válido, em particular, para as primeiras situações em que ouvimos a palavra, aquelas em que eventualmente hesitámos em a aplicar ao todo ou apenas a parte do que se oferecia aos nossos sentidos. Se, quando era criança, identifiquei pela primeira vez o significante *cheval* "cavalo" ao entrar numa cavalariça, hesitei talvez por um momento na identidade do referente. Em todo o caso, para mim, *cheval* estará sempre associado ao odor particular dos fardos de feno, à escuridão parcial das boxes, à voz ríspida de um cavalariço. Isto não teria naturalmente acontecido se o meu primeiro encontro com o animal tivesse tido lugar numa vasta pradaria, delimitada no horizonte por uma cortina de choupos. São estas diferentes impressões que vão estar na origem das conotações que a palavra "cavalo" terá para mim daí em diante. É óbvio que vou depois ouvir *cheval* em contextos que terão tendência para delimitar melhor o conceito correspondente. Ao utilizar *cavalo* em contextos análogos, vou seguramente ser compreendido por todos os que agirem da mesma forma, sejam quais forem as conotações que o termo evoca para eles ou para mim. Podemos portanto dizer que as conotações correspondem muitas vezes ao que, na primeira apreensão do signo, não foi confirmado nos empregos quotidianos da linguagem como sendo aceite pela comunidade.

Constatamos assim que, por oposição ao singular denotação, é o plural conotações que aparece: para um dado termo, existe realmente — polissemia à-parte — uma denotação única, mas, no mínimo, tantas conotações quantos os sujeitos falantes e, para um mesmo sujeito, conotações que podem variar conforme as circunstâncias.

Podemos, na verdade, perguntar se as conotações assim definidas pertencem mais ao domínio da linguística do que os fantasmas que podem assombrar cada um de nós. Não pertencerão antes ao domínio da psicanálise? Em todo o caso, os psicólogos não se desinteressaram totalmente do problema. Como só existe ciência do geral, tentou-se uma formalização reduzindo as conotações a um certo número de grandes traços deduzidos por oposição, como, por exemplo, *bom* por oposição a *mau*, *forte* por oposição a *fraco*, etc. daqui resultaram as escalas de Osgood, que estabelecem graus no positivo e no negativo. A utilização dessas escalas teve, quanto a nós, a vantagem de confirmar a existência do que designamos por conotações, mostrando reacções diferentes a uma palavra como *pai* da parte de sujeitos que estavam todos de acordo sobre a designação de progenitor masculino. Mas essa escala não nos proporciona nada que não soubéssemos já, a saber: existem pessoas que gostam do pai, mais ou menos, e outras que o odeiam, igualmente mais ou menos. Certos cortes permitem, com efeito, qualificar um pouco essa afeição e esse afastamento. Mas, nesse domínio, definido precisamente pelo carácter individual das reacções, a redução a grandezas discretas tentada por essas escalas pode parecer inadequada.

Por outro lado, se as conotações devem constantemente permanecer enterradas nos recônditos mais profundos do indivíduo, sem qualquer ocasião para se manifestarem, para finalmente desaparecerem com ele, compreende-se que não tenham despertado grande atenção por parte dos investigadores. Poderemos, no mínimo, especular sobre a sua génese num quadro estritamente introspectivo: como é possível que este termo suscite para mim esta emoção, estas evocações? Em que circunstâncias é que relações particulares entre traços — traços esses que nenhuma situação normal aproximaria — se puderam estabelecer em mim?

Para um linguista ou um semioticista, interessados antes de mais na transferência de informações, as conotações parecem dignas de estudo sobretudo na medida em que podem transmitir-se de um indivíduo para o outro. É a análise dos processos dessa transmissão que justifica mencionarmos as conotações num colóquio consagrado à poética.

Salvaguardemos antes de mais o facto que a presença de conotações idênticas em indivíduos diferentes pode explicar-se muito simplesmente pela descoberta que foram todos submetidos à mesma experiência. Assim, todas as testemunhas de um cataclismo podem ficar marcadas pela vida fora pelo choque que sofreram, e o termo que designa esse cataclismo — erupção vulcânica, tremor de terra, deslizar de terreno — poderá doravante determinar em todos um certo distanciar, sem dúvida adaptado ao temperamento de cada um, mas forçosamente análogo.

Existem de igual modo reacções íntimas a certos termos, geralmente identificadas, se não mesmo unanimemente reconhecidas pelas comunidades, que são transmitidas por via linguística oral. Por exemplo, as reacções ao número treze nas comunidades ocidentais. Essas reacções lembram as conotações no sentido em que, se, por um lado, toda a gente as conhece, por outro são particulares a certos membros da comunidade. É de assinalar que não são mencionadas na entrada *treze* no dicionário, como acontece com os valores "familiar", "calão" e outros. No entanto, sentimos uma certa reserva em as classificar entre as conotações, dado que é possível apresentá-las e discuti-las em termos linguísticos normais, como para as diferentes crenças. Pode dizer-se "o número treze traz azar" como se diz "Jesus é o filho de Deus". É necessário distinguir aqui entre a crença no carácter maléfico do número, que se fundamenta em "ouvir dizer", e as reacções particularmente violentas ao número treze, que são as de uma pessoa condicionada a este respeito pelas suas experiências pessoais. Da mesma forma, será necessário distinguir entre uma crença serena na divindade de Jesus e os êxtases místicos de Teresa de Ávila.

Um caso limite é o da identificação que, segundo se diz, é geral na China — ou deveremos antes dizer "em chinês"? — entre os pontos cardeais e as cores: o sul, por exemplo, está associado ao vermelho. Neste caso, existiria um alargamento de conotações — que, de início, seriam o apanágio de alguns autores — ao conjunto da comunidade. Não existem dúvidas em como devemos classificar entre as conotações as formas muito diversas segundo as quais cada indivíduo representa certas abstracções. Se me for permitido referir as minhas próprias reacções, direi que o ano, para mim, se apresenta sob a forma de uma elipse cujos pontos de apoio se situam num eixo horizontal — o Verão em cima, o Inverno em baixo, o Outono à esquerda, a Primavera à direita; a parte à esquerda de uma direita que liga o fim de Agosto ao início de Janeiro encontra-se na sombra. O facto de alguns traços desta construção conotativa encontrarem um esboço de justificação nos factos observáveis (curva sem fim, sombras de Outono que tendem a dissipar as neves do Inverno) não impedem que seja uma particularidade minha, como pude verificar por inquéritos junto dos que me rodeiam. O sul vermelho dos chineses também escapa parcialmente ao arbitrário, mas não deixa por isso de conservar o carácter de uma conotação generalizada.

Dentro da mesma ordem de ideias, é de lembrar o fenómeno das vogais coloridas de Rimbaud que, segundo se disse, reflectiriam sem dúvida as cores afectas a cada letra no seu abecedário. Mas isso pouca importância tem enquanto existirem suficientes abecedários diferentes para que cada criança possa fundamentar a sua própria sinestesia em experiências muito variadas. Também neste caso, alguns inquéritos revelaram construções conotativas muito diversas, apresentando porém frequências — quando não constantes — que podem sugerir a existência de relações não de todo arbitrárias (*i* vermelho ou amarelo).

Tendo pressuposto que as conotações são reacções individuais, íntimas e muitas vezes inconscientes aos signos linguísticos, podemos esperar que desempenhem um papel na actividade poética, se aceitarmos que o que diferencia o poeta dos outros utentes da língua é o facto de procurar comunicar o inefável por meio do discurso.

No entanto, é necessário começar por lembrar que não se atingiu ainda um acordo sobre o que é próprio da arte poética. Primeiro, durante muito tempo, distinguiu-se a poesia pura e a poesia enquanto tal, sendo esta largamente caracterizada por uma forma métrica particular e aquela como existindo independentemente dessa forma. Depois, sobretudo em França, o termo acabou por ser utilizado apenas como referência ao que, em certos discursos e por razões misteriosas, suscita uma emoção de uma qualidade e de uma intensidade particulares.

Uma reacção que nos vem dos formalistas russos voltou recentemente a centrar a atencão sobre os traços formais, mas sem no entanto trazer uma resposta precisa à questão de saber quais são as relações de causa e efeito entre os traços formais valorizados e a emoção poética específica. Na realidade, cada um se sente tentado a permanecer agarrado às suas posições — os formalistas interessados pela forma em si, os estetas suspeitando que a emoção desaparecerá em fumo se lhes for revelada a sua génese. Mas, como é evidente, não será possível fazer avançar o conhecimento se não dissociarmos a própria emoção (quando se trata pura e simplesmente de a sentir) e a análise do seu condicionamento pelo investigador, que, por uns tempos, terá de assumir as suas distâncias em relação ao amador que poderá ser numa outra altura.

Sem tomarmos posição a favor ou contra as teses formalistas, poderemos estabelecer como dado adquirido que, por meio da linguagem, o poeta consegue fazer passar uma mensagem dirigindo-se não à racionalidade mas sim à sensibilidade do seu auditório. Essa mensagem vai suscitar uma emoção no receptor, revelando-o a si próprio, despertando nele o que se encontrava adormecido ou, mais superficialmente, enriquecendo o seu universo íntimo.

Qualquer utilizador da língua visa comunicar a sua experiência — e o poeta não constitui excepção. Mas a experiência do poeta evade-se do quotidiano. Tem uma particular intensidade e uma qualidade única que não consideramos possível veicular pelas palavras da linguagem corrente, essas palavras com o seu valor permanente, que são no fundo o resultado de uma articulação da experiência com o fim de assegurar uma comunicação económica entre todos os membros do grupo, mesmo pagando o preço de um empobrecimento. É verdade que o poeta nada pode fazer sem as palavras da linguagem. Faça ele o que fizer, a sua mensagem deverá por fim apresentar-se como uma sucessão destes elementos da análise. Mas essas palavras não o vão trair, dado que comportarão, para ele, uma carga conotativa considerável. A sua arte vai assim consistir em ordenar esses elementos, de forma a permitir a apreensão das conotações ligadas a esta ou àquela palavra por parte do receptor.

Para compreender como a articulação das palavras no discurso poético pode suscitar a emoção, é necessário recordar que a linguagem humana é articulada e que é isso que a distingue fundamentalmente dos meios de comunicação utilizados pelos animais. Recordemos ainda que é duplamente articulada em unidade significativas, os monemas — que, para simplificar, associamos aqui às palavras — e em unidades distintivas, os fonemas. Mas é apenas a primeira articulação que nos merece aqui um interesse particular.

É provavelmente nesta primeira articulação que se encontra o segredo do domínio do homem sobre o mundo. Um animal pode dipor de um arsenal de gritos diversos em que cada um corresponde a uma situação particular. Trata-se, portanto, de signos no sentido verdadeiramente linguístico do termo, com um significante e um significado e, pelo menos em certas espécies, de produtos em larga medida culturais, ou seja, adquiridos por imitação. Se, por exemplo, surgir um perigo, o animal poderá, por meio de um grito determinado, avisar os seus congéneres da existência até da própria natureza desse perigo, desde que, como é óbvio, corresponda a um grito específico no sistema semiológico do grupo. Se surgir no horizonte uma ameaça inabitual que exija, da parte dos seres ameaçados, um tipo de defesa particular ou o recurso a uma dada forma de protecção, o animal, tanto quanto sabemos, estará bastante desprovido. Poderá, na melhor das hipóteses, aumentar o volume do grito ou repeti-lo por várias vezes. O homem, em circunstâncias análogas, saberá introduzir cambiantes no seu "grito", acompanhando-o por um outro, na esperança que o receptor da mensagem saiba realizar a síntese, isto é, adaptar o valor de cada "grito" ao valor conferido pelo emissor. Quando se trata do homem, entendemos "grito" no sentido de "monema", unidade mínima de sentido. Pela adaptação do valor de um grito ao de um outro, pensamos no que se passa, por exemplo, quando falamos em "pequeno elefante". À escala humana, um elefante nunca é "pequeno", mas todos sabemos o que implica este termo quando se encontra associado a "elefante". Da mesma forma, se "branco" designa a cor da neve, o vinho nunca pode ser "branco", mas todos sabemos o que é um "vinho branco".

A articulação é um traço tão fundamental da linguagem humana que, em muitas línguas, um enunciado de um só monema não é admitido: para que uma emissão vocal seja identificada como uma mensagem, são necessários pelo menos dois monemas, um elemento central tradicionalmente conhecido como "o predicado" e um outro que pode ser um "sujeito" — *João* em *João dorme* — ou um presentativo — *é o* em *É o João*. É o que se designa como a actualização. Como limite, a actualização desempenha um papel marginal para a comunicação linguística, mas constitui o signo da articulação, sendo portanto a chave da utilização poética da linguagem quando põe a render todos os seus recursos.

No uso quotidiano da linguagem, não fazemos mais do que repetir enunciados já feitos, sem sairmos muito mais da rotina do que quando dizemos "Comprei mangas" em vez de "Comprei maçãs". Colocados perante o inesperado, o excepcional, permanecemos mudos e quedos: como se diz vulgarmente, faltam-nos as palavras para exprimirmos os nossos sentimentos ou a nossa emoção. É aí que o poeta saberá ousar novas combinações de monemas que reclamarão da parte do receptor um esforço para adaptar cada monema ao seu novo contexto. O receptor consentirá de boa vontade em fazer um esforço se este culminar numa saída da rotina, num actualizar das suas latências, numa revelação pessoal de profundidades desconhecidas, no estabelecer de uma comunhão entre o poeta e todos os seus leitores e auditores eventuais. Este esforço será menor da parte de um leitor cultivado que identificará acto contínuo combinações já encontradas, primeiro não sem um certo prazer, depois com um desinteresse crescente e bem depressa com uma certa lassidão que o levarão a procurar o inesperado. É esse inesperado que o poeta é levado a fornecer, refinando até ao hermetismo.

Afirmar como se ouve por vezes que o poeta procede por empregos metafóricos equivale a condenarmo-nos a não perceber a dinâmica da operação e as suas implicações para o estabelecimento da comunicação poética. O poeta que fala em *vertes amours* "verdes amores" não utiliza *vertes* como uma metáfora; o verde é de facto para ele uma conotação ligada aos amores em causa, porque não os dissocia do jardim ou parque que lhes serviu de cenário.

Poder-se-á relevar a justo título que *vertes* não é para o poeta, segundo as leis da verossimilhança, uma conotação permanente do signo *amours*. Podemos pensar que o poeta conheceu outros amores aos quais não aplicaria o epíteto de *vertes*. Claro que o poeta seria a última pessoa a quem se poderia pedir uma constância nas suas ligações e nas suas conotações. Em muitos de nós, a capacidade de vibrar em uníssono com o mundo enfraquece depois da infância. Pela minha parte, sou muito fiel às minhas conotações infantis e pouco susceptível de permitir adaptar as sugeridas pelo poeta se não se puderem enxertar nas minhas. Ora o poeta é precisamente aquele cuja sensibilidade se encontra menos enfraquecida e de quem se pode esperar que renove sem cessar o seu mundo afectivo.

E contudo, é bem evidente, pela leitura de certas obras, que numerosos poetas, de entre os mais famosos, se movem num universo que é o de conotações permanentes ligadas a certos termos.

Contra a tese segundo a qual é através do estabelecimento de contextos inesperados que o poeta vai conseguir comunicar o inefável e, sobretudo, as conotações, poderemos argumentar que existem elementos do léxico susceptíveis de, por si sós, suscitar a emoção poética. Antes de mais, pensamos nos termos que só se encontram em poesia, como, em francês, *l'onde* "a vaga", *la grève* (no sentido de "borda de água"), *le couchant* "poente" para o oeste. De entre estes, existem em primeiro lugar os que, como *l'onde*, se encontram privados de qualquer impacto devido ao uso que deles se fez. Outros, como *grève* ou *couchant*, que todo e qualquer francês, mesmo de cultura modesta, encontrou milhares e milhares de vezes nas suas leituras poéticas, conservam as conotações que sem dúvida eram sugeridas pelos textos em que as encontrou. Pela minha parte, *grève* é vista ao anoitecer, com uma água de lentos movimentos que vem acariciar as pedras; *couchant* vem necessariamente acompanhado de nuvenzinhas vermelhas e giestas amarelas.

Todavia, não é de excluir que se estabeleça, para estes termos, um certo consenso conotativo, desde que, numa dada comunidade, se leiam os mesmos textos.

Para lá deste vocabulário especial, existem as designações de objectos ou de costumes exóticos, geralmente mal conhecidos por falta de contactos directos e de contextos informativos, cuja conotação é portanto imprecisa e que apenas existem por conotações derivadas de leituras ou de imagens. Aliás, não é de forma alguma necessário ir muito longe para encontra o exotismo. Para certos citadinos, começa muitas vezes às portas da cidade. Para certos rurais, existe na capital enfeitada com todos os encantos do desconhecido.

Assim, em certos casos, o poeta pode conseguir os seus fins através do emprego de certas palavras sem recorrer a um contexto. Os termos considerados poéticos são identificados como tal desde o início e nada vem travar a sua interpretação conotativa. Quanto aos termos exóticos, que podem aparecer um pouco por toda a parte e nomeadamente nos tratados de etnografia, reclamam do contexto a indicação de que podemos abandonar-nos ao sonho. Mas esse contexto não precisa de forma alguma de ser imediato. Basta que a métrica e a rima, os traços de sintaxe ou o léxico inesperados tenham avisado que *nos encontramos em poesia*, isto é, onde as conotações podem e devem afirmar-se.

Já vimos que a articulação linguística da experiência, ao proporcionar a possibilidade de exprimir o inefável, deve ser tida em conta quando procuramos compreender a natureza da mensagem poética. Mas isto não deve levar-nos a acreditar que a análise dos dados apreendidos, por ela condicionada, desemboca directamente nessa mensagem. Muito pelo contrário. Já se pôde defender com um certo êxito a tese sedutora de que o fim do poema é o de restituir a unidade, a globalidade da experiência. Uma vez que emprega a linguagem — com a forma linear que esta deve assumir na mensagem — o poeta não pode eximir-se a apresentar as palavras todas seguidas. Mas, enquanto na prosa o epíteto fornece ao substantivo vizinho uma determinação suplementar, em poesia essa determinação será muitas vezes do tipo "homérico". Por outras palavras, não aparece como uma adição indispensável para identificar o que é dito, mas como o recordar de uma característica bem conhecida do objecto em causa. O epíteto conotação *vertes* do nosso exemplo precedente não pretende de forma alguma opor *vertes amours* a outros amores, com outras cores. Surge apenas como um toque suplementar que terá atingido o seu objectivo se já não for apreendido como tal, mas como um contributo para restabelecer a unidade do que foi sentido pelo poeta como uma experiência única.

Termino assim o que tinha a dizer sobre o papel da conotação na produção da mensagem poética. Faço todavia notar que a conotação assim concebida desempenha um papel muito importante no aparecimento e no desenvolvimento das ideologias. Neste ponto, vou com toda a probabilidade ao encontro de Roland Barthes, embora ele tenha considerado o problema da uma forma completamente diferente. Trata-se, claro, de um tipo de conotações generalizadas. Evidentemente que constituem conotações pelo facto de afectarem apenas uma parte da comunidade linguística e por estarem na origem de uma série de incompreensões entre os membros dessa mesma comunidade. Além disso, possuem um carácter individual, mesmo se houver uma generalização a uma parte da comunidade, generalização essa que se manifesta por meio de comportamentos análogos. Mas isso não impede de forma alguma que apresentem, para cada sujeito, ao lado de elementos comuns, uma natureza particular colorida pelo temperamento e pelos antecedentes de cada um.

Dois exemplos apenas: em 1968, na altura dos "acontecimentos de Maio", no decurso de uma discussão, incendeei a cólera dos meus interlocutores estudantes quando falei em *bourse* "bolsa", palavra que tinha evidentemente para eles uma conotação destestável. Estávamos de acordo quanto aos factos, mas eu deveria ter dito "ordenado de estudante". Há dois anos, num colóquio, falei em *dons* a propósito da maneira como diferentes pessoas aprendem as línguas. Desencadeei protestos veementes. Deveria ter dito "potencial genético".

Permitam-me que, ao terminar, exprima a esperança que os investigadores em ciências humanas, quando se encontram perante um novo auditório, não hesitem em redefinir de forma precisa os termos que vão empregar. É disso que depende o progresso das nossas disciplinas.

6.3. Homonímia e polissemia *

Já desde há muito que é constatada a dificuldade em traçar uma fronteira definida, pelo menos sem fazer referência à etimologia, entre a homonímia e a polissemia. Entre o *son* "som" dos sinos e o *son* "farelo", resíduo de moagem, entre a *bière* "cerveja" que bebemos e a *bière* "caixão" onde se deita um morto, nem nos lembramos de estabelecer uma relação de sentido e todos os falantes, desde o utente ao linguista, estariam de acordo para as considerarem unidades perfeitamente distintas. Porém, entre as quatro *fraise* (o fruto, o utensílio, a gola, o mesentério da vaca) quem não sente a tentação de procurar ligações, correndo assim o risco de imaginar que o último termo designa uma parte do pescoço do animal? E isto quando são conhecidos pelo menos três étimos diferentes. Se, por um lado, isolamos sem problemas a *rame* "resma" de papel, por outro é preciso consultarmos o dicionário para ficarmos convencidos de que a *rame* "estaca" que se enterra para servir de apoio às plantas e a *rame* "remo" que mergulhamos na água não têm nada a ver uma com a outra. Quem pensaria em distinguir, antes de reflectir e de recorrer a consultas, entre *décrépit* "decrépito" e *décrépi* "que perdeu o reboco"? Em compensação, quem seria capaz de ver, na *grève* "cascalho" da margem do rio e na *grève* "greve" que se aplica à paragem do trabalho, dois valores diferentes de uma mesma unidade, isto antes de saber que os operários parisienses *faisaient la grève* "faziam greve", deambulando pela praça assim chamada, à beira do rio, quando interrompiam as suas actividades?

Podemos normalmente tranquilizar as nossas inquietações, alegando que um pouco de etimologia não faz mal nenhum, ou ainda que se trata de factos um pouco marginais, de efeitos

---

* Artigo publicado em *La linguistique* 10, 1974 - 2, pp. 37 - 45, e que foi acrescentado com o acordo do Autor (N. da T.).

secundários impossíveis de eliminar na análise das línguas, quando tentamos estabelecer distinções categoriais. No entanto, numa perspectiva óptica consequente consigo mesma, qualquer referência à história da língua está, à partida, excluída, uma vez que se pretende definir em que condições os utentes — todos os utentes — conseguem comunicar nessa língua. O verdadeiro problema do intercâmbio linguístico não se põe ao nível do filólogo ou do linguista, mas ao nível do locutor normal. Um dos escolhos de toda a linguística introspectiva é o de nos revelar a forma como uma personagem muito particular — o especialista no estudo da linguagem — pensa poder manejar a língua de toda a comunidade. Ora aquilo a que devemos prioritariamente dar atenção é ao funcionamento da comunicação, por meio da língua, entre aqueles que têm mais em que pensar, aqueles que empregam esta ou aquela palavra, esta ou aquela estrutura, apenas e só porque a ouviram empregar em determinadas situações ou determinados contextos e em função dessas situações e desses contextos. Uma língua é o que existe em comum entre todos os que a utilizam. O sentido de uma palavra concretiza-se nos seus empregos em determinados contextos e em determinadas situações. Daí se deduz o que podemos chamar a sua denotação. Essa denotação poderá ser delimitada pelo resumo de todos os contextos possíveis — o que é representado pela definição do bom dicionário. Tudo o que a palavra puder evocar para um dado falante, mas que for sentido como demasiado pessoal para que os outros utentes admitam a sua utilização, deve ser relegado para as conotações. O poeta, no sentido lato do termo — o sentido do alemão *Dichter* — o sentido de criador que contém, aproximadamente, o original grego, é o homem que não receia (ou a quem se permite) escolher novos contextos sugeridos pelas suas conotações. O conhecimento da etimologia de uma palavra pode fazer parte das conotações do termo. Não pode intervir na sua denotação, excepto, eventualmente, se o termo apenas for empregue pelos que conhecem a sua etimologia, como acontece, por exemplo, em elementos do vocabulário gramatical do tipo de *hendíadis*.

Não é raro que uma pessoa culta tente utilizar a palavra com o seu sentido etimológico. Experimentou-se o termo *insolite* "insólito", por exemplo, em casos onde, contextualmente ou pela referência, parece impor-se o sentido de "inabitual", em vez do sentido de "perturbador, mesmo inquietante, por ser inesperado" Apenas um inquérito permitiria ajuizar do sucesso ou insucesso desta iniciativa. Segundo o *Petit Robert*, tal iniciativa teria conseguido atenuar ou eliminar o velor pejorativo tradicional: "perturbador" talvez, mas ao mesmo tempo "excitante".

Poderíamos então pensar que as mudanças[6] de *insolite* viriam escudar a opinião dos filólogos, que defendem, contra as práticas sincrónicas da linguística contemporânea, a utilidade da etimologia quando é necessário relatar os pormenores relacionados com o uso. Na realidade, o caso citado vem apenas demonstrar que o conhecimento da etimologia pode estar na origem da mudança, mas torna-se evidente que apenas um inquérito puramente sincrónico nos poderia informar sobre os valores actuais do termo. Se é certo que encontramos, na história das palavras, a justificação diacrónica de certas restrições ou limitações de empregos da palavra, convém, por outro lado, antes de "justificar" o emprego de uma palavra, identificá-lo — o que só poderá ser correctamente efectuado se soubermos abstrair-nos totalmente, no decurso do exame, do que conhecermos sobre os antecedentes da palavra.

Vamos tentar ilustrar esta afirmação por meio de duas palavras do calão, *bougre* "sodomita" e *foutre* "fornicar", a que a boa-educação impunha outrora a abreviatura em *b*... e *f*... . Um estudo orientado para o passado conduziria à colocação das duas no mesmo plano, o dos termos de implicações sexuais, que comportavam um tabu e cujo emprego, por essa mesma razão, manifestava tendência para se limitar às imprecações excessivas. Um exame estritamente sincrónico revela uma situação que vale por si e que só pode ser correctamente analisada se nos abstrairmos dos antecedentes: *bougre* pertence à linguagem familiar e libertou-se por completo de qualquer referência sexual; o obsolescente *bigre,* diminutivo de *bougre,* e que era outrora o seu eufemismo, já não é sentido como sendo aparentado; no entanto, parece que *bougre* pertence mais à fala dos homens que à das mulheres. Em compensação, para *foutre,* são conhecidos empregos em imprecações; *fiche* "não se importar", único infinitivo da língua francesa sem *r*, funciona como o seu eufemismo e, por conseguinte, pode ser mais frequente na fala das mulheres que na dos homens, pelo menos na presença destes últimos. Os valores sexuais do termo e dos seus derivados são conhecidos apenas por uma parte dos utentes, o que pode revelar a frequência e o alcance do seu emprego. Para muitos locutores, sobretudo entre as mulheres de meia idade, *foutoir* — "quarto em desordem" ou, noutros contextos, "local de libertinagem" — que, de qualquer das maneiras, pertence a um uso muito relaxado, evoca a desordem dos objectos e não a dos costumes. Alguns aspectos desta realidade observada podem aparecer, aos olhos de quem conheça a história das palavras, como sobrevivências interessantes. São aspectos que sugerem a possibilidade de encontrar, por exemplo, através de estudos estatísticos de frequência na fala dos dois sexos, os traços de tabus desaparecidos. Tudo isto significa que uma boa descrição sincrónica pode proporcionar contribuições úteis para o estudo dos costumes e da língua e não que não se possa compreender plenamente o funcionamento de uma língua sem fazer referência à sua história.

É, assim, necessário banir qualquer utilização da etimologia num exame funcional do problema da homonímia e da polissemia. Portanto, se apenas a história dos costumes permite reaproximar as duas *grève*, "cascalho" e "greve", não hesitaremos em considerar dois monemas distintos. E, se procedermos da mesma forma para *décrépi* "que perdeu o reboco" e *décrépit* "decrépito" é apenas porque os sujeitos observados, apesar de uma identificação inicial das formas masculinas, saberão sempre, no feminino, distinguir *décrépie* e *décrépite*.

Porém, ainda não resolvemos o nosso problema. Podemos decidir, no caso de *grève*, porque sabemos que, sem etimologia, ninguém pode estabelecer uma relação entre realidades e conceitos tão diferentes. Podemos decidir, no caso de *décrépi*, *décrépit*, porque a homofonia é apenas parcial, muito embora sejamos forçados a constatar que, para a maior parte dos sujeitos falantes, *décrépit* faz parte de um vocabulário muitas vezes passivo, geralmente compreendido, mas pouco utilizado. Mas que fazer de *fraise* em todos os seus sentidos, e de *rame* em *rame de haricot* "estaca para as ervilhas" e em *force de rames* "à força de remos"?

Talvez seja mais proveitoso raciocinar sobre uma palavra do uso quotidiano, aprendida por todos os francófonos de tenra idade em dois empregos bastante diferentes e que não seremos tentados a ligar, a menos que se encontre o termo em contextos mais raros que sugerem um denominador comum de sentido. Trata-se de *table* que, designa, por um lado, a estrutura junto da qual a criança se senta para tomar as refeições ou para fazer os deveres, a mesa, e, por outro lado, no contexto *table de multiplication*, "tabuada", uma realidade cujas manifestações encontra mais sob a forma de exercícios orais do que sob a forma de uma tabela impressa. Mais tarde, identificará as *tables de matières* "índices", e talvez ouça falar das *Tables de la loi*, "Tábuas da lei". A identificação do traço constante, "superfície plana", só pode resultar de uma cultura já muito desenvolvida, ou até de um ensino específico. Existe certamente uma maioria de locutores franceses que nunca aproximou conscientemente *table de cuisine* (mesa da cozinha) e *table de multiplication* (tabuada). Ora a ausência, numa maioria de locutores franceses, de uma tal aproximação, não impede nunca a comunicação de se estabelecer. E deveríamos todos saber isto, porque todos nós descobrimos, numa dada altura, que duas formas idênticas que nunca havíamos pensado em aproximar possuíam suficientes traços em comum para podermos deduzir uma identidade do signo. Mas este facto não teve como efeito uma mudança das condições da comunicação: pouco nos importava, antes desta descoberta, que o nosso interlocutor tivesse ou não feito a aproximação; pouco nos importará doravante que esse interlocutor distinga duas palavras onde nós já só vemos uma. Em todos os casos se estabelece a comunicação, e essa comunicação não é melhor nem pior.

Poder-se-ia, talvez, alegar que existe no espírito, entre as duas *table*, anteriormente a uma aproximação consciente, um parentesco latente que pode assim permanecer durante toda a vida, ou ser explicitado de uma só vez. No entanto, convém precisar o que se esconde por detrás desta fórmula aliciante. A "descoberta" consiste exactamente em encontrar, entre os dois sentidos, um traço comum que não tinha sido percebido, nem mesmo "sentido" até então. O que poderia ter sido "sentido" era a identidade *formal* das duas *table*. Podia mesmo ter sido notada ocasionalmente ("Olha, diz-se o mesmo para isto e para aquilo!"), sem que tenha sido identificado o traço comum de sentido. Não existem dúvidas, no entanto, de que a identidade da forma suscita muito naturalmente a procura de uma identidade de valor: a partir do primeiro contacto com *fraise* (a gola do século XVI), deve ter-se estabelecido uma ligação no meu espírito entre a superfície rugosa do morango e a rede das dobras aparentes do tecido. Mais tarde, uma ligação estabeleceu-se com a ponta rugosa da broca do dentista. *Fumer (un champ)* "queimar um campo" evoca sempre para mim o fumo que se evola do fumeiro quente quando é espalhado, no Inverno, sobre o campo lavrado, e talvez seja a mesma visão que alterou a vogal do antigo *femer* (cf. *fiente* < *femita*), por atracção do *u* de *fumer* [7].

Isto indica que os utentes, longe de evitarem em todas as circunstâncias a homonímia, se apressam até a criá-la onde essa homonímia não existe. Por vezes, são os sentidos que se prestam a isso, mas pode não acontecer. A eventualidade de conflitos não surge para travar o processo. Trata-se, evidentemente, do que é designado por atracção paronímica. Muitas vezes, existe a tentação de subestimar o papel desta atracção. Sabemos que não pressupõe nenhum parentesco semântico. É particularmente frequente no caso de significantes mais longos, de frequência bastante baixa, e, por isso mesmo, mal identificados. É responsável por um número considerável das homonímias que encontramos no léxico francês. A este respeito, podemos consultar os dicionários etimológicos, por exemplo, nas entradas *briquet* "isqueiro" ou "fuzil da arma", *effraie* "coruja" ou "assusta", forma do verbo *effrayer*, *flageolet* "ervilha" ou "instrumento de sopro", *frelon* "vespa" ou "pelo na venta de certos animais de rapina"[8]. Quer exista ou não, entre os dois termos, um qualquer traço comum de sentido, a homonímia que resulta da atracção poderá, como qualquer outra, reduzir a frequência de emprego de um dos termos até o fazer cair em desuso. Se considerarmos apenas os exemplos supra, quem é que conhece hoje em dia dois sentidos para *briquet* e *frelon*[9]? A solução de facilidade representada pela atracção não pressupõe, evidentemente, que o locutor que a adopta tome consciência das consequências ulteriores da sua escolha. Na economia das línguas, a satisfação de uma necessidade constante suscita, a médio ou a longo prazo, tensões que só se vão resolver por mutações. Essas mutações, aos poucos, poderão afectar toda a estrutura. Mas isto é sobretudo válido para os planos da língua em que se manifesta uma grande coerência, a fonologia e a gramática. Em matéria lexical, onde a estruturação só é válida para domínios limitados, a eliminação real de uma homonímia aborrecida tem poucas hipóteses de desencadear uma reacção em cadeia.

Num plano teórico, o problema parece poder ser posto nos seguintes termos: dois significantes idênticos, que correspondam a significados total ou parcialmente diferentes, não podem figurar em contextos lexicais idênticos — isto quando a situação não oferece qualquer recurso — sem afectar o bom êxito do acto de comunicação. Podemos resolver a questão acrescentando uma especificação ao contexto ou substituindo o elemento que cria ambiguidade por qualquer outro elemento imediatamente identificável. Se me acontecesse dizer *ils sont neuf(s)* num contexto e numa situação em que o meu interlocutor eventualmente hesitasse em perceber *neuf* "eles são nove" ou *neufs* "eles são novos", poderia de imediato fornecer... *non usés* "não usados", ou ... *pas dix* "não são dez", ou então substituir *neufs* por *achetés hier,* "comprados ontem", se me aperceber a tempo da possiblidade de uma ambiguidade. O que aqui constatamos é válido em maior escala e pode afectar de forma definitiva o uso da comunidade.

Por conseguinte, se dois significantes idênticos, de significados diferentes, tendem a excluir-se mutuamente dos mesmos contextos, a natureza das suas relações linguísticas não poderá nunca ter a ver com as relações paradigmáticas. Por outras palavras, não se podem nunca considerar como estando em oposição. Enquadram-se assim dentro de um problema mais genérico, o das identidades entre os membros de duas classes de comutações diferentes ou, se preferirmos, de dois sistemas parciais distintos.

Este problema pôs-se, em primeiro lugar, em fonologia. Tratava-se, à partida, de responder aos que, vendo no fonema uma família de sons fisicamente aparentados, punham em dúvida a validade dos métodos oposicionais. Alegavam com os casos em que dois fonemas típicos, como [h] e [ɲ] em alemão, por exemplo, não apareciam nunca no mesmo contexto, nunca se encontravam por isso em oposição, e onde, no entanto, ninguém conseguia admitir que se tratasse de duas realizações de um mesmo fonema. A resposta de Troubetzkoy[10] era a de que as relações de [h] com as unidades com as quais podia comutar não tinham nada em comum com as relações mantidas por [ɲ] com o seu próprio sistema de comutação. De forma mais concisa e precisa, diríamos hoje que os traços distintivos de [h] e de [ɲ] não são os mesmos e que, uma vez que um fonema se identifica com a soma dos traços distintivos, [h] e [ɲ] são dois fonemas diferentes.

Só posteriormente[11] se explicitou o quanto era mais fácil para o investigador assegurar-se da identidade distinta de dois segmentos em oposição, como [e] e [ẹ] em *donné* "dado" e *donnait* "dava", do que pronunciar-se sobre a natureza das relações entre as duas vogais de *mêlé* "misturado", por exemplo. Ainda que essas duas vogais fossem, fisicamente, tão semelhantes quanto possível, não estaria comprovado que representassem a mesma unidade fonológica[12]. A solução consiste, como se sabe, em relacionar os dois sistemas, o das vogais finais e o das vogais de primeira sílaba aberta dos dissílabos, em identificar, de um sistema para o outro, as que oferecem os mesmos traços distintivos, e, eventualmente, em considerar uma neutralização quando uma oposição de um sistema não estiver atestada no outro. Em muitos usos franceses, o sistema a que pertence a primeira vogal de *mêlé* não apresenta a oposição entre o segundo e o terceiro graus de abertura, que caracteriza o sistema onde figura a segunda vogal da palavra.

Para as unidades significativas, o problema põe-se à partida de forma idêntica. Se dois segmentos significativos se opuserem[13] quando rodeados por uma situação e um contexto idênticos, trata-se, sem sombra de dúvida, de dois monemas diferentes. Mas, se se tratar de segmentos que aparecem sempre rodeados por contextos e situações diferentes, a prova da sua identidade ou da sua não-identidade só poderá ser fornecida pela identidade ou pela não-identidade das suas relações com as outras unidades do seu sistema respectivo, isto é, as unidades susceptíveis de comutar com cada um desses sistemas. Na prática, a operação necessária para poder responder à pergunta dará resultados satisfatórios se forem inteiramente positivos. Consideremos, por exemplo, os dois empregos de [kakęt] "tipo de capacete militar" e "boné com viseira", em contextos e em situações bem diferentes. Podemos pronunciar-nos pela identidade se se tratar, num caso e no outro, de um chapéu de pala, de copa quase cilíndrica ou cónica, isto é, que apresente todos os traços que opõem a *casquette* ao chapéu, à boina, ao képi e à barretina. Mas, se aplicarmos esta operação a *table (de cuisine)* e *table (de multiplication)*, o resultado será absolutamente negativo. Mesmo se, com uma grande dose de boa vontade, deduzíssemos um traço de "superfície plana" para um e outro caso, esse traço seria não decisivo porque seria comum a outros monemas como *tableau* "quadro", *plaque* "placa", *dalle* "laje", etc. Defender que a questão está mal posta porque *table de cuisine* e *table de multiplication* são sintemas e que se trata na realidade da identidade desses sintemas também não é decisivo porque diremos apenas, sem quaisquer problemas, *table,* tanto para uma como para a outra.

    Em resumo, é difícil ver como conseguir neste caso uma formalização satisfatória, uma vez que cada caso de homonímia-polissemia oferece um complexo particular de relações de sentido e de forma. Se nos ativermos ao funcionamento da comunicação linguística, constatamos que cada emprego de uma unidade significativa vale em função da escolha que representa, escolha essa que é feita entre as unidades que poderiam figurar no mesmo lugar. A natureza das suas eventuais relações com os elementos de outros contextos e situações que apresentam analogias ou identidades de forma ou de sentido não afecta em nada o sucesso ou o insucesso da comunicação. Claro que não se deve esquecer que as relações, de um sistema parcial para outro, são da maior importância quando se trata de constituir o conjunto, que se poderia designar como a competência linguística particular de um utente individual. No plano mnemónico, é indispensável que o léxico seja estabelecido sobre uma base de elementos como *casquette*, que, qualquer que seja o seu contexto ou situação, isto é, o sistema onde aparece, terá sempre o mesmo significante, ligado, nos casos mais favoráveis, ao mesmo complexo de traços de significado. Uma memória humana não poderia adaptar-se a um léxico em que *cada* conceito fosse representado, segundo os contextos, por "alomorfos" diferentes, onde, portanto, em termos mais simples, cada palavra poderia, como *aller* "ir" aparecer sob formas tão diferentes como *va* '"vai", *irons* "iremos", *allez* "ide". Seria utópico reclamar para o significado a mesma constância do significante: só a forma, porque as suas variações são discretas, permite ao sujeito orientar-se na inextrincável desordem das significações. Não podemos nunca esquecer que o significante representa, no signo, a língua sob o seu aspecto ordenado, organizado, verdadeiramente comum a todos os utentes, ao passo que o significado se inclina constantemente em todas as direcções, a fim de se adaptar o melhor possível à variedade da experiência humana. É numa óptica dinâmica, onde não se trata de designar determinadas formas como palavras homónimas ou polissémicas, que podemos talvez tentar encontrar, num plano estritamente sincrónico, um valor distinto para a homonímia e a polissemia. A homonímia é a tendência para identificar os significantes, quaisquer que sejam os factores que levam à confusão das formas. A polissemia é o processo que leva as unidades da mesma identidade, em termos de unidades distintivas, a assumir os empregos mais inesperados, a fim de permitir que o homem explicite com mais clareza a sua visão do mundo.

NOTAS

1. Para obter esta frequência, recolhemos todas as preposições encontradas num texto e dividimos o total pelo número de preposições distintas.

2. Encontram-se por vezes não funcionais de grande frequência média, como os pronomes pessoais em francês, que não são modalidades por serem determináveis por aposições: *elle, fille de dieu...*

3. Cf. Jeanne MARTINET, "Zéro, c'est rien", *Linguistique fonctionnelle, débats et perspectives*, Paris, PUF, 1980.

4. "Fraise" é, em francês, o nosso morango, mas igualmente uma gola em voga no século XVI, um instrumento de dentista ou de torneiro e o mesentério da vitela. A forma surge ainda na expressão do calão *il ramène sa fraise*, que pessoalmente interpreto como "lá está ele a impôr-se", e onde podemos com toda a legitimidade hesitar em ligar "fraise" a qualquer dos valores significados anteriores.

5. Em transcrição fonética, era este o enunciado no idioma local: [a'badda bjɛ le 'plo:tə'pəkɑ'bɔləgo'ya].

6. No original, *avatar*, que o autor considera — pelo menos no sentido não pejorativo que lhe é dado e que deverá ser deduzido a partir do contexto —, possuir traços da intervenção das pessoas cultas.

7. A mesma atracção é válida para *fumier;* foi certamente facilitada pelo contexto labial, como em *jumeau* "gémeo", de *gemellum*.

8. De passagem, note-se que a atracção paronímica não deixa de fazer lembrar, no caso dos significantes, o fenómeno designado por *catálise* em fonologia diacrónica. Existiria uma catálise de cada vez que um fonema de grande raridade, mas protegido pela sua integração, facilita uma evolução que se esboça na sua direcção, em vez de o afastar (cf. André MARTINET, *Economie des changements phonétiques,* Berne, 1955, §§ 3-35 a 3-37.

9. Nem todos os dicionários franceses indicam dois sentidos para *frelon* (N. da T.).

10. *Grundzüge der Phonologie,* Prague, 1930.

11. A. MARTINET, *A Functional View of Language,* Oxford, 1962, p. 7, e *Langue et fonction,* Paris, 1969, p. 17.

12. Cf. A. MARTINET, *Eléments de linguistique générale,* Paris, 1960, § 3 - 9 (*Elementos de linguística geral,* tradução portuguesa de Jorge Morais Barbosa, Lisboa, Sá da Costa, 1985, 10ª edição, § 3.9.), e "Réalisations différentes de phonèmes différents", *La linguistique,* 1969 - 2, p. 127 - 129.

13. Pelos seus significados e, necessariamente, pelos seus significantes, se a comunicação tiver êxito.

BIBLIOGRAFIA
DE ANDRÉ MARTINET

Esta bibliografia baseia-se na obra de Henriette e Gérald WALTER, *Bibliographie d'André Martinet*, preparada com a colaboração de Brigitte BARRÉ e Florence ROUILLER,, precedida de um resumo biográfico escrito por Jeanne MARTINET (Selaf n° 279, NS 20, C Peeters, Louvain - Paris, 1988) e publicada por ocasião dos seus 80 anos. A fim de actualizar as referências, recorreu-se também à bibliografia publicada na obra de Maria João Broa MARÇALO, *Introdução à Linguística Funcional* , Lisboa, ICALP, 1992, p. 135).

LIVROS

Trata-se, como é evidente, dos livros escritos por André Martinet, que são antecedidos por um L seguido de um número que permitirá identificá-los nas referências posteriores.

As obras publicadas sob a direcção de André Martinet possuem a sigla Ld seguida por um número que indica a sua classificação cronológica na série de livros deste tipo.

1937

L1   *La gémination consonantique d'origine expressive dans les langues germaniques,* tese principal de "Doctorat d'Etat", Copenhaga, Munskgaard, 224 p.

L2   *La phonologie du mot en danois* , tese complementar de "Doctorat d'Etat", Paris, Klincksieck, 100 p.

1945

L3   *La prononciation du français contemporain:* témoignages recueillis en 1941 dans un champ d'officiers prisonniers, Paris, Droz, "Société de publications romanes et françaises, 23, Langues et culture 3", 249 p. Reedição Genève, Droz, 1971.

L4 *Questionnaire of the International Auxiliary Language Association* (com Jean-Paul VINAY), Nova Iorque, International Language Association, 98 p.

1947

L5 *Initiation pratique à l'anglais* , Lyon, IAC, 311 p.

1949

L6 *Phonology as Functional Phonetics* , Three lectures delivered before the University of London in 1946, Londres, "Publications of the Philological Society", University of Oxford Press, 40 p. Reedição Oxford, Blackwell, 1955, 40 p.

— Tradução espanhola, *La fonología como fonética funcional* (1ª. parte, apenas), em *Questiones de Filosofia* , Buenos Aires, 1962, I, 2 - 3, p. 136 - 139. Reimpressão em *La fonología como fonética funcional*, tradução espanhola e prefácio de Luis J. PRIETO, Buenos Aires, 1976, p. 29 - 91.

— Tradução francesa parcial por M. HENNING, *La description phonologique*, em *La Linguistique contemporaine*, dir. Jean--Claude PARIENTE e Gabriel BÈS, Paris, PUF, 1973, p. 42 - 46.

1954

Ld1 *Linguistics today* , dir. André MARTINET e Uriel WEINREICH, Nova Iorque, Linguistic Circle of New York, 280 p.

L7 *Economie des changements phonétiques: Traité de phonologie diachronique*, Berna, Francke Verlag, "Bibliotheca Romanica" Series Prima (Manualia et Commentationes), 369 p.

— Tradução russa por A. ZALIZNJAK, *Princip ékonomii v Foneticeskix izmenenijax* (1ª parte apenas "Théorie générale"), Moscovo, 1960, 260 p.

— Tradução italiana de G. CARAVAGGI, *Economia dei mutamenti fonetici, Trattato di fonologia diacronica* , Turim, Einaudi, 1968, 378 p.

— Tradução espanhola por A. DE FUENTE ARRANZ, *Economia de los cambios fonéticos* , Madrid, Gredos, 1974, 563 p.

— Tradução alemã de Claudia FUCHS de uma versão totalmente revista por André MARTINET, *Sprachökonomie und Lautwandel: eine Abhandlung über die diachronische Phonologie*, Estugarda, Klett - Cotta, 1981, 278 p.
— Tradução japonesa em preparação.

1956

L8   *La description phonologique, avec application au parler franco-provençal d'Hauteville (Savoie)*, Genève, Droz, e Paris, Minard, 108 p.

1960

L9   *Eléments de Linguistique générale*, Paris, Armand Colin, secção de Literatura, n°. 349, 224 p. Nova edição, Collection "U2", 1967, 219 p. Nova edição revista e novo prefácio e posfácio, Collection "U prisme", 1973, 224 p. Nova edição reformulada e revista, com complementos e bibliografia, Collection "U prisme", 1980, 224 p.
— Tradução russa de V.V. CHEVOROCHKINA, *Osnovy obščej lingvistiki*, em *Novoe v Lingvistike*, Moscovo, 1963, 3, p. 366 - 566.
— Tradução coreana de Bh. KIM, *On o hak won ron*, Seoul, Il Cho Gak, 1963, 323 p.
— Tradução alemã de Anna FUCHS, *Grundzüge der allgemeinen Sprachwissenchaft*, Kohlammer Verlag, 1963, 201 p., 2ª. edição 1967.
— Tradução inglesa de Elisabeth PALMER, *Elements of General Linguistics*, Londres, Faber and Faber e Chicago, University of Chicago Press, 1964, 205 p. Reedição revista e aumentada, Londres, Faber and Faber, 1969, 228 p.
— Tradução portuguesa de Jorge de MORAIS BARBOSA, *Elementos de Linguística Geral*, 1964, 222 p. 10ª. edição revista, Lisboa, Livraria Sá da Costa, 1985, 212 p.
— Tradução espanhola de Julio CALONGE, *Elementos de Lingüística general*, Madrid, Gredos, 1965, 274 p., revista e aumentada em 1968.
— Tradução italiana de Giulio L. LEPSCHY, *Elementi di linguistica generale*, Bari, Laterza, 1966, 219 p., Reedição revista e aumentada, Bari, Laterza, 1971, 253 p.
— Tradução romena de P. MICLAU, *Elemente de linguistica generala*, Bucareste, Ed. Stiintif, 1970.

— Tradução polaca de Léon ZAWADOWSKI, em *Podstawi lingwistyki funkcjonalnej*, Varsóvia, 1970.
— Tradução japonesa de Norioshi MIYAKE, Tóquio, Iwanami Shoten, 399 p.
— Tradução albanesa de Ismajli REXHEPI, *Elemente të gjuhësisë përgjithsme*, Pristhinë, Rilindja, 1974, 282 p.
— Tradução grega de Agathoclis CHARALAMBÓPOLOUS, *Stoikheía genikés glossologías*, Tessalónica, 1976, 16 + 254 p.
— Tradução islandesa de Magnús PÉTURSSON, *Almenn málfraei frumatrii* , Reiquejavique, 1976, 176 p.
— Tradução croata de August KOVAČEK, *Osnove opće lingvistike*, Zagreb, G.Z.H. (Graficki Zavod Horvatske), "Biblioteka Teka", 1982, XIII + 188 p., com uma bibliografia de André Martinet, um índice de termos linguísticos em dez línguas e um prefácio de André Martinet.
— Tradução turca de Berke VARDAR, *Islevsel genel dilbilim* , Ancara, 1985, 192 p.
— Tradução indonésia, *Ilmu Bahasa: Pengantar* , Kanisius, Indonésia, 1987, 248 p.
— Tradução chinesa de LUO Shenyi, Pequim, 1988, 14 + 216 p.

1962

L10 *A Functional View of Language* , The Waynflete Lectures delivered in the College of St Mary Magdalen, Oxford, 1961, Oxford, Clarendon, VIII + 166 p. Nova edição 1963.
— Tradução italiana de Givanna MADONIA, *La Considerazione Funzionale del linguaggio* , Bolonha, Il Mulino, 1965, 231 p.
— Tradução francesa de Henriette e Gérard WALTER, *Langue et fonction, une théorie fonctionnelle du langage* , Paris, Denöel--Gonthier, 1969, 196 p. Nova edição "Bibliothèque Médiations", 1969, 220 p.
— Tradução polaca de Léon ZAWADOWSKI, em *Podstawi lingwistyki funkcjonalnej* , (caps. 2 e 3), Varsóvia, 1970.
— Tradução espanhola de M.R. LAFUENTE DE VICUÑA, *El Lenguaje desde el punto de vista funcional* , Madrid, Gredos, 1971, 218 p.
— Tradução servo-croata de N. KOVAČ, *Jezika i funkcija* , Sarajevo, 1973, 190 p.

— Tradução japonesa de Haru MI TANAKA e Ko Ichi KURA MATA, *Misuzu shobo* , 1975, 186 p.

1965

L11 *La linguistique synchronique* , Paris, PUF, "Le linguiste", VIII + 246 p.; 2ª. edição 1968; 3ª. edição actualizada, 1970.
— Tradução alemã de Werner BLOCHWITZ, *Synchronische Sprachwissenschaft* , Munique, Hueber, 1968, 212 p.
— Tradução espanhola de Felisa N. MARCOS, *La Lingüística sincrónica, Estudios e investigaciones* , Madrid, Gredos, 1968, 228 p.
— Tradução polaca de Léon ZAWADOWSKI, em *Podstawi lingwistyki funkcjonalnej* , (caps. 2, 4 e 6 a 10), Varsóvia, 1970.
— Tradução japonesa de Yoshiro WATASE, *Hakusuisha* , s.d., 12 + 356 p.

L12 *Manuel pratique d'allemand* , Paris, Picard, 176 p.

1968

Ld2 *Le langage* , Enciclopédia da Pléiade, dir. André MARTINET, Paris, Gallimard, 1541 p. Nova edição em 1962.
— Tradução japonesa, Tóquio, Orion, 4 vol., 1973.
— Tradução espanhola, Buenos Aires, Nueva Visión, 1973, 184 + 208 p.

1969

L13 *Le français sans fard* , Paris, PUF, "SUP, le linguiste", 221 p. 2ª edição 1974.

Ld3 *La linguistique. Guide alphabétique* , dir. André MARTINET, com a colaboração de Jeanne MARTINET e de Henriette WALTER, Paris, Denöel, "Guides Alphabétiques Médiations", 490 p.
— Tradução japonesa, dir. Noriyoshi Miyake, Tóquio, Tayshukan, 1972, 584 p.
— Tradução italiana de G. BOGLIOLO, *La Linguistica, Guida alfabetica* , Milan, Rizzoli, 1972, 464 p.
—Tradução espanhola de C. MAZANO, *La lingüística, Guia alfabética* , Barcelona, Anagrama, 1972, 484 p.
— Tradução alemã de Irmela REHBEIN e Steffen STELZER, *Linguistik, ein Handbuch*, Unter Mitarbeit von Jeanne MARTINET und

Henriette WALTER, Mit einer bibliographischen Ergänzung von Fritz TANGERMANN, Estugarda, Metzler, 1973, 8 + 374 p.
— Tradução portuguesa de Wanda RAMOS, *Conceitos fundamentais da linguística* , Lisboa, Presença, 1976, 462 p.

1973

L14 *Dictionnaire de la prononciation française dans son usage réel* , com Henriette Walter, Paris, France-Expansion. Difundido a partir de 1987 pela Droz em Genève, 932 p.

1975

L15 *Evolution des langues et reconstruction* , Paris, PUF, "SUP, Le linguiste", 264 p.
— Tradução espanhola de Segundo ALVAREZ, Madrid, Gredos, 1983, 267 p.

L16 *Studies in Functional Syntax - Etudes de syntaxe fonctionnelle* , "Internationale Bibliothek für allgemeine Linguistik", 1975, 15, Munique, W. Finck, 275 p. Recolha de 23 artigos repertoriados aqui com as rubricas A60, A79, A85, A91, A101, A103, A107, A110, A122, A123, A127, A128, A136, A138, A139, A145, A151, A152, A154, A162, A168, A173, A179.
— Tradução espanhola de E. DIAMANTE, *Estudios de syntaxis funcional* , Madrid, Gredos, 1978, 342 p.

1979

L17 *Grammaire fonctionnelle du français* , Paris, Didier et St-Cloud, Centre de Recherche et d'Etude pour la Diffusion du français, XII + 276 p. Reedição revista 1984, 3ª. edição revista 1988.
— Tradução espanhola de Enrique de TESO MARTIN e Dalia ALVAREZ MOLINA, com uma apresentação fonológica original (p. 15 - 20), *Gramática funcional del francés*, Barcelona, Ariel, 1984.

1980

L18 *Dictionnaire de l'ortographe: alfonic*, em colaboração com Jeanne MARTINET, Paris, SELAF, (Société d'Etudes linguistiques et anthropologiques de France), 16 + 201 p, "Numéro spécial 13", 201 p.

1981

L19 *Linguistique et sémiologie fonctionnelles*, em colaboração com Jeanne MARTINET, Istanbul, Escola Superior de Línguas Estrangeiras, Universidade de Istanbul, 80 p. (Cf. artigos A225, A226). Textos recolhidos e apresentados por Berke VARDAR.
— Tradução turca (parcial) em *Türk Dili*, Istanbul, 1983, 47, p. 290--294.

1983

L20 *Vers l'ecrit avec l'alfonic (Ecoles maternelles et cours préparatoire*, com Jeanne VILLARD e Jeanne MARTINET, em colaboração com Denise BOYER, Albert e Gilberte DOMINICI, Paris, Hachette, 174 p. Publicado neste mesmo livro (tanto no original como na tradução portuguesa) em 2.3.

Ld4 *L'indo-européen*, dir. André MARTINET, *Journée d'études*, Paris, Universidade René Descartes, UER de linguistique générale, 75 p.

1985

L21 *Syntaxe générale*, Paris, Armand Colin, "Coll. U", 266 p.
— Tradução italiana por M. e P. ROMBI, prefácio de Tulio DE MAURO, *Sintassi generale*, Bari, Laterza, 1988, XII + 314 p.

L22 *Thémata leitourgikés súntaxis*, Atenas, Nephele, 344 p. Prefácio de André Martinet. Recolha dos 16 artigos infra citados e traduzidos por Eléni VÉLTSOU, Fótis KAVOUKÓPOULOS, Giórgos MAGOULÁS e Déspina MARKOPOÚLOU: A91, A101, A103, A122, A123, A127, A139, A145, A154, A162, A173, A195, A198, A 201, A228, A292.

1986

L23 *Des steppes aux océans, L'indo-européen et les "Indo-Européens"*, Paris, Payot, 274 p.
— Tradução servo-croata de Jasmina GRKOVIĆ, com uma introdução da tradutora, *Indoevropski jeziki "Indoevropljani"*, Novi Sad, Knijizevna Zajednica, 1987, 275 p.

1989

L24 *Fonction et dynamique des langues*, Paris, Armand Colin, "Col. U", 208 p.

ENTREVISTAS

1969

E1 **Entrevista** por Michèle COTTA, Pourquoi parle-t-on le français? para L'Express, n° 924, pp. 124 - 47.
— Tradução italiana de Giacomo DEVOTO, La Intervista, *L'Eco della Stampa*, Florença, 2/11/1969.

E2 **Entrevista** por Brigitte DESVISMES, para VH 101, 2, *La théorie*, Paris, p. 67 - 75.
— Tradução espanhola de Carmen ARTAL, in *La teoria*, de Roland BARTHES et alii, Barcelona, Anagrama, 1971, p. 93 - 108.

E3 **Entrevista** por J.P. GIBIAT, para *L'Education*, 63, Le français sans fard, p. 15 - 18.

E4 **Entrevista** para *Le Figaro*, Termes nouveaux, choses anciennes, mais le public n'est pas dupe, 20/7/1970, p. 20.

E5 **Entrevista**: Le français, langue morte? *Postes et télécomunnications*, 178, Out. 1970, p. XIV - XV (entrevista reescrita pelo redactor).

1971

E6 **Conversa** com André MARTINET, entrevista de Brigitte DESVISMES, para *Le Monde*, 15 / 1/ 1971.

1973

E7 **Entrevista**: Una lengua es un instrumento de comunicación, em *IPC Boletin (Instituto pedagógico de Caracas)*, Caracas, Maio-Junho 1973.

E8 **Entrevista** por Hermann Parret, em *Discussing Language*, La Haye - Paris, Mouton, p. 221 - 247.

E9 **Entrevista** publicada em *Linguistique et signification*, Lausanne, Grammont, 1973.

1975

E10 **Entrevista** por Roberto J. GARCIA, Lingüística, Ciencias humanas y semiología, em *La gaceta*, 25 / 5/ 1975, 2ª. sec., p. 1.

1978

E11 **Entrevista** preparada por Christos CLAIRIS, Perí leitourgikés glossologías, em *Ho Polítes*, 20, Jun - Jul. 1978, p. 24 - 29.

1979

E12 **Entrevista** com André MARTINET transcrita por Christos Clairis em *Dilbilim*, 1979, 4, p. 13 - 22 e retomada em *Langues et Linguistique*, 1978 / 79, 4 -5, p. 1 -13.
— Tradução em vietnamita, André MARTINET ve tinh hinh ngonngu hoc hien dai, *Ngôn ngu*, Hanoi, 1979, 1, p. 32 - 39.

E13 **Entrevista**: Razlog ljudskog jezika, *Oko*, Zagreb, 28/5 - 11/6/1981.

1983

E14 **Conversa** transcrita por Didier MENANTEAU, *Travaux de linguistique de l'Université d'Angers*, 2, p. 3 - 26.

E15 **Conversa** transcrita por Josef FUCKERIEDER, Propos d'un linguiste, André MARTINET, *A.K.S. — Rundbrief*, Université de Fribourg-en-Bisnau, 8/1983.

1985

E16 **Entrevista** de John-Paul e Leslie LEPERS, "Docteur fautes", para *L'Echo des savanes*, 24, p. 66 - 69.

1986

E17 **Entrevista** por Sophie FONTANEL, Dumézil, l'inclassable chercheur, *Le Matin*, 12/10/1986, p. 21.

1987

E18 **Conversa** sobre o 2º. Congresso basco, sob o título "Expectación internacional", em *El País*, Madrid, 31/8/1987, p. 21, col. 3 - 4.

E19 **Entrevista** de Mohamed Nader SRAGE, feita em Bolonha em 2/7/1984 e publicada em Junho de 1987 no nº 46 de *Al Fikr Al Arabi*, Tripoli (en árabe).

1988

E20 **Entrevista** "Shqipëria — vend injerëzve të shkolluar", em *Drita*, XXVIII, 10, (1427), Tirana, 6 de Março de 1988, p. 16.

ARTIGOS
1933

A1 "Remarques sur le système phonologique du français", *B.S.L.*, 34, p. 191 - 202.

1934

A2 "Nature phonologique du stød danois", *B.S.L.*, 35, p. 52 - 57.

1936

A3 "Neutralisation et archiphonème", *Travaux du Cercle Linguistique de Prague*, 6, p. 46 - 57.

A4 "Česká práce o vlivu pravopisu na Francouskou výslovnost", *Slovo a Slovesnost*, 2, p. 54 -56.

1937

A5 "Remarques sur la notion d'opposition comme base de la discipline phonologique", *Compte rendu du 11e Congrès de Psychologie*, Paris, p. 245.

1938

A6 "La phonologie", *Le français moderne*, 6, p. 131 - 146; 7, p. 33 - 37.

A7 "Fonologie Francouzštiny", *Slovo a Slovesnost*, 4, p. 111 -113.

A8 "La phonologie synchronique et diachronique", *Conférences à l'Institut de linguistique de l'Université de Paris*, 6, p. 41 - 58, e *Revue des cours et conférences*, 40, p. 324 - 340. Reproduzido, alterado e completado sob o título "Classification et hiérarchisation des faits phoniques, em L11, p. 50 - 65.

1939

A9 "Rôle de la corrélation dans la phonologie diachronique", *Travaux du Cercle linguistique de Prague*, 8, p. 237 - 288.

A10 "Un ou deux phonèmes?" *Acta linguistica hafniensia*, Copenhaga, 1, p. 94 - 103. Reproduzido em L11, p. 115 - 129. Reimpresso em *Readings in Linguistics II*, dir. HAMP, HOUSEHOLDER, AUSTERLITZ, Chicago University Press, 1966, p. 116 - 123.

A11 "Equilibre et instabilité des systèmes phonologiques", *Proceedings of the 3rd International Congress of Phonetic Sciences*, p. 30 - 34.
A12 "La transcription phonétique dans l'enseignement de l'anglais", *Les langues modernes*, 37, p. 236 - 247.
A13 "La parenté dans les langues germaniques", *Actes du 5e Congrès des Linguistes*, p. 134 - 147.

1943

A14 "Questionnaire phonologique d'André Martinet", *Revue de folklore français et de folklore colonial*, Paris, 13, p. 143 - 150.
A15 "Le phonème et la conscience linguistique", *Le français moderne*, 1943, 2, p. 197 - 205.

1944

A16 "La prononciation du danois", em *Manuel de langue danoise*, de I. STEMANN, Copenhaga, Munskgaard, p. 34 - 66.

1945

A17 "Description phonologique du parler franco-provençal d'Hauteville (Savoie)", *Revue de linguistique romane*, (1939), 15, p. 1 - 86 (cf. L8, p. 51 - 101).

1946

A18 "Au sujet des fondements de la théorie linguistique de Louis Hjelmslev", *B.S.L.* 42, p. 19 - 42. Reproduzido em *Nouveaux Essais* de Louis HJELMSLEV, Paris, PUF, 1985, p. 175 - 194. Reimpresso em *Republications Paulet*, Paris, Maio de 1968.
— Tradução russa, "Lui ELMSLEVA o knige osnovy lingvstičeskoj teorii" em *Novoe v lingvistike*, Moscovo, 1960, 1, p. 437 - 462.
A19 "Savoir pourquoi et pour qui l'on transcrit", *Le Maître phonétique*, 86, p. 14 - 117. Artigo publicado na origem em transcrição fonética e reproduzido em seguida, em grafia normal, em L11, p. 168 - 173.
A20 "La linguistique et les langues artificielles", *Word*, 2, p. 37 - 47.

1947

A21 "Note sur la phonologie du français vers 1700", *B.S.L.*, 43, p. 13 - 23. Reproduzido em L13, p. 155 - 167.

A22 "Propagation phonétique ou évolution phonologique?" (com André G. HAUDRICOURT), *B.S.L.*, 43, p. 82 - 92. Reproduzido sob o título "Changements indigènes et changements propagés" em L15, p. 39 - 46.

A23 "La phonologie et la prononciation françaises", *Atomes*, 16, p. 219--222.

A24 "Où en est la phonologie?" *Lingua*, 1, p. 34 - 58. Reproduzido parcialmente sob o título "L'analyse phonologique em L11, p. 39 - 46.

A25 "Le questionnaire d'IALA", *Lingua*, 1, p. 127 - 129.

1949

A26 "About Structural Sketches", *Word*, 5, p. 13 - 35.

A27 "Occlusives and Affricates with Reference to some Problems of Romance Phonology", *Word*, 5, p. 116 - 122.

A28 "Interlinguistique: Rapport préliminaire", *Actes du 6e Congrès des Linguistes*, Paris, p. 93 - 112.

A29 "Rapport sur l'état des travaux relatifs à la constitution d'une langue internationale auxiliaire", *Actes du 6e Congrès des linguistes,* Paris, p. 586 - 592.

A30 "Réponse à la question I", *Actes du 6e Congrès des linguistes*, p. 177 - 182.

A31 "Réponse à la question II", *Actes du 6e Congrès des linguistes*, p. 247 - 248.

A32 "Réponse à la question III", *Actes du 6e Congrès des linguistes*, p. 292 - 295.

A33 "La double articulation linguistique", *Travaux du Cercle de linguistique de Copenhague*, 5, p. 30 - 37. Reproduzido sob o título "Le critère de l'articulation" em L11, p. 17 - 27.

— Tradução italiana de Adriana BOLELLI-ZEPPIN, "La doppia articulazione linguistica", em *Linguistica generale, strutturalismo, linguística storica*, dir. Tristano BOLELLI, Pisa, Nitri-Lischi, 1971, p. 108 - 116.

1950

A34 "Réflexions sur l'opposition verbo-nominale", *Journal de Psychologie normale et pathologique*, 43, 1, p. 99 - 108. Reproduzido em L11, p. 201 - 211.

— Tradução em macedónio de Zvonko NIKODINONKI em *Literaturen Zbor*, 1983, 30, 4, p. 51 - 58.

A35 "Some problems of Italic Consonantism", *Word*, 6, p. 26 - 41. Traduzido em francês e reformulado em L7, p. 332 - 349.
A36 "De la sonorisation des occlusives initiales en basque", *Word*, 6, p. 224 - 233. Reproduzido em L7, p. 370 - 388.

1951

A37 "The Unvoicing of Old Spanish Sibilants", *Romance Philology*, 5, p. 133 - 156 (Cf. L7, p. 297 - 326 e a recensão de TOVAR sobre A36).
A38 "Concerning some Slavic and Aryan Reflexes of Indo-European *s* ", *Word*, 7, p. 91 - 95. Traduzido e reformulado em L7, p. 238 - 242.

1952

A39 "Langues à syllabes ouvertes: le cas du slave commun", *Zeitschrift für Phonetik*, 6, p. 145 - 163. Traduzido e reformulado em L7, p. 349 - 369.
A40 "Diffusion of Language and Structural Linguistics", *Romance Philology*, 6, p. 5 - 13.
A41 "Celtic Lenition and Western Romance Consonants", *Language*, 28, p. 192 - 217. Traduzido e reformulado em L7, p. 257 - 297.
A42 "Function, Structure and Sound Change", *Word*, 8, p. 1 - 32. Reimpresso em *Readings in historical phonology: Chapters in the Theory of Sound-Change*, dir. Philip BALDI &Ronald N. WERTH, 1979, University Park, Pennsylvania State University Press.
— Tradução japonesa de Kurokawa SHIN'ICHI-YAKU, *Kino, Kozo, On'inkenda, Tsuji Oninron Vosetsu*, Kenkyusha, s.d.
A43 "Are there Areas of 'affinité grammaticale' as well as of 'affinité phonologique' Cutting across Genetic Language Families?" *7th International Congress of Linguists, Preliminary Reports*, Londres, p. 121 - 124. *Proceedings, ibid.*

1953

A44 "Structural Linguistics", *Anthropology Today*, dir. A.L. KROEBER, Chicago, The University of Chicago Press, 46, p. 574 - 586.
— Tradução espanhola, "Lingüística estrutural", em *Cuatro articúlas de lingüística estrutural*, Buenos Aires, 1962.
— Tradução alemã, "Strukturale Linguistik", em *Der moderne Strukturbegriff*, Darmstadt, 1973, p. 184 - 206.

— Tradução italiana de Luigi HEILMANN, "La linguistica strutturale", em *La linguistica: aspetti e problemi*, dir. Luigi HEILMANN e E. RIGOTTI, Bolonha, Il Mulino, 1975, p. 61 - 78.

A45 "Otto Jespersen", *Word Study*, 28, 5, p. 1 - 13.

A46 "Conserving the Preservation of Useful Sound Features", *Word*, 9, 153, p. 1 - 11. Traduzido sob o título: "Un cas de conservation de traits distinctifs et la reconstruction: l'infection irlandaise", em L7, p. 199 - 211.

A47 "A Project of Transliteration of Classical Greek", *Word*, 9, p. 152- 161.

A48 "Non-apophonic *o* — vocalism in Indo-European", *Word*, 9, p. 253--267. Traduzido sob o título: "L'analyse en traits distinctifs et la reconstruction: le vocalisme *o* — non-apophonique en indo-européen" em L7, p. 212 - 234.

A49 "Remarques sur le consonantisme sémitique", *B.S.L.*, 49, p. 67 - 78. Reproduzido em L15, p. 248 - 261.

A50 "Le monde germanique et la dispersion des Germains en Europe à la lumière des faits linguistiques", *Les invasions barbares et le peuplement de l'Europe*, Paris, PUF, p. 7 - 14.

1954

A51 "Accents et tons", *Miscellanea Phonetica, International Phonetic Association*, 2, p. 13 - 24. Reformulado em L11, p. 147 - 168.

A52 "Concepts of Language and the Teacher of Foreign Languages", *The French Review*, 27, p. 361 - 364.

A53 "Dialect", *Romance Philology*, 8, p. 1 - 11.
— Tradução alemã, "Dialekt", *Zur Theorie des Dialekts*, Wiesbaden, 1976.

A54 "The Unity of Linguistics", *Word*, 10, p. 121 - 125. Publicado também em *Linguistics Today*, n° 2, p. 1 - 15.
— Tradução francesa de Oswald DUCROT, "La structure distributionnelle du langage", em *Panorama des sciences humaines*, dir. Denis HOLLIER, Paris, Gallimard, 1973, p. 510 - 512.

A55 "Les noms de plantes en indo-européen", em *8e Congrès international de botanique, Rapports et communications*, sec. 14, 15, 16, p. 47 - 48.

1955

A56 "Crasis, Elision and Aphraeresis", *Word*, Nova Iorque, 11, p. 268 - 270 (Esclarecimentos acrescentados ao artigo A47).

A57 "Le couple *senex-senatus* et le "suffixe" *-k-* ", *B.S.L.*, 51, p. 42 - 56. Adaptado em L15, p. 146 - 163.

1956

A58 "Some cases of *-k-/-w-*. Alternation in Indo-European", *Word*, 12, p. 1 - 6. Traduzido e adaptado em L15, p. 163 - 168.
A59 "Linguistique structurale et grammaire comparée", *Travaux de l'Institut de linguistique*, 1, p. 7 - 21. Reproduzido em L15 e parcialmente também sob o título "La notion de marque" em L11, p. 186-190.
A60 "Le genre féminin en indo-européen: examen fonctionnel du problème", *B.S.L.*, 52, p. 83 - 95. Reproduzido em L16, p. 247 - 259 com um resumo em inglês, p. 275.
A61 "Rapport", *Proceedings of the 7th International Congress of Linguists*, Londres, p. 121 - 124 e 439 - 441.

1957

A62 "Phonetics and Lingistic Evolution", em *Manual of Phonetics*, dir. Louise KAISER, Amsterdão, p. 252 - 273; na 2ª edição, 1968, p. 464 - 487.
A63 "Phonologie et laryngales", *Phonetica*, 1, p. 7 - 30. Reproduzido em L15, p. 114 - 149.
A64 "La notion de neutralisation dans la morphologie et le lexique", *Travaux de l'Institut de linguistique*, 2, p. 7 - 11.
A65 "Susbtance phonique et traits distinctifs", *B.S.L.*, 53, p. 72 - 85. Reproduzido com alterações em L11, p. 130 - 147.
A66 "Arbitraire linguistique et double articulation", *Cahiers Ferdinand de Saussure*, 15, p. 105 - 116. Reproduzido em L11, p. 27 - 41. Reimpresso em *Readings in Linguistics II*, dir. HAMP, HOUSE-HOLDER & AUSTERLITZ, Chicago, Chicago University Press, 1966, p. 371 - 378.
— Tradução italiana, "Arbitrarietà linguistica e doppia articulazione", *Il Verri, Lo strutturalismo linguistico*, Milão, Feltrinelli, 1967, 24, p. 75 - 86.

1958

A67 "La construction ergative et les structures élémentaires de l'énoncé", *Journal de psycologie normale et pathologique*, 55, 3, p. 377 - 392. Reproduzido em L11, p. 211 - 227.

A68 "C'est jeuli le Mareuc!", *Romance Philology*, 11, p. 345 - 355. Reproduzido em L13, p. 191 - 208.

A69 "Les "laryngales" indo-européennes", Resumo em *Proceedings of the 8th International Congress of Linguists*, p. 36 - 53. Discussão p. 54 - 61. Reproduzido de forma muito parcelar, sob o título "Les laryngales et les timbres vocaliques", em L15, p. 114 - 143.

A70 "De l'économie des formes du verbe en français parlé" em *Studia philologica et litteraria, in honorem Leo Spitzer*, p. 309 - 326. Reproduzido em L13, p. 91 - 120.

A71 "Le bilinguisme", *Cités unies*, 5 - 6, p. 7 - 8.

A72 "Remarques sur les faits phonologiques non phonématiques", *B.S.L.*, 53, 1, p. XXXVII - XL (Apresentação).

1959

A73 "La palatalisation "spontanée" de g en arabe", *B.S.L.*, 54, p. 90 - -102. Reproduzido em L15, p. 233 - 247.

A74 "Affinité linguistique", *Bolettino dell'Atlante linguistico mediterraneo*, 1, p. 145 - 152. Reproduzido em L15, p. 24 - 32.
— Tradução croata de August KOVAČEK, "Lingvisticke srodnosti na Sredozemlju", *Suvremana lingvistika*, 1967, 4, p. 7 - 12.

A75 "Du rôle de la gémination dans l'évolution phonologique", *Giulio Panconcelli-Calzia Festgabe, Zeitschrift für Phonetik*, 12, p. 223- -227. Reproduzido em L7, § 4.62 a §4.69.

A76 "Noms" et "verbes" en kalispel", *B.S.L.*, 65, 1, p. XXVII (Comunicação).

1960

A77 "L'évolution contemporaine du système phonologique français", *Free University Quarterly*, 7 - 2, p. 1 - 16. Retomado com uma nova documentação em L13, p. 168 - 190.

A78 "Quelques traits généraux de la syntaxe", *Free University Quarterly*, 7 - 2, p.115 - 129.

A79 "Elements of a Functional Syntax", *Word*, 16, p. 1 - 10. (cf aqui L15). Reimpressão em *Syntactic Theory 1, Structuralism*, dir. T. HOUSEHOLD, Penguin Books, Harmondsworth, Middlesex, 1972, p. 186 - 194.
— Tradução checa, "Prvky funkcní syntaxe", *Principy strukturní syntaxe*, Praga, 1974.

A80 "Note en conclusion de l'article de Ruth Reichstein", *Word*, 16, p. 96 - 99.
A81 "Aperçus de linguistique générale", plaquette publicada pelo Centre européen universitaire, Nancy, 45 p.

1961

A82 "Réflexions sur la phrase", *Language and Society*, p. 113 - 118. Reproduzido em L11, p. 228 - 234.
A83 "Réponse à une question relative au bilinguisme", *Almanach Flincker*, Paris, p. 27.

1962

A84 "De la variété des unités significatives", *Lingua, Studia Gratulatoria Dedicated to Albert Wilhelm de Groot for his 70th Birthday*, 11, p. 280 - 288. Reproduzido em L11, p. 174 - 185. Reimpresso em *Readings in Modern Linguistics*, dir. Bertil MALMBERG, Estocolmo, Läromedels Förlagen, 1972, p. 224 - 231.
A85 "Le sujet comme fonction linguistique et l'analyse syntaxique du basque", *B.S.L.*, 57, p. 73 - 82. Reproduzido em L16, p. 237 - 246, com um resumo em inglês, p. 274 - 275.
A86 "R, du latin au français d'aujourd'hui", *Phonetica, Dedicated to Daniel Jones on his 80th Birthday*, 8, p. 193 - 202. Reproduzido em L13, p. 132 - 143.
A87 "Le français tel qu'on le parle", *Esprit*, 30, n°. especial 311, p. 620-631. Reproduzido sob o título "Les chances du français" em L13, p. 9 - 24.
A88 "L'autonomie syntaxique", *B.S.L.,* 57, 1, p. XX - XXII.

1963

A89 "Les grammairiens tuent la langue", *Arts*, 919, p. 3. Reproduzido sob o título "Les puristes contre la langue" em L13, p. 25 - 32.
A90 "French", em colaboração com Stanley LAMPACH, *Linguistic Reading Lists for Teachers of Modern Languages*, dir. Charles A. Ferguson e William A. STUART, Washington, Center for Applied Linguistics of Modern Language Association of America, p. 7 - 30.

1964

A91 "The foundations of a Functional Syntax", *Monograph Series and Linguistics*, 17, p. 25 - 36. Reproduzido em L16, p. 111 - 122, com um resumo em francês p. 266 - 267. Reproduzido também em L22, p. 124 - 144. Reimpressão em *Georgetown University Round Table. Selected Papers on Linguistics 1961 - 1965*, compiled by Richard J. O'Brien, Washington, Georgetown University Press, 1968, p. 355--366.

— Tradução francesa, "Les fondements d'une syntaxe fonctionnelle", *Marche romane*, Bruxelas, 1972, 22, p. 103 - 113.

A92 "Pour un dictionnaire de la prononciation française", *In honour of Daniel Jones*, Londres, p. 349 - 356. Reproduzido em L13, p. 121-131.

A93 "Structural Variations in Language", *Proceedings of the 9th International Congress of Linguists*, p. 531 - 532.

— Tradução russa em *Novoe v lingvistike*, 1965, 4.

A94 "Troubetzkoy et le binarisme", *Wiener slavistisches Jahrbuch*, 11, p. 37 - 41. Reproduzido em L11, p. 82 - 89.

1965

A95 "Avant-propos", *La Linguistique*, 1965/1, p. V - XI.
A96 "Avant-propos", *Revue d'esthétique*, 18, 3 - 4, p. 225.
A97 "De la morphonologie", *La Linguistique*, 1965/1, p. 15 - 30. (Cf. L11, p. 101).

— Tradução inglesa de E.C. FUDGE, "Morphophonemics", *Phonology*, dir. E.C. FUDGE, Penguin Books, Harmondsworth, Middlesex, 1973, p. 91 - 100.

A98 "La recherche en linguistique", *Avenir*, CLX, CLXI, CLXII, p. 361--363.

A99 "Indétermination phonologique et diachronie", *Phonetica, Dedicated to Eberhard Zwirner to his 65th Birthday*, 12, p. 13 - 18. Reproduzido em L15, p. 74 - 80.

A100 "Les problèmes de la phonétique évolutive", *Proceedings of the 5th International Congress of Phonetic Sciences*, (Münster, 1964), Basel & Nova Iorque, Karger, p. 82 - 102. Reproduzido em L15, p. 47-73. Reprodução parcial sob o título "La phonétique évolutive" em *La linguistique contemporaine*, de Jean-Claude PARIENTE e Gabriel BÈS, Paris, PUF, 1973, p. 63 - 65.

A101 "Le mot", *Diogène*, 51, p. 39 - 53, depois em *Problèmes du langage*, Paris, Gallimard 1966, p. 39 - 53. Reproduzido em L16, p. 161 - 175 com um resumo em inglês p. 270. Reproduzido também em L22, p. 191 - 216.

— Tradução inglesa (muito imperfeita), "The Word", *Diogenes*, 51, 1965.
— Tradução inglesa de Luigi DEL GROSSO DESTRERI, "La parola", *Problemi attuali delle linguistica*, Milão, Bompiani, 1968, p. 47 - 64.
— Tradução espanhola, "La palabra", *Diogenes* (Editorial Sudamericana), 51, 1969.

A102 "Les voyelles nasales du français", *La Linguistique*, 1965/2, p. 117--122. Reproduzido em L13, p. 144 - 154.

A103 "Structure et langue", *Revue Internationale de Philosophie*, 73 - 74, 3 - 4, p. 291 - 299. Reproduzido em L22, p. 55 - 65.
— Tradução inglesa de Thomas G. PENCHOEN, "Structure and Language", *Yale French Studies*, 1966, 36 - 37, p. 10 - 18. Reproduzido em L16, p. 43 - 51, com um resumo em francês p. 262-263.
— Tradução albanesa por Ismajli REXHEP, "Struktura dhe gjuba", *Jehona*, 1972, 4, p. 59 - 66.

A104 "Peut-on-dire d'une langue qu'elle est belle?", *Revue d'Esthétique*, nova série 3 -4, p. 227 - 239. Reproduzido em L13, p. 46 - 61. Outra edição anotada por Yoshiro WATASE, Tóquio, Daisan-Shoto, 1974, 46 p.

A105 "Des limites de la morphologie", *Omagiu lui Alexandru Rosetti*, Bucareste, p. 534 - 538.

1966

A106 "Les choix du locuteur", *Revue philosophique de la France et de l'étranger*, 156, 3, p. 271 - 282.
— Tradução espanhola de Alejandro FERREIROA, "Las elecciones del hablante", en *Estructuralismo y lingüística*, por autores vários, Buenos Aires, Nueva Visión, 1969, p. 9 - 21.

A107 "L'autonomie syntaxique", *Méthodes de la grammaire*, Congrès et Colloques de l'Université de Liège, p. 49 - 59. Reproduzido em L16, p. 123 - 133, com um resumo em inglês p. 267.

A108 "Les langues dans le monde de demain" (Conferências na Universidade de Tunis em 9/4/1965), *Revue tunisienne de sciences sociales*, 8, p. 165 - 173; reproduzido em *La Linguistique*, Paris, 1967, 1, p. 1 - 12.

A109 "Pourquoi des dictionnaires étymologiques?", *La Linguistique*, 1966/2, p. 123 - 131.

A110   "André Martinet répond à Roman Jakobson", *Arts et loisirs*, 21, 14.
A111   "Bilinguisme et plurilinguisme", *Revue tunisienne de sciences sociales*, 8, p. 55 - 64 e 65 - 77. Publicado nesta mesma obra, cap. 3.1.
A112   "Qu'est-ce qu'une langue?", *Revue tunisienne de sciences sociales*, 8, p. 7 - 16 e 17 - 21.
A113   "Hiérarchie des usages linguistiques", *Revue tunisienne des sciences sociales*, 8, p. 103 - 112 e 113 - 114.
A114   "Close contact", *Word*, 22, p. 1 - 6. Reproduzido em L15, p. 185--193 e ver também A129.

1967

A115   " What is Morphology?", *Acta linguistica hafniensia*, 10, 2, p. 245.
A116   "Syntagme et synthème", *La Linguistique*, 1967/2, p. 1 - 14. Reproduzido em L16, p. 182 - 195, com um resumo em inglês p. 271 - 272.
A117   "La linguistique", *Revue de l'Enseignement Supérieur*, 1 - 2, p. 5 - 11.
A118   "La phonologie synchronique et diachronique", *Phonologie des Gegenwart*, p. 64 - 78.
A119   "Connotation, poésie et culture", *To Honor Roman Jakobson*, 2, p. 1288 - 1295.
A120   "La vie secrète du langage", *Nouvelles littéraires*, 23, 3.
A121   "Que faut-il entendre par "fonction des affixes de classe"?", *La classification nominale dans les langues négro-africaines*, Colloque international du CNRS d'Aix-en-Provence, ed. do CNRS, p. 15 - 21.
A122   "Réflexions sur les universaux du langage", *Folia linguistica*, 1, 3/4, p. 125 - 134. Reproduzido em L16, p. 52 - 61, com um resumo em inglês p. 263. Reproduzido também em L22, p. 66 - 82.

1968

A123   "Neutralisation et syncrétisme", *La Linguistique*, 1968/1, p. 1 - 20. Reproduzido em L16, p. 62 - 81, com um resumo em inglês p. 263 - 264. Reproduzido em L22, p. 83 - 112.
— Tradução russa em *Voprosy Jazykoznanija*, Moscovo, 1969, 2.
— Tradução italiana de Adriana BOLELLI-ZEPPINI, "Neutralizzazione e sincretismo", *Linguistica generale, Strutturalismo, Linguistica storica*, dir. Tristano BOLELLI, Pisa, Nistri-Lisch, 1971, p. 116 - 136.

— Tradução inglesa (parcial) de E.C. FUDGE, "Neutralization", *Phonology*, dir. E.C. FUDGE, Penguin Books, Harmondsworth, Middlesex, 1973, p. 74 - 80.

A124 "La dynamique du français contemporain", *Revue tunisienne de sciences sociales*, 13, p. 33 - 41 e 42 - 47. Reproduzido em L13, p. 33--45.

A125 "Sciences du langage et sciences humaines", *Raison présente*, 7, p. 14 - 40. Reimpressão em *Structuralisme et marxisme*, Paris, Union générale d'édition, 1970, p. 97 - 93; 116 - 119; 126, 127, 130, 136; 141 - 149 ("Structure et diachronique en linguistique").
— Tradução espanhola de Manuel SACRISTAN, "Las ciencias del lenguaje y la ciencias humanas", *Las estructuras y los hombres*, por LABROUSSE, ZAZZO y otros, Barcelona, Ariol, 1969, ("Ponencia de André Martinet", p. 12 - 20, "Estructura y diacronia", p. 83 - 94).

A126 ""Affinités linguistiques en Méditerrenée", *Bolletino dell'Atlante linguistico mediterraneo*, 8 - 9, p. 7 - 13.

A127 "Composition, dérivation et monèmes", *Festschrift Hans Marchand*, Paris — La Haye, Mouton, p. 144 - 149. Reproduzido em L16, p. 176-181, com um resumo em inglês p. 271. Reproduzido em L22, p. 217-228.

A128 "Mot et synthème", *Lingua*, 21, p. 294 - 302. Reproduzido em L16, p. 196 - 204, com um resumo em inglês p. 272.

A129 "Coupe ferme et coupe lâche", *Mélanges Jean Fourquet*, Paris & Munique, p. 221 - 226. Reproduzido sob o título "La coupe ferme en germanique" em L15, p. 185 - 192. (Cf. também A114).

A130 "La dextre et la hiérarchie des valeurs linguistiques", *Main droite, main gauche*, Paris, PUF, 1968, p. 103 - 112. (Cf. "La marque et l'altérite", L11, p. 190 - 200).

1969

A131 "La deuxième articulation du langage", *Travaux de linguistique et de littérature*, 7, 1, p. 23 - 28.

A132 "Réalisation identique de phonèmes différents", *La Linguistique*, 1969 - 2, p. 127 - 129.

A133 "Le contrôle continu des connaissances en linguistique générale", *Bulletin du syndicat national de l'Enseignement supérieur*, nova série, n°. 1, p. 23 - 24.

A134 "Analyse linguistique et présentation des langues", *Annali*, 1969, p. 143 - 158.
A135 "Quelques traits généraux d'une grammaire fonctionnelle", *La grammatica, la lessicologia*, p. 5 - 15.
A136 "Qu'est-ce que la morphologie?", *Cahiers Ferdinand de Saussure, Mélanges Henri Frei*, 26, p. 85 - 90. Reproduzido em L16, p. 145--150, com um resumo em inglês p. 269.
A137 "Linguistique appliquée", *La linguistique, guide alphabétique*, (cf. Ld3, p. 209 - 214).

1970

138 "A Functional View of Grammar", *The Rising Generation*, 116, 3, p. 130 - 134. Reproduzido em L16, p. 82 - 88, com um resumo em francês p. 264.
A139 "Analyse et présentation", *Linguistique contemporaine. Hommage à Eric Buyssens*, p. 133 - 140. Reproduzido em L16, p. 134 - 141, com um resumo em inglês p. 267 - 268. Reproduzido em L22, p. 145 - 156.
A140 "De l'ortographe du français", *La Linguistique*, 6, 1, p. 153 - 158.
A141 "Les deux *a* du français", *The French Language, Studies presented to Lewis Charles Harmer*, Londres - Toronto - Wellington - Sydney, G.G. Harrap, p. 115 - 122.
A142 "Frontière politique et faisceau d'isoglosses", *Phonétique et linguistique romanes, Mélanges Georges Straka*, 1, p. 230 - 237. Reproduzido em L15, p. 208 - 216.
A143 "Konōteišiyon to bunka", *Shiso*, 170, 2, p. 95 - 109.
A144 "Le parler et l'écrit", *L'Education*, 63, p. 11 - 14.
A145 "Verbs as Function Markers", *Studies in General and Oriental Linguistics, Presented to Shiro Hattori on the Occasion of his 60th Birthday*, Tóquio, p. 447 - 450. Reproduzido em L16, p. 233 -236, com um resumo em francês p. 274. Reproduzido igualmente em L22, p. 298 - 305.
A146 "Le problème des sabirs", *Bollettino dell'Atlante linguistico mediterraneo*, 10 - 12, p. 1 - 9.
A147 "Remarques sur la phonologie des parlers franco-provençaux", *Revue des langues romanes*, 79, 1, p. 149 - 156. Reproduzido sob o título "Analyse phonématique et analyse prosodique" em L15, p. 195 - 207.

1971

A148 "Soixante-dix et la suite", *Interlinguistica, Sprachvergleich und Übersetzung Festschrift zum 60 Geburtstag von Mario Wandruszka*, Tübingen, Niemeyer, p. 215 - 219. Reproduzido em L15, p. 226--231. A mesma tese encontra-se em *Word*, 1955, 11, p. 154 -156).

A149 "A Note on Syntax", *Pakha Sanjam*, 4, p. 11 - 15.

A150 "De l'assimilation de la sonorité en français", *Form and Substance, Papers presented to Eli Fischer-Jørgensen*, p. 233 - 237.

A151 "La notion de fonction en linguistique", (Conferência pronunciada por ocasião da sua nomeação para o doutoramento honoris causa da Universidade Católica de Lovaina), *Travaux de la faculté de philosophie et lettres de l'Université catholique de Louvain, 8, section de Philologie germanique, I*, Lovaina, Publications Universitaires de Louvain et Paris, Nauwelaerts, 12 p. Reproduzido em L16, p. 89 - 100, com um resumo em inglês p. 265.

A152 "Fonction et structure en linguistique", *Scientia*, 106, p. 1 - 10. Reproduzido em L16, p. 33 - 42 com um resumo em inglês p. 262.
— Tradução inglesa publicada conjuntamente com a versão francesa.

A153 "Un problème de linguistique appliquée: une graphie phonologique pour le français", *Journal of the International Phonetic Association*, 1,1, p. 11 - 16.

1972

A154 "Cas ou fonctions? A propos de l'article "The Case for Case" de Charles J.Fillmore", *La Linguistique*, 8, 1, p. 5 - 24. Reproduzido em L22, p. 250 - 279.
— Versão inglesa de André MARTINET, "Cases or Functions?". Reproduzido em L16, p. 216 - 232, com um resumo em francês p. 273.

A155 "Economie descriptive ou économie de la langue? Le cas du /b/ vietnamien", *Langues et techniques, Nature et société, Mélanges André Haudricourt*, Paris, 1, p. 173 - 174.

A156 "Des lábio-vélaires aux labiales dans les dialectes indo-européens", *Indoceltica, Gedächtnisschrift für Alf Sommerfelt*, Munique, p. 89--93. Reproduzido em L15, p. 169 - 175.

A157 "Per una tipologia linguistica dell'Europa contemporanea" (artigo em francês), *Le lingue d'Europa*, Brescia, p. 63 - 84.

A158 "Réflexion sur le vocalisme indo-européen, *Homenaje a Antonio Tovar*, Madrid, p. 301 - 304. Reproduzido em L15, p. 108 - 113.

A159 "Should we Drop the Notion of Subject?", *La Revue canadienne de linguistique*, 17, 2/3, p. 175 - 179.

— Tradução francesa "Faut-il abandonner la notion de sujet?" *UER de linguistique, Université René Descartes*, Paris. Publicado nesta mesma obra, cap. 5.4.

A160 "Le parler et l'écrit", *De la théorie linguistique à l'enseignement de la langue*, dir. Jeanne MARTINET, Paris, PUF, p. 57 - 65.

— Tradução italiana de Tina MATARRESE, em Lingua parlata e lingua scritta, *Linguistica e pedagogia*, dir. Jeanne MARTINET, Milão, Franco Angeli, 1975, p. 52 - 65.

— Tradução espanhola de Maria Victoria CATALINA, *De la teoria lingüística a la enseñanza de la lengua*, dir. Jeanne MARTINET, Madrid, Gredos, 1975.

A161 "Langue parlée et code écrit", *De la théorie linguistique à l'enseignement de la langue*, dir. Jeanne MARTINET, Paris, PUF, p. 77 - 87.

— Tradução italiana de Tina MATARRESE, em Lingua parlata e codice scritto, *Linguistica e pedagogia*, dir. Jeanne MARTINET, Milão, Franco Angeli, 1975, p. 69 - 77.

— Tradução espanhola de Maria Victoria CATALINA, *De la teoria lingüística a la enseñanza de la lengua*, dir. Jeanne MARTINET, Madrid, Gredos, 1975.

A162 "Morphology and Syntax", *Language Sciences*, 23, p. 15 - 19. Reproduzido em L16, com resumo em francês p, 269. Reproduzido também em L22, p. 175 - 190.

— Tradução francesa, UER de linguistique, Université René Descartes, Paris.

A163 "Saussure (Ferdinand de)", Encyclopaedia Universalis, Paris, 14, p. 695 - 696.

A164 "Une graphie phonologique à l'école", *Etudes de linguistique appliquée*, nova série, 8, p. 27 - 36.

A165 "Nature phonologique d'*e* caduc", *Papers in Linguistics and Phonetics to the memory of Pierre Delattre*, Paris - La Haye, p. 373-399.

A166 "Function and Structure in Linguistics", *Revue de la Faculté des lettres et sciences humaines*, 18, 3, p. 1 - 32.

A167 "Remarks about Structural Dialectology", Inaugural Address, International Seminar in Anthropological Linguistics, publicação da

Universidade do Punjab, Patiala, 11 p. Retomado sob o título "Structural Dialectology" em *The Linguistic Atlas of Punjab* de Harjeet Singh GILL, Universidade do Punjab, Patiala, 1973, p. V--VI.

A168 "La syntaxe fonctionnelle", *Bulletin de la Société polonaise de linguistique*, 31, p. 11 - 13. Reproduzido em L16, p. 142 - 144, com um resumo em inglês p. 268.

1973

A169 "Aperçu historique et critique sur l'évolution de la langue", *Interéducation*, Paris, número especial, Março de 1973, p. 1 - 8. Reproduzido com algumas modificações sob o título "Les changements linguistiques et les usagers" em L15, p. 11 - 24.

A170 "Réflexions sur le parfait en français contemporain, *Canadian Journal of Romance Linguistics*, 1, 1, p. 49 - 53.

A171 "La palatalisation en roman septentrional", *Mélanges Paul Imbs, Travaux de linguistique et de littérature*, Estrasburgo, 11, 1, p. 481--486. Reproduzido sob o título "La palatalisation du roman septentrional", em L15, p. 217 - 225.

A172 "La pertinence", *Journal de psychologie normale et pathologique*, 70, 1 - 2, p. 19 - 30 (Cf. L22).

A173 "Pour une linguistique des langues", *Foundations of Language*, 10, 3, p. 339 - 364. Reproduzido em L22, p. 13 - 54.

— Tradução inglesa, "A Linguistic Science for Language and Languages", *Pakha Sanjam*, Patiala, (Pendja), 6, p. I - XXXIV. Reproduzido em L16, p. 9 - 32.

— Tradução portuguesa, "Para uma linguística das línguas", *Estudo de linguística e língua portuguesa, Cadernos da PUC (Pontifícia Universidade Católica)*, Rio de Janeiro, 1, p. 137 - 159.

A174 "Conventions pour une visualisation des rapports syntaxiques", *La Linguistique* 9, 1, p. 5 - 16 e *Lingua*, 9, 1, p. 5 - 16.

A175 "Fonction and Segmentation in Prosody", *Pakha Sanjam*, 6, p. 202--208.

— Tradução espanhola, "Function y segmentacion en prosodía", *Revista de lingüística teórica y aplicada*, Concepción, (Chili), p. 5-13.

— Tradução francesa, "Fonction et segmentation en prosodie", UER de linguistique, Université René Descartes, Paris. Cf. na presente obra, cap. 1.3.

A176 "Le locuteur face à l'évolution", *Special Issue of International Review of Applied Linguistics in Language Teaching on the Occasion of Bertil Malmberg's 60th Birthday*, dir. Gerhard NICKEL, Heidelberga, Groos, p. 103 - 111. Cf. na presente obra, cap. 1.3.

A177 "Formalisme et réalisme en phonologie", *Phonologica 1972*, p. 35--41.

1974

A178 "La fonction sexuelle de la mode", *La Linguistique*, 10, 1, p. 5 - 19.

A179 "De quelques unités significatives", *Studi Saussuriani dedicati a Robert Godel*, Bolonha, Il Mulino, p. 223 - 233. Reproduzido em L16, p. 205 - 215, com um resumo em inglês p. 272 - 273.

A180 "Observations sur l'évolution phonologique du tokharien, *Studia indo-europejskie*, (em honra do Professor SAFAREWICZ), Cracóvia, p. 124 - 134. Reproduzido em L15, p. 176 - 184.

A181 "Homonymes et polysèmes", *La Linguistique, Mélanges Mounin*, Paris, 10, 2, p. 37 - 45.
— Tradução portuguesa"Homonímia e polissemia", publicada na presente obra, cap. 6.3.

A182 "La notion de langue-outil", *Voix et images du CREDIF*, 3, p. 9 - 12.

A183 "Linguistique structurale (Rapport sur les conférences)", *Annuaire de la IVe section de l'Ecole pratique des hautes études*, p. 639 - 648.

A184 "Sintaxis funcional", plaquette publicada pela Universidade católica de Valparaiso, p. 9 - 36.

1975

A185 "Le sort de *n* mouillé en français", *World Papers in Phonetics, Mélanges Kiju Onishi*, Tóquio, p. 341 - 351.

A186 "Sémantique et axiologie", *Revue roumaine de linguistique*, 20, p. 539 - 542.

A187 "Géminées et "paires minimales", *Revue roumaine de linguistique*, 20, 4, p. 377 - 379.

A188 "Le 2e Colloque de Linguistique fonctionnelle a clos ses travaux", *La Montagne*, 1/8/1975.

A189 "La linguistique fonctionnelle", *L'Education*, 252, Set. 1975, p. 33--34.

1976

A190 "What Do Speakers and Hearers Have Semantically in Common?" A Speech Delivered at Nottingham on April 6, 1975, at the Invitation of the British Society of Linguistics, *Folia linguistica*, 9, 1, 4, p. 29 - 35.
— Tradução francesa de A.S. AL-TAWIL, S. ANCILLON e Monique TEYSONNIERES, UER de linguistique, Université René Descartes, Paris, 1981.

A191 "Problèmes de terminologie", *Actes du 2e Colloque de linguistique fonctionnelle*, Clermont-Ferrand, CRDP (Centre régional de documentation pédagogique), p. 9 - 13.

A192 "L'accès à l'écriture et à la lecture par l'alfonic", *Recherches actuelles sur l'enseignement de la lecture*, dir. Alain BENTOLILA, Paris, Retz, p. 134 - 146. Publicado igualmente sob o título "L'accès à la lecture et à l'écriture par l'alfonic", *Communications et Langages*, 30, p. 21 - 33.

A193 "Le passage à l'ortographe", *Alfonic*, 2, p. 51 - 54.

A194 "Lettre aux parents", *Alfonic*, 2, pp. 55 - 60. Publicado no original da presente obra, cap. 2.4. e substituído na tradução portuguesa por A181.

A195 "La présentation des unités significatives", *Revista de Letras, Mélanges à la mémoire de Matoso Câmara*, Instituto de Assis (Brasil), 18, p. 143 - 153 e *Annuaire de l'Ecole pratique des hautes études (4e section)*, (1977), p. 809 - 907. Reproduzido em L22, p. 157 - 174.

A196 "Economie et dynamique des langues", *Structure et dynamique des systèmes*, Paris, Maloine, p. 144 - 148.

A197 "L'histoire du terme de structure en linguistique", *Structure et dynamique des systèmes*, Paris, Maloine, p. 178 - 180.

1977

A198 "Some Basic Principles of Functional Linguistics", *La Linguistique*, 13, 1, p. 7 - 14. Reproduzido em L22, p. 113 - 123.

A199 "L'axiologie, étude des valeurs signifiées", *Estudios ofrecidos a Emilio Alarcos-Llorach*, Universidade de Oviedo, (Espanha), p. 157-163.

A200 "La prononciation française des mots d'origine étrangère", *Phonologie et société, Studia Phonetica 13*, p. 79 - 88.

A201 "Les fonctions grammaticales", *La Linguistique*, 13, 2, p. 3 - 14. Reproduzido em L22, p. 280 - 297.

A202 "La linguistique et les autres sciences de l'homme", *Etudes philosophiques et littéraires*, nova série, n° 2, p. 9 - 22.

1978

A203 "La linguistique peut-elle fonder la scientificité des sciences sociales?", *Etudes et Recherches interdisciplinaires sur la Science, (ERIS)*, 6, p. 3 - 14.

A204 "La grammaire fonctionnelle du français", *Actes du 4e Colloque international de linguistique fonctionnelle,* Oviedo (Espanha), Departamento de Língua Espanhola da Universidade, p. 127 - 130.

A205 "Le sort de *-ll-* latin en gascon", *Via Domitia*, 20 - 21, p. 101 - 106.

A206 "Remarques sur l'alphabétisation des enfants de première langue créole", *Cités unies*, 95, p. 37 - 38.

A207 "Les termes "fonction" et "fonctionnel" dans l'usage linguistique", *Functional Studies in Language and Literature.*

A208 "Des jers slaves aux voyelles caduques du japonais", *Studia Linguistica, Alexandro Vasili Issatschenko a collegis amicisque oblata*, Lisse, Peter de Ridder, p. 263 - 266.

1979

A209 "Gap-Filling in Gothenburg Phonology", *Linguistic Methods, Essays in Honor of Herbert Penzl*, La Haye, Mouton, p. 347 - 351.

A210 "La linguistica", *Enciclopedia del novecento*, Roma, 3, p. 1021--1034.

A211 "Grammatical Function", *Function and Context in Linguistic Analysis, in Honor of William Haas*, Cambridge University Press, p. 142 - 147.

A212 "Les usages linguistiques et la société française", *Etudes romanes, Mélanges offertes à Leiv Flydal*, n°. especial 18, p. 59 - 68.

A213 "Bienvenue à Kenneth L. Pike", por ocasião da sua nomeação como Doutor honoris causa da Universidade René Descartes, UER de linguistique, Universidade René Descartes, Paris, Jan. 1979, p. 17 - 19.

A214 "Conclusion", Colloque Langue formelle — langue quotidienne, Quelques langues d'Asie, *UER de Linguistique, Université René Descartes*, Paris.

A215 "The Internal Conditioning of Phonological Changes", *Revue de phonétique appliquée*, 49 - 50, p. 59 - 67. Reprodução prevista em *La Linguistique*, 1988, 24, 2.

1980

A216 "Shunting on to Ergative or Accusative, *Ergativity: towards a Theory of Grammatical Relations*, Dir. Fr. PLANK, London Academic Press, p. 39 - 43.

— Tradução francesa, "Un aiguillage: ergatif ou accusatif", *UER de linguistique, Université René Descartes*, Paris.

A217 "Peut-on prévoir les modifications à venir d'un système phonologique?" *Amsterdam Studies in the Theory and History of Linguistic Science, IV, Current Issues in Linguistic Theory, 18, Italic and Romance, Linguistic Studies in Honor of Ernst Palgram*, dir. Harbert J. IZZO, Amsterdão, Benjamins, p. 219 - 231.

A218 "The Fading away of a Phoneme: the Voiced Dorsal Aspirant in Danish", *Mélanges Paul Christophersen, Occasional Papers in Linguistic and Language Learning*, 7, p. 73 - 77, Coleraine, Ulster.

A219 "Conclusion", *Actes du 6e Colloque international de linguistique fonctionnelle*, Rabat, p. 199 - 200.

A220 "Autour du sylleme", *Revue roumaine de linguistique, Mélanges Alexandru Rosetti*, 25, 5, p. 551 - 554. Cf. na presente obra, cap. 5.2.

A221 "Dynamique et diachronie", *Journée d'études*, n° 4, dir. Henriette WALTER, UER de Linguistique, Univ. René Descartes, Paris, p. 7 - 12. Reproduzido em *Hommage à Pierre Guiraud*, Paris, Les Belles Lettres, 1985, p. 265 - 269. (Sillages et croisements).

A222 "Une langue et le monde", *Dilbilim*, 5, p. 1 - 12. Cf. na presente obra, cap. 6.1.

— Tradução servo-croata de August KOVAČEK *Oko*, n° 224, ano IX, 27/7 - 6/8 1981, p. 12.

A223 "Voyelles extrêmes et voyelle centrale", *Les Mauges, Présentation de la région et étude de la prononciation*, dir. Henriette WALTER, Angers, Centre de recherches en littérature et en linguistique sur l'Anjou et le Bocage, p. 73 - 78.

A224 "Synthematics", *Studies presented to Professor Robert A. Fowkes, Word*, Nova Iorque, 31, 1, p. 11 - 14.

1981

A225 "Pour une approche empirico-déductive en linguistique", *Linguistique et sémiologie fonctionnelles*, Istanbul, p. 13 - 30 (L19). Publicado na presente obra, cap. 1.1.

A226 "Fonction et pertinence communicative", *Linguistique et sémiologie fonctionnelles*, Istanbul, p. 45 - 60 (L19). Publicado na presente obra, cap. 1.2.

A227 "Reponses à "Systèmes et variations", *Bulletin de la Société de Linguistique de l'Université de Lausanne*, 4, p. 33 - 35 passim.

A228 "La synthématique comme étude de l'expansion lexicale", *Dilbilim*, 6, p. 84 - 98. Reproduzido em L22, p. 229 - 249. Publicado na presente obra, cap. 5.3.

A229 "Le parfait en français: accompli ou prétérit?" *Logos semantikos Studia linguistica in honorem Eugenio Coseriu*, Madrid, Gredos, p. 429 - 433.

A230 "Fricatives et spirales", *Chatterji Commemoration Volume*, The University of Burdwan, (Índia), p. 145 - 151.

A231 "La phonologie synchronique et diachronique du basque", *Euskalarien nazioarteko jardunaldiak, iker*, Bilbao, 1, p. 59 - 74.

A232 "Function Communicative Relevancy", *Phonologica*, Institut für Sprachwissenchaft, (1980), p. 303 - 305.

A233 "De divers types de consonnes continues", *Homenaje a Ambrosio Rabanales, Boletín de Filología, Instituto de Filología de la Universidad de Chile*, Santiago do Chile, 31, p. 435 - 442.

A234 "Que debe entenderse por "connotación"?", *Acta poetica*, 3, México, p. 147 - 161. Cf. na presente obra, cap. 6.2.

1982

A235 "Bilinguisme et diglossie. Appel à une vision dynamique des faits", *La Linguistique*, 18, 1, p. 5 - 16.

A236 "A New Generation of Phonemes, the French Intervocalic Voiced Stop", *Current Research in Romance Language, Papers from the 11th Linguistic Symposium of Romance Language*, Indiana University Linguistics Club, Bloomington, (Indiana), p. 1 - 12.

A237 "Pour une description dynamique des langues", *Langues et linguistique*, 8, 2, p. 175 - 191.

A238 "Réflexions sur la phrase", *Actes du 8e Colloque international de linguistique fonctionnelle*, Université Toulouse-le-Mirail, p. 28 - 30.

A239 "Les déterminants centraux dans les langues les plus diverses", *Actes du 8e Colloque international de linguistique fonctionnelle*, Université Toulouse-le-Mirail, p. 60 - 62 (Apresentação), p. 90 - 91 (Discussão).

A240 "La dynamique des situation plurilingues", *Actes du 8e Colloque international de linguistique fonctionnelle*, Université Toulouse-le--Mirail, p. 100 - 103.

A241 "Adéquation d'une théorie linguistique", *Actes du 8e Colloque international de linguistique fonctionnelle*, Université Toulouse-le--Mirail, 155 - 158.

A242 "Cinquante années de phonologie du français", *Diversité du français*, dir. Henriette WALTER, Paris, SILF, p. 9 - 10.

A243 "La classe des noms propres en français et ailleurs", *Glossología*, 1, p. 7 - 16.

A244 "Science linguistique et sciences humaines", *Università degli studi di Trieste*, Scuola superiore de lingue moderne, 1, p. 1 - 14.

A245 "Grammatical phrases and lexical phrases", *Current Issues in Linguistic Theory, Essays in honor of Rulon S. Wells*, Amsterdão--Filadélfia, 42, p. 127 - 137.

1983

A246 "Se soumettre à l'épreuve des faits", *La Linguistique*, 19 / 1, p. 3 - 12.

A247 Réflexions sur la lexicographie", *La Linguistique*, 19 / 2, p. 139 - 145.

A248 "De la phonie à la graphie", *La Langue écrite: analyse linguistique*, dir. Vincent LUCCI, Université des lettres et des langues de Grenoble, p. 5 - 7.

A249 "L'indo-européen: où et quand?", *Journée d'études*, 7, UER de linguistique, Universidade René Descartes, Paris, p. 3 - 14.

A250 "Ce que n'est pas la phonologie", *Phonologie des usages du français, Langue francaise 60*, dir. Henriette Walter, Paris, Larousse, p. 6 - 13. Publicado na presente obra, cap. 4.1.

A251 "Hacia una lengua común", *Lenguas y educación en el ámbito des estado español*, dir. Miquel SIGUAN, Universidade de Barcelona, p. 287 - 297. Publicado na presente obra, cap. 3.2.

A252 "What is Syntax?", *The 9th LACUS (Linguistic Association of Canada and the United States) Forum*, Colombia, South Carolina, Hornbeam Press, p. 45 - 56.

A253 "Le domaine de la syntaxe", *Estudíos lingüísticos en memoria de Gaston Carrillo-Herrera*, Bona, p. 177 - 122.

A254 Funkcionalna lingvistika", *Zbornik radova intituta za strane jazike i Knijževnoski*, Novi Sad (Jugoslávia), 5, p. 27 - 44.

1984

A255 "Le point de vue fonctionnel en grammaire", *Actes du 9e Colloque international de linguistique fonctionnelle*, (Friburg-en-Brisgau, Junho de 1982), Paris, SILF, p. 19 - 34. Cf. na presente obra, p. 19--34. Publicado na presente obra, cap. 1.5.

A256 "Alfonic et l'écriture japonaise", *Liaison alfonic*, 1,1, p. 7 - 10. Cf. no original francês da presente obra, cap. 2.5. e na tradução portuguesa, cap. 2.4.

A257 "De "l'agglutination" à la "flexion"", *La Linguistique*, 20, 1, p. 127--132.

A258 "Allocution du Président de la SILF", *Il y a diz ans... Groningue, Actes du 10e Colloque international de linguistique fonctionnelle*, (10 - 14 Junho 1974), Paris, SILF, p. 132 - 134.

A259 "Variantes sémantiques et unités axiologiques", *Actes du 10e Colloque international de linguistique fonctionnelle*, Québec, Université Laval, p. 149 - 152.

A260 "Linguistique et traduction", *Actes du 10e Colloque international de linguistique fonctionnelle*, Québec, Université Laval, p. 172 - 173.

A261 "Le français, langue seconde", *Cités unies*, 110, p. 21.

A262 "Double articulation as a criterion of linguisticity", *Language Sciences*, 6, 1, p. 31 - 38.

A263 "De la synchronie dynamique à la synchronie", *Diachronica*, 1,1, p. 53 - 64. Cf. na presente obra, cap. 1.4.

A264 "Sprache *ergon* oder *energeia* ?", *Folia Linguistica*, 18, 3 - 4, p. 539--548.

A265 "*i* en *y* alfonic", *Liaison alfonic*, 1, fasc. 2, p. 9 - 12.

A266 "Les sons *é* et *è* en français", *Liaison alfonic*, 1, fasc. 3, p. 13 - 16.

1985

A267 "Phonologies en contact dans le domaine du gallo-roman septentrional", *Sprachwissenchaftliche Forschungen, Festschrift für Johann Knobloch*, Innsbruck, 23, p. 247 - 251.

A268 "La prononciation du français entre 1880 et 1914", *Histoire de la langue française*, dir. Gerald ANTOINE e Robert MARTIN, Paris, p. 25 - 40.

A269 "Thème, propos, agent et sujet", *La Linguistique*, 21, p. 207 - 220.
A270 "Contribution à l'histoire des *Prolégomènes* de Louis Hjelmslev", *Il Protagora*, 25, 4, 7 - 8, p. 15 - 19.
A271 "Avant-propos", *La Linguistique*, número especial: "La linguistique fonctionnelle", 21, p. 3 - 5.
A272 "La syntaxe fonctionnelle et l'enseignement des langues secondes", *Lingue e civiltà*, 13, 2 - 3, p. 31 - 32.
A273 "La graphie d'une langue commune en devenir", *Graphie-Phonie*, dir. Henriette WALTER, Paris, Lab. de phonologie de l'Ecole pratique des Hautes Etudes (4e section), p. 7 - 16.
A274 "*o* fermé et *o* ouvert en français", *Liaison alfonic*, 2, fasc. 1, p. 17--20.
A275 "*Eu* fermé, *eu* ouvert et le "e muet", *Liaison alfonic*, 2, fasc. 2, p. 17-20.
A276 "Mettre l'ortographe grammaticale", *Liaison alfonic*, 2, fasc. 1, p. 1-25.
A277 "Un regard sur alfonic", *Liaison alfonic*, 2, fasc. 3, p. 7 - 10.
A278 "Allocution", *Actes du 11e Colloque international de linguistique fonctionnelle*, Pádua, CLESP, p. 3 - 4.
A279 "De la hiérarchie des classes", *Actes du 11e Colloque international de linguistique fonctionnelle*, Pádua, CLESP, p. 114 - 117.
A280 "Two proposals", *The Study of Sounds*, Tóquio, 21, p. 67 - 72.

1986

A281 "Les unités significatives", *Extrait des Annuaires de la 4e section de l'Ecole pratique des hautes études*, 1971 - 1978., Université René Descartes, UER de linguistique.
A282 "Une autre graphie phonologique: le fràsil", *Liaison alfonic*, 3, fasc. 1, p. 3 - 6.
A283 "Que faire du "mot"?", *Mot et parties du discours, La pensée linguistique 1*, dir. Pierre SWIGGERS e Willy Van HŒCKE, Leuven - Paris, p. 75 - 84. Cf. na presente obra, cap. 5.1.
A284 "The Dynamics of Plurilingual Situations", *The Fergusonian Impact*, dir. Joshua FISHMAN et alii, Berlim - Nova Iorque - Amsterdão, Mouton de Gruyter, 2, p. 245 - 251.
A285 "Leiv Flydal (In memoriam)", *La Linguistique*, 22, 1, p. 157.
A286 "Alfonic et les enfants de migrants", *Liaison alfonic*, 3, fasc. 2, p. 17 - 20.

A287 "Langue parlée et langue écrite", *Liaison alfonic*, 3, fasc. 3, p. 9--17. Cf. na presente obra, cap. 2.1.
A288 "Phonologie de l'enfant français et variétés régionales", *La Linguistique*, 22, 2, p. 117 - 123.
A289 "Nos ancêtres les Gaulois...", *Drailles*, 5/6, p. 56 - 60.
A290 "Les classes de monèmes", *Modèles linguistiques*, UER de linguistique, Université René Descartes, 8, 1, p. 69 - 75.
A291 "From Optional to Compulsory Marking of Syntactic Relations", *Language in Global Perspective* (50th Anniversary of Summer Institute), Dallas, p. 1 - 4. Reproduzido em L22, p. 306 - 312.

1987

A292 "De la philologie à la linguistique", *La Linguistique*, 23 / 1, p. 3 - 12.
A293 "L'enfant parle", *Liaison alfonic*, Paris, 4, fasc. 1, p. 5 - 12. Cf. na presente obra, cap. 2.2.
A294 "Intervention", *Esperanto-Actualités*, Abril 1987, 5 (379), p. 62 - 64.
A295 "L'alfonic et L'ADEC", *Liaison alfonic*, 4, fasc. 1, p. 19 - 20.
A296 "Notes sur les "changements phonétiques", *La Linguistique*, 23 / 2, p. 43 - 46.
A297 "A propos d'un dictionnaire des homonymes", *La Linguistique*, 23 / 2, p. 143 - 146.
A298 *"Les accents en alfonic"*, *Liaison alfonic*, 4, fasc. 3, p. 12 - 15.
A299 "La phonétique des mots "expressifs". Le cas d'éponge", *Glossología*, p. 7 - 12.
A300 "Un quatrième degré d'ouverture à l'avant", *Text-Etymologie, Festschrift für Heinrich Lausberg*, Wiesbaden - Stuttgart, p. 392- 396.
A301 "Agent ou patient", *La Transitivité et ses corrélats*, Centre de linguistique, Travaux n°. 1, Université René Descartes, Paris, p. 156 - 166. Publicado na presente obra, cap. 5.5.
A302 "Le zed à ventre" or a Functional Approach to Phonetic Notation", *Journal of the International Phonetic Association*, Leeds, 16, p. 39-45.

1988

A303 "Continuum et discrétion", *Alphonse Juilland: d'une passion à l'autre*, em *French and Italian Studies*, Saratoga, Univ. de Stanford, 53, p. 253 - 259.
A304 "Autour du verbe", *La Linguistique*, 24, fasc, 1, Discussão, passim; Les acquis du débat, p. 135 - 138.

A305 "Structuralisme et fonctionnalisme — Strukturalismus und Funktionalismus", *Lexikon der Romanistischen Linguistik*, Tübingen, Niemeyer, vol. 1, Histoire de la philologie romane, 7.

A306 "Des prénasalisées en indo-européen?", *Studies in Greek Linguistics,* Proceedings of the 8th Annual Meeting of the Department of Linguistics, Faculty of Philosophy, Aristotelian University of Thessaloniki, 27 - 29 Abril 1987, Tessalónica, 1987, p. 27 - 34.

A307 "The proof of the pudding...", *Interlinguistics, Aspects of the Science of planned languages*, p. 1 - 3.

A308 "La notation phonétique", Rapport, *Actes du 14e Colloque international de linguistique fonctionnelle*, Elseneur, p. 29 - 31 (= Cahiers de l'Institut linguistique de louvain, 14, fasc. 1 - 2) e discussão, p. 54, 55, 58.

A309 "The Internal Conditioning of Phonological Changes", *La Linguistique*, 24, fasc. 2, p. 17 - 26.

1989

A310 "Réflexions sur la signification", *La Linguistique*, 25, 1, p. 43 - 51.
A311 "Réactions aux quatre exposés", *La Linguistique*, 25, 1, p. 133-136.
A312 "Linguistique générale, Linguistique structurale, Linguistique fonctionnelle", *La Linguistique*, 25, 1, p. 145 - 154.

1991

A313 "Expressivité", *La Linguistique*, 27, 1, p. 3 - 14.
A314 "Un dictionnaire pratique de la prononciation?", *La Linguistique*, 27, 1, p. 98 - 100.
A315 "Histoire et rayonnement de l'Ecole de Prague", *Actes du XVIIIe Colloque International de Linguistique Fonctionnelle*, Praga, 12 a 17 de Julho de, 1991, pp. 33 - 41.

PREFÁCIOS

1949

P1 **Prefácio** a *Principes de phonologie* de Nicolas S. TROUBETZKOY, trad. de J. CANTINEAU, Paris, Klincksieck.

P2 **Prefácio** a *Essai pour une histoire structurale du phonétisme français*, de Alphonse G. JUILLAND e André G. HAUDRICOURT, Paris, Klincksieck.

1953

P3 **Prefácio** a *Languages in Contact*, de Uriel WEINREICH, *Publications of the Linguistic Circle of New York*, n° 1, p. VII - IX. Reeditado em 1963.
— Tradução francesa de Janine JAUDEL, *Langues en contact. Découvertes et problèmes* (Diploma de Estudos Superiores, dactilografado), Université de Estrasburgo, 1956, 289 p.
— Tradução italiana de Giorgio R. CARDONA, *Lingue in contatto*, Turim, Boringhieri, 1974, XXXIX - XLII.
— Tradução espanhola, *Lenguas en contacto*, Caracas, Univ. Central de Venezuela, 1975.
— Tradução alemã, *Sprachen in Kontakt*, Munique, Beck, 1976.

1963

P4 **Prefácio** a *Le Ngambay-Moundou*, de Charles VANDAME, *Mémoires de l'Institut français d'Afrique noire*, Dakar, 1963, n°. 69, p. VI - VIII.

1964

P5 **Prefácio** a *Principes de noologie*, de Luis J. PRIETO, La Haye, Mouton, 1964.
— Tradução italiana de Luigi FERRARA degli UBERTI, *Prefazione* à edição italiana *Principi di noologia*, Roma, Ubaldini - Astrolabio, 1967, p. 15 - 16.

1972

P6 **Prefácio** a *La linguistique, Encyclopédie Bordas*, Paris, p. 5.
P7 **Prefácio** a *Analyse structurale du créole guyanais*, de Marguerite SAINT-JACQUES-FAUQUENOY, Paris, Klincksieck, 1972.

1974

P8 **Prefácio** a *Français parlé*, de Denise FRANÇOIS, Paris, SELAF, p. 13 - 15.

1975

P9 **Prefácio** a *La phonie du français chez les trilingues twi*, de T. Murray HAGGIS, Paris, SELAF (Société d'Etudes linguistiques et anthropologiques de France), p. 13 - 14.

1976

P10 **Prefácio** a *Nature, évolution et origines du langage*, tradução por l. Dayan e A. Hamm de *Language, its Nature, Development and Origin*, de Otto JESPERSEN, Paris, Payot, p. 7 - 10.

P11 **Prefácio** a *La dynamique des phonèmes dans le lexique français contemporain*, de Henriette WALTER, Paris, France-Expansion, p. 9 - 11, difundido por Droz, Genève.

P12 **Prefácio** a *Pour enseigner le français*, sob a direcção de Mortéza MAHMOUDIAN, Paris, PUF, p. V - VIII.

1978

P13 **Prefácio** a *Fondements de la syntaxe* de Claude TCHEKHOFF, Paris, p. 7 - 9.

P14 **Prefácio** a *Neutralization and Archiphoneme*, de Niels DAVIDSEN-NIELSEN, Copenhaga, Akademisk Forlag, 1978.

1981

P15 **Prefácio** a Les réflexes linguistiques, de Carlos RAMIREZ DE LA LASTRA e Miguel GARCIA VIVES, Paris, PUF, p. 9 - 12.
— Tradução espanhola (parcial) deste prefácio em *Espiral*, Córdova, 1981, 15, p. CXXIII - CXXV.

1982

P16 **Prefácio** a *Enquête phonologique et variétés régionales du français*, de Henriette WALTER, Paris, PUF, p. 9 - 11.

1983

P17 **Prefácio** a *Eléments de phonologie fonctionnelle*, de Pierre Martin, Chicoutimi (Canadá), Gaetan Morin, p. 116.

1984

P18 **Prefácio** a *Verso una educazione interlinguistica e transculturale*, de Giuliana MAZOTTI, Milão, Marzoti, p. 3; retomado em *Lingue e civiltà*, Brescia, 1984 - 3, 12, p. 9.

P19 **Prefácio** a *Dictionnaire des domaines de l'UNESCO, Education, Sciences Sociales, Culture et Communication, anglais / français/*

russe / bulgare (env. 4000 expressions), de Yvan VENEV, Paris, Economica, 1984.

1985

P20 **Prefácio** a *Themata Leitourgikes suntaxis*, Recolha de artigos (Cf. L22), Atenas, Nephele, p. 5 - 7.

P21 **Prefácio** a *El qawasqar. Lingüística fueguina. Teoría y descripción*, de Christos CLAIRIS, Universidade de Valdivia, *Estudios filológicos*, anexo 12, p. 5 - 6.

1986

P22 **Prefácio** a *Théorie fonctionnelle de la suffixation*, de Thierry DEBATY-LUCA, Bibliothèque de la Faculté de philosophie et lettres de l'Université de Liège, fasc. 146, Paris, "Les Belles Lettres".

1988

P23 **Prefácio** a *Le Français dans tous les sens*, de Henriette WALTER, Paris, Robert Laffont, p. 11 - 12.

DISCUSSÕES

1956

D1 *Proceedings of the 7th International Congress of Linguists*, Londres, p. 431 - 432.

D2 *Proceedings of the 7th International Congress of Linguists*, Londres, p. 459.

D3 *Proceedings of the 7th International Congress of Linguists*, Londres, p. 467 - 469.

1958

D4 Intervenção nos debates, *Proceedings of the 8th International Congress of Linguists*, Londres, p. 213.

D5 Intervenção nos debates, *Proceedings of the 8th International Congress of Linguists*, Londres, p. 265.

1976

D6 Intervenção a propósito de "Méthodes empiriques en syntaxe" de Maurice GROSS, em *Structure et dynamique des systèmes*, p. 163.

1980

D7 Intervenções, *Actes du 6e Colloque international de linguistique fonctionnelle*, Rabat, p. 31, 47, 68, 70, 95, 155 e 163.

1985

D8 "Language, Linguistics and Linguists, a Panel Discussion", *Langues et linguistique*, n°. 11, p. 1 - 36; 12 - 14; 18; 24; 28; 33 - 34.

1988

D9 Número especial de *La Linguistique*, 24, 1, *passim*.

TRADUÇÃO

T1 Tradução, em colaboração com Karen MARTINET, do romance dinamarquês *Barbara*, de Jœrgen JACOBSEN, Paris, Gallimard, 1941, 247 p.

RECENSÕES CRÍTICAS

1933

RC1 Alexander JOHANNESSON, *Die Mediageminata in Isländischen*, em *Revue critique d'histoire et de littérature*, 66, p. 515 - 517.

1935

RC2 Bohumil TRNKA, *A Phonological Analysis of Present-Day Standard English*, em *B.S.L.*, 36, p. 99 - 102.

1937

RC3 A. ARNHOLTZ und REINHOLD, *Einführung in das dänische Lautsystem mit Schallplatten*, em *B.S.L.*, 38, p. 128 - 130.

1938

RC4 Fernand MOSSÉ, *Histoire de la forme périphrastique "être + participe présent" en germanique,* em *B.S.L.*, 39, p. 132 - 134.
RC5 Henri FORCHHAMMER, *Le danois parlé*, em *B.S.L.*, 39, p. 134--135.

1939

RC6 A. ARNHOLTZ, *Studier i poetisk og musikalsk Rytmik*, em *Archiv für Phonetik*, 3, p. 50 - 53.

RC7 Henri FORCHHAMMER, *Le danois parlé*, em *Revue germanique* 30, p. 313.

RC8 Louis MICHEL, *La Phonologie*, em *Le Français moderne* 12, p. 72--74.

1946

RC9 Nicolas S. TROUBETZKOY, *Grundzüge des Phonologie*, em *B.S.L.*, 42, p. 23 - 33. Reproduzida parcialmente em L11, p. 89 - 100.

RC10 Nicolas Van WIJK, *Phonologie*, em *B.S.L.*, 42, p. 33 - 35. Reproduzida parcialmente em L11, p. 102 - 103.

RC11 Sveinn BERGVEINSSON, *Grundfragen der isländischen Satzphonetik*, em *B.S.L.*, 42, p. 36 - 39.

RC12 Bertil MALMBERG, *Die Quantität als phonetisch-phonologischer Begriff*, em *B.S.L.*, 42, p. 39 - 41. Reproduzida parcialmente em L11, p. 113 - 115.

RC13 Gustave GUILLAUME, "L'architectonique du temps dans les langues classiques", *Acta linguistica*, 1942 - 1943, 3, p. 69 - 118 em *B.S.L.*, 42, p. 42 - 44.

RC14 Bertil MALMBERG, *Le système consonantique du français moderne*, *B.S.L.*, 42, fasc. 2, p. 23.

RC15 Louis HJELMSLEV, *Prolegomena to Theory of Language*, *B.S.L.*, 42, fasc. 2, p. 23.

1947

RC16 Roman JAKOBSON, *Kindersprache, Aphasie und allgemeine Lautgesetze*, em *B.S.L.*, 43, p. 4 - 11. Reproduzida parcialmente em L11, p. 103 - 111.

RC17 Marguerite DURAND, *Voyelles longues et voyelles brèves*, em *B.S.L.*, 43, p. 13 - 18.

RC18 E. GUILBERT, *Langage de la science*, em *B.S.L.*, 43, p. 4.

RC19 Harry HOIJER et alii, *Linguistic Structures of Native America*, em *Lingua*, 1, p. 118.

RC20 E. STURTEVANT, *An Introduction to Linguistic Science*, em *Word*, 3, p. 126 - 128.

1948

RC21 E. SEIDEL, *Das Wesen der Phonologie*, em *B.S.L.*, 44, p. 27 - 29.
RC22 Kenneth L. PIKE, *Phonetics*, em *B.S.L.*, 44, p. 29 - 31.
RC23 Hélène COUSTENOBLE, *La phonétique du provençal moderne en terre d'Arles*, em *B.S.L.*, 44, p. 80 - 81.
RC24 Morris SWADESH, *Chinese in Your Pocket*, em *Word*, 4, p. 234.
RC25 Wilhelm DE GROOT, *Structural Linguistics ans Phonetic Law*, em *Lingua* 2, p. p. 74 - 77.

1949

RC26 Nicolas s. TROUBETZKOY, *Principes de phonologie*, em *B.S.L.*, 45, p. 19 - 22. Reproduzido parcialmente em L11, p. 101.
RC27 Alexandru ROSETTI, *Le mot*, em *Word*, 5, p. 87 - 89.
RC28 *Glossaire des patois de la Suisse romande*, em *Word*, 5, p. 89 - 90.
RC29 Robert-Léon WAGNER, *Introduction à la linguistique française*, em *Romanic Review*, 40, p. 154 - 156.
RC30 George K. ZIPF, *Human Behavior and the Principle of the Least Effort*, em *Word*, 5, p. 280 - 282.
RC31 Kenneth L. PIKE, *Phonemics*, em *Word*, 5, p. 262 - 286.
RC32 *Archivum linguisticum*, em *Word*, 5, p. 286 - 288.
RC33 F. SOMMER, *Handbuch der Lateinischen Laut- und Formenlehre*, em *Word*, 5, p. 290 - 291.
RC34 Jean FOURQUET, *Les mutations consonantiques du germanique*, em *Word*, 5, p. 291 - 292.

1950

RC35 Eugene NIDA, *Morphology*, em *Word*, 6, p. 84 - 97.
RC36 Emile BENVENISTE, *Noms d'agent et noms d'action en indo--européen*, em *Word*, 6, p. 91 - 93.
RC37 Antoine MEILLET, *Introduction à l'étude comparative des langues indo-européennes*, em *Word*, 6, p. 182 - 184.
RC38 Louis L. HAMMERICH, *Laryngeal before Sonant*, em *Word*, 6, p. 184 - 186.
RC39 Antonio TOVAR, *Manual de lingüística indoeuropea*, em *Word*, 6, p. 187 - 189.
RC40 J.B. HOFMANN, *Etymologisches Wörterbuch des Griechischen*, em *Word*, 6, p. 189 - 190.

RC41 Hans KRAHE, *Historische Laut- und Formenlehre des Gotischen*, em *Word*, 6, p. 249 - 250.
RC42 Jean SÉGUY, *Le français parlé à Toulouse*, em *Word*, 6, p. 254--257.
RC43 Eugene NIDA, *Learning a Foreign Language*, em *B.S.L.* 46, p. 20 --21.

1951

RC44 C.D.BUCK, *A Dictionary of Selected Synonyms in the Principal Indo-European Languages*, em *Word*, 7, p. 67 - 68.
RC45 E. BOISACQ, *Dictionnaire étymologique de la langue grecque*, em *Word*, 7, p.68 - 69.
RC46 Madison S. BEELER, *The Venetic Language*, em *Word*, 7, p.69 - 72.
RC47 H. KRAHE, *Das Vanetische*, em *Word*, 7, p.72 - 73.
RC48 Walter von WARTBURG, *Die Ausgliederung der romantische Sprachräume*, em *Word*, 7, p.73 - 76.
— Tradução francesa parcial em L15, p. 32 - 38.
RC49 Paul LÉVY, *La langue allemande en France: pénétration et diffusion des origines à nos jours*, em *Language*, 27, p. 392 - 394.
RC50 Daniel JONES, *The Phoneme*, em *Word*, 7, p. 253 - 254.
RC51 R.M.S. HEFFNER, *General Phonetics*, em *Word*, 7, p.255 - 258.
RC52 Alfred ERNOUT & Antoine MEILLET, *Dictionnaire étymologique de la langue latine*, em *Word*, 7, p.258 - 259.
RC53 Karl BOUDA, *Baskisch- kaukasische Etymologien*, em *Word*, 7, p.279 - 282.

1952

RC54 *Interlingua-English Dictionary* e *Interlingua Grammar* em *Word*, 8, p.163 - 167.
RC55 Ramón MENÉNDEZ PIDAL, *Orígenes del español*, em *Word*, 8, p.182 - 186.
RC56 Paul AEBISCHER, *Chrestomatie franco-provençale*, em *Word*, 8, p.273 - 274.
RC57 *The Third International Congress of Toponymy and Antroponymy, Onoma*, em *Word*, 8, p.262 - 264.
RC58 Faria COIMBRA, *Formas consonânticas de vogal reduzida*, em *Word*, 8, p.268.
RC59 Sever POP, *La Dialectologie*, em *Word*, 8, p.260 - 262.

RC60 Gerhard ROHLFS, *Historische Grammatik des italienischen Sprache*, em *Word*, 8, p.274 - 276.

1953

RC61 Knud TOGEBY, *Structure immanente de la langue française*, em *Word*, 9, p. 177 - 178.
RC62 Giovanni ALESSIO, *Grammatica Storica francese*, em *Word*, 9, p. 174 - 177.
RC63 Pierre FOUCHÉ, *Phonétique historique du français, Introduction*, em *Word*, 9, p. 177 - 178.
RC64 Jerzy KURYLOWICZ, *L'accentuation des langues indo-européennes*, em *Word*, 9, p. 282 - 290.
RC65 Winfred P. LEHMANN, *Proto-Indo-European Phonology*, em *Word*, 9, p. 286 - 290.
RC66 Francisco R. ADRADOS, *La dialectología griega como fuente para el estudio de las migraciones indoeuropeas en Grecia*, em *Word*, 9, p. 290 - 291.
RC67 Jules MAROUZEAU, *Lexique de la terminologie linguistique*, em *Word*, 9, p. 282.

1954

RC68 Antoine MEILLET e Marcel COHEN, *Les langues du monde*, em *Word*, 10, p. 73 - 75.

1955

RC69 Emilio ALARCOS_LLORACH, *Fonología Española*, em *Word*, 11, p. 112 - 117.
RC70 PORZIG, *Die Gliederung des indogermanischen Sprachgebiets*, em *Word*, 11, p. 126 132.
RC71 Gerhard ROHLFS, *An den Quellen der romanischen Sprachen*, em *Word*, 11, p. 154 - 156. (Mesma tese apresentada em A148).
RC72 Helmut STIMM, *Studien zur Entwicklungsgeschichte des Frankprovenzalischen*, em *Word*, 11, p. 156 - 158.
RC73 Karl KNAUER, *Vulgärfranzösisch Charakterzüge und Tendenzen des gegenwärtigen französischen Wortschatzes*, em *Word*, 11, p. 158--159.
RC74 Moritz REGULA, *Historische Grammatik des Französischen Sprache*, em *Word*, 11, p. 466 - 468.

1956

RC75 T. BURROW, *The Sanskrit Language*, em *Word*, 12, p. 304 - 312.
— Tradução francesa parcial, sob o título "Phonologie et "laryngales", em L15, p. 99 - 105 e sob o título "Le sort du "schwa", em A63, p. 143 - 145.

RC76 Jeanne Varney PLEASANT, *Etudes sur l'e muet*, *Word*, 12, p. 469 - -472.

RC77 Eugenio COSERIU, *Forma y sustancia en los sonidos del lenguaje*, em *B.S.L.*, 52, p. 19 - 23.

RC78 Luigi HEIMANN, *La parlata di Moena*, em *B.S.L.*, 52, p. 110- -111.

RC79 Pierre FOUCHÉ, *Traité de la prononciation française*, em *B.S.L.*, 52, p. 57 - 61.

RC80 René CHARBONNEAU, *La palatalisation de t/d en canadien-français*, em *B.S.L.*, 52, p. 102 - 103.

RC81 L.J.PICCARDO, *El concepto de "oración"*, em *B.S.L.*, 52, p. 263.

RC82 Helge HEIMER, *Mondial, Lingua internacional*, em *B.S.L.*, 52, p. 267 - 268.

RC83 V.A. BOGORODICKIJ, *Vvedenije v izučenije sovremmenyx romanskix i germanskix jazykov*, em *B.S.L.*, 52, p. 263.

1957

RC84 Hans KRONASSER, *Vergleichende Laut- und Formlehre des Heithitischen*, em *Word*, 13, p. 164 - 165.

RC85 Mortiz REGULA, *Historische Grammatik des Französischen, II, Formenlehre*, em *Word*, 13, p. 172.

RC86 Daniel JONES, *Everyman's English Pronouncing Dictionary*, em *Word*, 13, p. 177 - 178.

RC87 Reinhold OLESCH, *Zur Mundart von Chwalin in der früheren Grenzmark Posen – Westpreussen*, em *Word*, 13, p. 196 - 197.

1958

RC88 George A. MILLER, *Langage et communication*, em *B.S.L.*, 53, p. 25 - 26.

RC89 Vitold BELEVITCH, *Langage des machines et langage humain*, em *B.S.L.*, 53, p. 27 - 29.

RC90 Robert LADO, *Linguistics across Cultures*, em *B.S.L.*, 53, p. 29 - 31.

RC91 *Språkgliga bidrag*, vol. 2, n°. 8, em *B.S.L.*, 53, p. 298, not. 1.

1959

RC92   M. SANDMANN, *Subject and Predicate*, em *B.S.L.*, 54, p. 42 - 44.
RC93   H. STEN, *Manuel de phonétique française*, em *B.S.L.*, 54, p.123--125.
RC94   G. BJERROME, *Le patois de Bagnes (Valais)*, em *B.S.L.*, 54, p.137-139.

1961

RC95   H.E.KELLER, *Etudes linguistiques sur les parlers valdôtains*, em *Erasmus*, 14, p. 530 - 534. (Cf. L15, p. 203 - 207).

1962

RC96   M. MONNEROT-DUMAINE, *Précis d'interlinguistique générale et spéciale*, em *B.S.L.*, 57, p. 30 - 34.
RC97   *Evidence for Laryngeals, Work Papers of a Conference in Indo--European Linguistics*, em *B.S.L.*, 57, p. 36 - 37.
RC98   *Recherches sur les diphtongues roumaines*, em *B.S.L.*, 57, p. 119--122.
RC99   Anton SIEBERER, *Lautwandel und seine Triebkräfte: eine Studie über den Zusammenghang von Lautänderungen Veränderungen*, em *Language* 38, p. 283, 284.

1970

RC100   Claire BLANCHE-BENVENISTE e André CHERVEL, *L'ortographe*, em *La Linguistique*, Paris, 6, 1, p. 153 - 158.

1973

RC101   Guy-Jean FORGUE, *La langue des Américains* e J. WINDSOR LEWIS, *A concise Pronouncing Dictionary of British and American English*, em *La Linguistique*, 9, 2, p.159.

1974

RC102   E.F.K. KOERNER, *Ferdinand de Saussure, Schriften zur Linguistik*, em *La Linguistique*, 10, 1, p. 147 - 148.
RC103   Uriel WEINREICH, *Exploration in Semantic Theory*, em *La Linguistique*, 10, 1, p. 148.

RC104 Haïm VIDAL SEPHIHA, *Le ladino, Deutéronome*, em *La Linguistique*, 10, 2, p. 141.

1982

RC105 *Atlas linguarum Europae*, dir. A.WEINEN, em *Language Problems and Language Planning*.

1983

RC106 Claude HAGÈGE, *La structure des langues*, em *La Linguistique*, 19, 2, p. 147 - 149.

RC107 Knud TOGEBY, *Grammaire française*, em *La Linguistique*, 19, 2, p. 149 - 150.

1986

RC108 Robert SCHLÄPFER, *La Suisse aux quatre langues*, em *La Linguistique*, 22, 2, p. 150 - 152.

1988

RC109 Dieter KATTENBUSCH, *Das Frankoprovenzalische in Süditalien*, Tübingen, Narr, 1982, em *Mediterranean Language Review*, Wiesbaden, Harrassowitz, 3, p. 115 - 117.

ÍNDICE

Apresentação 5
Prólogo 7
1. **A linguística funcional** 9
   1.1. Para uma avaliação empírico-dedutiva em linguística 11
   1.2. Função e pertinência comunicativa 40
   1.3. O locutor perante a evolução 64
   1.4. Da sincronia dinâmica à diacronia 76
   1.5. O ponto de vista funcional em gramática 85
   Notas 103
2. **Aprender a falar, aprender a ler** 107
   2.1. Língua falada e língua escrita 108
   2.2. A criança fala 121
   2.3. O alfabeto alfónico 131
   2.4. Alfónico e escrita japonesa 135
   Notas 140
3. **A variedade das línguas** 141
   3.1. O plurilinguísmo 142
   3.2. Para a língua comum 157
   Notas 173
4. **As unidades distintivas** 175
   4.1. O que não é a fonologia 176
   4.2. Função e segmentação em prosódia 188
   Notas 199
5. **As unidades significativas** 201
   5.1. Que fazer da palavra 203
   5.2. Do silema 215
   5.3. A sintemática 222
   5.4. Será necessário abandonar a noção de sujeito 239
   5.5. Agente ou paciente 245
   Notas 255

6. O sentido 257
    6.1. Uma língua e o mundo 258
    6.2. O que deve entender-se por comunicação 270
    6.3. Homonímia e polissemia 286
    Notas 297
Bibliografia de André Martinet 299